中学物理教师发展丛书

初中物理教师专业发展

邢红军 主编

中国科学技术出版社
·北京·

图书在版编目(CIP)数据

初中物理教师专业发展 / 邢红军主编. —北京：中国科学技术出版社，2015.8
(中学物理教师发展丛书)
ISBN 978-7-5046-6965-0

Ⅰ.①初… Ⅱ.①邢… Ⅲ.①中学物理课—教学研究 Ⅳ.①G633.72

中国版本图书馆 CIP 数据核字(2015)第 184188 号

选题策划	王晓义
责任编辑	王晓义　孙红霞
封面设计	孙雪骊
责任校对	王勤杰
责任印制	张建农

出　　版	中国科学技术出版社
发　　行	科学普及出版社发行部
地　　址	北京市海淀区中关村南大街 16 号
邮　　编	100081
发行电话	010-62103130
传　　真	010-62179148
投稿电话	010-62176522
网　　址	http://www.cspbooks.com.cn

开　　本	720mm×1000mm　1/16
字　　数	300 千字
印　　张	16
印　　数	1—3000 册
版　　次	2015 年 8 月第 1 版
印　　次	2015 年 8 月第 1 次印刷
印　　刷	北京金信诺印刷有限公司

书　　号	ISBN 978-7-5046-6965-0/G·690
定　　价	42.00 元

(凡购买本社图书,如有缺页、倒页、脱页者,本社发行部负责调换)

前　　言

20世纪80年代始,我进入物理教师专业发展领域。三十余年来,我先后经历了物理教师的本科、硕士、博士等阶段的培养历程,教授中学物理教师逾万人。回首这段经历,我愈发感到,虽然教师专业发展已经成为近年来的一个热门话题,但在理论与实践上却并没有真正有效的进展!这一状况令人忧心且发人深省。

稍感欣慰的是,近年来我本人在物理教师专业发展实践中取得了些许成绩。十余年来,我指导的硕士生平均每人发表论文3篇以上,其中2011级、2012级8名研究生在读期间共发表第一作者论文46篇,甚至包括权威核心期刊论文,且每人都有核心期刊论文发表。作为导师,我感到由衷的自豪与欣喜。

我的物理教师专业发展实践表明:教师专业发展其实是一件非常困难的事情,需要做大量扎实的工作!所谓"扎实的工作",就是指导者不仅要有指导的意愿,而且要有指导的能力。具体而言,需要指导者对教师的教学研究论文写作进行认真指导,并以教学研究论文作为衡量教师专业发展水平的标志!这一过程实质是与教师进行深度互动,不仅耗费精力,亦颇见功力。在这个过程中,教师不仅取得了研究成果,而且收获到了"衣带渐宽终不悔,为伊消得人憔悴"的发展体验。显然,只有这种触及灵魂深处的扎实工作,才能实现教师专业发展的"真发展"。

之所以对物理教师专业发展做出这样的界定,正是源于对历史与现实中物理教师专业发展诸多痼疾的洞察与感慨!目前,中学教研体制下的物理教师专业发展普遍以"赛课"与"评奖论文"作为评价指标,由于教研体制的封闭性,使得各种奖项的评比缺乏与物理教学专业标准的对接,使其愈发暴露出各种缺陷。在这一体制下,年轻教师怎样才能实现真正的、公平的、跨越式的发展呢?

基于以上思考,我旗帜鲜明地提出:要以教学研究论文作为衡量教师专业发展水平的标准,物理教师应以物理教学研究论文撰写作为专业发展的平台与契机。在这个意义上,我认为我所践行的物理教师专业发展与现实中的物理教师专业发展可谓"两个世界"或"两种模式"。在现实模式下,不少中学高级乃至特级教师都没有高水平的教学研究论文发表;而在我所倡导的模式中,一批研究生通过培养均获得了跨越式的发展。反思起来,我所倡导的模式正是对教师专业发展规范性、严格性的诠释与坚守!这就是我所倡导的物理教师专业发展模式与目前物理教师专业发展模式的根本不同,也是我的教学研究团队能够取得培养成果的重要原因。本书正是我所从事的物理教师专业发展历程与思考的系统展开。

本书第一章是我的物理教师专业发展理论建构与实证研究，先后阐述了我对"卓越物理教师"的界定与培养，教师专业发展的"发展态"理论，以及教师专业发展水平的实证研究。卓越物理教师培养的实践研究，是我引以自豪的事情。我指导的两届8名物理教学论研究生，真正实现了物理教师专业发展。教师专业发展态的提出，则从"术""法""道"三个层面，解读了教师专业发展的不同境界，并运用可操作的方式使之加以鉴别，从而使教师专业发展态成为有效的理论模型。实证研究则运用CNKI（中国知网）中国期刊全文数据库检索，对2003—2012年这10年期间北京、江苏两地中学教师发表于9个主要中学学科教学期刊的论文进行统计。结果显示，苏、京两地中学教师人均发表论文数量比值为2.22:1，北京市中学教师人均发表论文数量约等于全国平均水平。这不仅对北京市中学教师专业发展具有重要的启示意义，而且也为我国中学教师专业发展提供了新的思路。

本书第二章是我指导的2012级4名物理教学论研究生自述他们物理教师专业发展的心路历程。自述雅俗共赏，形神兼备，娓娓道来、入木三分，以强烈的现场感真实生动地还原了他们发展与成长的心路历程。4名研究生毕业于不同的本科院校，基础各不相同，但经过3年的专业训练，都达到了较高的物理教学研究水平。这种水平甚至超越很多中学物理高级教师乃至特级教师。原因何在？读罢本章，答案自然水落石出。

第三章针对我所指导的一名北京市在职物理教育硕士的事例展开研究。她在读期间取得了长足进步，并在毕业后实现了教师专业发展的飞跃，迄今发表论文7篇，申获北京市"十二五"教育科学规划课题、北京市石景山区"十二五"教育科学规划课题。本章通过质性研究方式，系统展现了她的教师专业发展心路历程与发展体会，表明在职中学物理教师通过扎实的专业训练，在教师专业发展中也可以得到质的提升。有理由相信，这一研究能够为读者带来一些别样的启示。

本书第四章是卓越物理教学论研究生发展的个案研究。通过教育质性研究，对我指导的这名研究生的发展历程做了细致、深入且多角度的呈现与分析。这位研究生在读期间发表论文29篇，其中第一作者论文19篇，核心期刊1篇，并考取我的博士研究生。放眼全国，能够达到如此水平的物理教学论研究生也不多见。古人云：管中窥豹，可见一斑。由此可以推知我的物理教师专业发展模式之成效。

第五章选择了北京市一所中学的物理教研组，采用教育行动研究方法进行研究。在3年时间内，开展了中学物理教研组教学研究能力发展的实践研究。研究全面、深入地反映了中学教研组物理教师的专业发展状态、工作状态，以及他们面对物理教学研究论文撰写时遇到的困难。研究通过对教研组成员、指导专家的多次深度访谈、多次活动内容的观察记录、对研究资料的细致梳理，从而描绘了中学教研组内部与外部的生态状况以及整个发展的历程。最终物理教研组教师共发表论文26篇，并获得北京市"十二五"教育科学规划课题 1 项。

  物理教师专业发展是一项专业性很强的工作,需要专业的知识、专业的技能、专业的智慧以及专业的引领。本书真实展现了我的物理教学研究团队所做的点滴工作,诚望广大物理教育工作者,尤其是中学物理教师不吝指正。

  参与《初中物理教师专业发展》一书编写的作者有:北京中医药大学陈清梅副教授,首都师范大学教育学院博士生胡扬洋,首都师范大学物理系硕士生陆星琳,首都师范大学教育学院硕士生李晓彤,首都师范大学物理系硕士生刘锐、张婷玉、郑珊。

邢红军于首都师范大学物理系
2014 年 9 月

目　　录

前言
第一章　物理教师专业发展理论探索 ………………………………………… 1
　第一节　"卓越物理教师"培养的实践探索 ………………………………… 1
　第二节　教师专业发展演化的理论模型与实践探索 ……………………… 8
　第三节　北京市中学教师专业发展水平的实证研究及其启示 …………… 17
第二章　物理教师专业发展心路历程 ………………………………………… 29
　第一节　我的中学物理教师专业成长心路历程 …………………………… 29
　第二节　我的物理教师专业发展历程 ……………………………………… 40
　第三节　我的中学物理教师专业发展历程 ………………………………… 48
　第四节　物理课程与教学论学习之路 ……………………………………… 60
第三章　从"教书匠"到"研究者"的蜕变之路 ……………………………… 72
　第一节　绪论 ………………………………………………………………… 72
　第二节　研究现状与相关概念的界定 ……………………………………… 74
　第三节　研究方案的设计 …………………………………………………… 83
　第四节　优秀青年物理教师专业发展历程的呈现 ………………………… 87
　第五节　优秀青年物理教师专业发展历程的第二视角 …………………… 101
　第六节　优秀青年物理教师专业发展历程的解读 ………………………… 106
　第七节　促进青年物理教师专业发展的建议与对策 ……………………… 117
第四章　卓越物理课程与教学论研究生发展的个案研究 …………………… 122
　第一节　引言 ………………………………………………………………… 122
　第二节　文献综述与理论准备 ……………………………………………… 124
　第三节　研究设计 …………………………………………………………… 129
　第四节　研究过程与分析 …………………………………………………… 132
　第五节　研究结论与综合讨论 ……………………………………………… 159
　第六节　建议与反思 ………………………………………………………… 161
第五章　中学物理教研组教师团队教学研究能力发展的行动研究 ………… 167
　第一节　引言 ………………………………………………………………… 167

第二节　文献综述与理论准备 …………………………………………… 171
第三节　研究设计与过程 ………………………………………………… 178
第四节　进入现场 ………………………………………………………… 184
第五节　干预 ……………………………………………………………… 186
第六节　团队 ……………………………………………………………… 188
第七节　问题 ……………………………………………………………… 218
第八节　挑战 ……………………………………………………………… 229
第九节　论文 ……………………………………………………………… 234
第十节　研究结论与综合讨论 …………………………………………… 241
第十一节　建议与反思 …………………………………………………… 244

第一章 物理教师专业发展理论探索

第一节 "卓越物理教师"培养的实践探索

密度作为初中物理引入较早、抽象程度较高的概念，一直都是传统物理教学的重点和难点。因此，如何以更宽广的视野透视密度教学的内涵，并彰显其物理本质与教学逻辑，就成为物理高端备课研究的重要内容。

一、卓越物理教师的培养范例

什么是"卓越物理教师"？卓越物理教师是拥有教学研究能力，并且是实现了从"教书匠"向"研究者"转变的教师。

卓越物理教师的培养不是一种遥不可及的目标，而应成为一种日常教师专业发展的常态。所谓"卓越"，主要就是指教学研究能力的超常，而这种能力的评价标准之一就是能够在物理教学期刊发表论文。

几十年来，物理教育为我国基础教育做出了历史性贡献，凝聚了几代物理教师的专业智慧，并在此基础上形成了学术共同体，确立了专业标准与专业认同，其中之一是建立了物理教学期刊。这些期刊长期以来贴近一线教学并保持专业化的审稿标准，从而成为衡量卓越教师的重要尺度之一。著名教育学者（Stenhouse，L.）最早提出"教师即研究者"的教师发展命题[1]，旗帜鲜明地指出，卓越教师发展要求教师不仅要会"讲授"，而且还要会"研究"，即进行教学研究，而研究结果的最佳呈现方式之一无疑就是公开发表的教学论文。需要指出的是，公开发表的教学论文与评奖论文在卓越教师培养中具有完全不同的意蕴。对此，斯腾豪斯曾多次指出"公开发表"的意义，他甚至认为"私下地研究在我们看来简直称不上研究。部分原因在于未公开发表的研究得不到公众批评的滋养，部分原因在于我们将研究视为

---

[1] 施良方. 课程理论——课程的基础、原理与问题[M]. 北京：教育科学出版社，1996：189.

一种共同体活动，而未发表的研究对他人几乎没有用处。"因此，物理教师在物理教学期刊上发表论文，就不失为物理教师的良好标志。

笔者十余年来的培养实践表明，这种卓越物理教师的培养标准是完全可以达到的。如表1-1所示，是笔者指导的2011、2012级8名物理教学论研究生在读期间发表的论文统计。

表1-1 笔者指导的2011级、2012级研究生发表论文情况

序号	一作或独著	题名	期刊	刊期	备注
1	胡扬洋	物理教材引入科学史的新观点	《课程·教材·教法》	2012（12）	核心；CSSCI；中国人民大学报刊复印资料全文转载
2	胡扬洋	我国物理科学方法隐性教育的传统与超越	《教育理论与实践》	2014（4）	中文核心期刊
3	胡扬洋	物理学科启发式教学的内涵与运用	《教育导刊》	2013（8）	中国人民大学报刊复印资料全文转载
4	胡扬洋	中国物理变式教学研究：传统与发展	《教育导刊》	2014（2）	
5	胡扬洋	例谈物理教学中STSE议题的设计原则	《物理教学》	2013（2）	
6	胡扬洋	由一道"北约"物理题的三种解法看自主招生备考	《物理教学》	2013（12）	
7	胡扬洋	"匀变速直线运动位移与时间关系"教学的思考	《教学月刊·中学版》	2013（5）	中文核心期刊
8	胡扬洋	剖析超重与失重"判据"引发的教学疑难问题	《中学物理教学参考》	2013（7）	中文核心期刊
9	胡扬洋	对"运动的独立性"与"力的独立作用原理"的再认识——兼论"平抛运动"教学的逻辑	《物理通报》	2013（7）	
10	胡扬洋	对密度教学中前概念与比值定义法的再认识	《物理通报》	2014（2）	中国人民大学报刊复印资料全文载

续表

序号	一作或独著	题名	期刊	刊期	备注
11	胡扬洋	探析整体法与隔离法背后的思维内涵——兼论物理方法与思维方法教学相结合	《湖南中学物理》	2013（5）	
12	胡扬洋	浮力增量公式的推导与应用	《湖南中学物理》	2013（9）	
13	胡扬洋	对楞次定律物理意义与教学实验的再认识	《课程教学研究》	2013（7）	
14	胡扬洋	牛顿第三定律教材编写存在的三个疑难问题	《课程教学研究》	2014（1）	
15	胡扬洋	对力的分解"依据"与"力的作用效果"的再认识	《物理教学探讨》	2014（1）	
16	胡扬洋	论物理教师的阅读素养	《中国教师》（上半月）	2013（19）	
17	胡扬洋	革命老区高师物理师范生物理学习困难的调查研究——以豫南地区某高师院校为例	《首都师范大学学报（自然科学版）》	2014，35（2）	
18	胡扬洋	"牛顿第零定律"与"牛顿第四定律"述评	《首都师范大学学报（自然科学版）》	2014，35（5）	
19	石尧	比热容的教学逻辑研究	《中学物理教学参考》	2014（5）	中文核心期刊
20	石尧	电容定义式引入的再认识	《中学物理教学参考》	2014（7）	中文核心期刊
21	石尧	论"磁感应强度"的教学逻辑	《物理教师》	2014（7）	中文核心期刊
22	石尧	以科学方法的逻辑展开"磁感应强度"概念教学的高端备课	《湖南中学物理》	2013（4）	
23	石尧	由三组"正误对照"谈物理图像题的教学与备考	《湖南中学物理》	2013（11）	

续表

序号	一作或独著	题名	期刊	刊期	备注
24	耿爱霞	汽车通过黄灯问题的研究及其教学启示——基于原始物理问题表征的视角	《物理教师》	2013（8）	中文核心期刊
25	耿爱霞	交流电路中电子的运动研究	《中学物理》	2013（17）	
26	耿爱霞	弹性势能高端备课——显化科学方法的本质	《湖南中学物理》	2014（2）	
27	耿爱霞	"阿基米德原理"的高端备课	《课程教学研究》	2014（7）	
28	王慧	"电势差"教学的高端备课	《物理教师》	2013（7）	
29	王慧	库仑定律教学的高端备课	《物理通报》	2014（5）	
30	王慧	简谐运动的高端备课	《课程教学研究》	2014（3）	
31	张婷玉	"高端观点"下的物理教材分析——以《运动和力》一章内容为例	《教育研究与评论（中学教育教学）》	2013（11）	中国人民大学报刊复印资料全文转载
32	张婷玉	一道光学原始问题的讨论	《物理教师》	2014（5）	中文核心期刊
33	张婷玉	"反冲运动-火箭"高端备课	《中学物理》	2014（7）	
34	张婷玉	初中物理"物体内能改变"的高端备课	《物理教学探讨》	2013（12）	
35	张婷玉	圆周运动高端备课	《首都师范大学学报（自然科学版）》	2015（8）	
36	张婷玉	自行车转弯模型的研究备课	《首都师范大学学报（自然科学版）》	2015（4）	
37	郑珊	关于"变阻器"教学的高端备课	《物理教师》	2014（1）	中文核心期刊
38	郑珊	杠杆教学的高端备课	《物理通报》	2014（9）	

续表

序号	一作或独著	题名	期刊	刊期	备注
39	郑珊	滑轮教学的高端备课	《教育研究与评论（中学教育教学）》	2014（10）	
40	郑珊	物理学习环境的内涵与分析研究	《首都师范大学学报（自然科学版）》	2015（4）	
41	刘锐	功的原理：一节初中物理规律课的高端备课	《中学物理教学参考》	2014（1-2）	中文核心期刊
42	刘锐	太空授课背景下"液体表面张力"教学的问题与设计	《物理教学探讨》	2014（9）	
43	刘锐	"液体压强"的高端备课	《中学物理》	2015（1）	
44	陆星琳	高中"牛顿第一定律"的高端备课	《物理教师》	2014（3）	中文核心期刊
45	陆星琳	国际STS-EL教育的六种思潮述评	《物理之友》	2014（8）	
46	陆星琳	认知结构视角下物理知识应用的教学——以"生活中的圆周运动"为例	《湖南中学物理》	2014（11）	

以上"准"教师在2~3年的时间内发表46篇论文，每人都发表有核心期刊的论文且不乏CSSCI期刊的论文，这一结果并非孤案或偶然，他们能够达到卓越教师的培养标准，正是缘于扎实有效的培养模式与培养实践。

二、卓越物理教师的培养模式

历经数十年的物理教学研究学术积累与物理教师教育的培养实践，笔者逐步构建了卓越物理教师的培养模式。

如图1所示，卓越物理教师培养依次经历了物理教学论课程学习、物理教育论文写作训练、物理高端备课实践3个由浅入深、由理论到实践的培养环节。

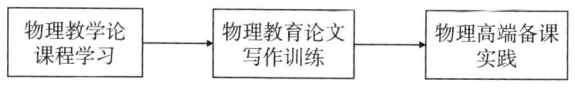

图1-1 卓越物理教师培养模式

(一) 物理教学论课程学习

笔者编制并实施的物理教学论课程体系包括物理教学论、物理教育心理学、物理实验教学论、物理教育论文写作4门课程。这些课程充分体现了由现象到本质、由理论基础到教学实践的次序。在课程内容上，以笔者数十年的物理教育教学研究成果为基础，同时吸收国内外物理教育研究的先进成果，诸如科学方法教育、原始物理问题、物理能力理论、物理实验研究、物理教学过程等物理教学理论主题与物理教学实践中的基本问题。[①]

虽然每节课各有主题，但整个课程体系包含有明晰的发展线索，注重基础扎实，并且呈现出开放性、前瞻性和发展性的特征。该课程体系目的是使研究生尽快建立起逻辑严密、融会贯通的理论体系与实践基础。因此，这一课程体系既着眼于学生物理教学实践能力的稳健提升，又力图打好他们物理教学论的理论基础。让学生在专注于课程学习并收获认知乐趣的同时，初步体验教学研究的魅力。

(二) 物理教育论文写作训练

在卓越物理教师培养中设置物理教育论文写作环节，既有实践的合理性，又有心理学的依据。语言学研究认为：写作由于文字的参与，使得语言与思维之间的关系出现了新的局面。由于书面语比独白语言更少外部支持，并且与读者存在时空隔离，所以更需要逻辑的严密、句法结构的完整以及意义的连贯与精确。客观上，也给了作者和读者反复酝酿、思考、修改的机会，并使用口语难以承载的复杂句式。因此，思维只有经过书面语的训练，才能发展到高度抽象、严密连贯的状态。[②] 需要强调的是，物理教育论文指的是能够公开发表的刊物论文，而非没有公开发表的评奖论文。

物理教育论文的写作不仅是对课程学习效果的检验，更是对头脑中知识结构的再加工、再梳理过程。教学论文写作、修改过程的价值在于，搭建一个对教学能力与教学思维展示、批判、交流、修正、发展的平台。正缘于此，教学研究论文写作在培养模式中就占据着一个承前启后的关键地位。

笔者认为，不会撰写教学研究论文的教师，只能是"教书匠"，而不是"研究者"。因此，教学研究论文不仅反映了教师对教学的理解，并且还是教师授课水平的投射。很难想象写作逻辑混乱、篇章繁复、结构失当的教师能够具有真正优秀的授课水准。"语言是思想的直接现实"，因此，文章不单单是一纸文字，更表现了作者的思想深度和思维过程。对于中学物理教师来说，物理教育论文的写作构成了专业思考、专业研究的载体和平台。所以，物理教学论文的写作训练，可使教师对教

---

① 参阅笔者主编的《中学物理教师发展丛书》，北京：中国科学技术出版社，2015。
② 刘伶，黄智显，陈秀珠. 语言学概要 [M]. 北京：北京师范大学出版社，1984：315—321.

学的思考和理解不断跃上新的高度。

（三）物理高端备课实践

卓越物理教师的培养既不是一个皓首穷经的过程，亦不是一个浮躁激进的过程。因此，在培养模式的最后设置物理高端备课环节，目标是将教师培养为物理教学研究专家。

所谓物理高端备课，是指以物理课程与教学理论为指导，采用"备课"的形式，研究既符合物理学内在逻辑，又符合物理教学规律，同时符合学生学习规律并接受课堂教学实践检验的教学设计，体现"从物理知识传授到物理方法教育，再到物理思想形成"的核心理念。在此基础上，构筑一线物理教师参与的教学研究交流平台，从而达到物理教育理论与实践真正结合，促进教师专业提升与学生认知发展向高水平跨越的物理教育研究活动。① 在这一理念的指引下，笔者指导8名研究生经历这一过程，在卓越物理教师培养中颇见成效。

所谓"高端"，其含义是基于物理教学理论的高度与物理教学研究的视角，并汲取教学实践的经验积累，以初高中物理教学中的课程内容为研究对象所进行的教学设计活动。它不仅要明确在教学中"做什么""如何做"，还要基于系统的理论思考，回答"为什么要这样做"。由此，就使得高端备课成为一个不断深入、持续优化的过程，这对教师的整体能力不啻是一种全面的考验和投射。

课程学习与论文写作两个环节，是进行高端备课的理论基础和能力基础，如果说从完善知识结构到培养研究能力是卓越教师培养的第一次"飞跃"，那么高端备课环节，就是要实现由教学理解到教学实践的第二次飞跃。

三、卓越物理教师培养的启示

回顾卓越物理教师的培养与探索历程，笔者既曾躬身实践、亲力亲为，也曾且行且思、夙兴夜寐。归结起来，卓越物理教师培养模式的启示如下。

（一）以教学研究论文作为卓越教师的衡量标准

"卓越教师"这一概念的提出，意在强调教师质量培育的目标意识。如前所述，卓越教师的客观标准就是公开发表的教学研究论文。这一观点不仅具有创新性，而且具有合理性。江苏省一项面对20位基础教育特级教师的调查显示，教育写作在影响教师专业发展的众多因素中"居于非常重要的位置：它是教师专业发展的重要支点和独特路径"。教师们普遍认为，教育写作对于教师专业成长的作用是综合性的，它不仅是校本研究和教育反思的成果体现，同时，更是进行教育反思的平台和工具。

---

① 参见著作《初中物理高端备课》与《高中物理高端备课》。

运用好这一平台和工具，可以促进自身走向专业发展的快车道。①

（二）实现高水平物理教学专家与中学教师的结合

当前，各种"名师工程"繁多，培养"成果"也颇为"丰硕"，然而鲜有以教学研究论文为成果的教师培育范例。我们的培养实践表明，卓越教师培养其实是一件非常困难的事情，需要做大量非常扎实的工作。所谓"扎实的工作"就是专家不仅要有指导的意愿，而且要有指导的能力。以物理教育论文写作训练而言，需要专家对论文进行字斟句酌的修改，其实质是与教师进行深度互动，这不仅耗费精力、亦颇见功力。在这个过程中，教师不仅取得了研究成果，而且收获到了"衣带渐宽终不悔，为伊消得人憔悴"的发展体验。只有这种触及灵魂深处的扎实工作，才能实现卓越教师培养的"真指导"和"真发展"。而那种寒暄客气、泛泛而谈、"表扬与自我表扬"等做法都只能设置隔膜，并造成虚假繁荣的假象。

（三）卓越物理教师培养模式具有可推广性

十余年的实践，8人发表46篇论文，上述卓越物理教师的培养模式经历了实践的检验，显示了培养的信度与效度。这一模式表明，经过科学有效的指导以及教师自身的努力，每一个物理教师都可以实现专业水平快速的、跨越式的发展，进而成长为卓越物理教师。鉴于此，笔者认为，这一模式具有广泛的可迁移性和可推广性。

无论是对于职前教师还是在职教师，课程体系的学习、教学论文写作训练、物理高端备课的实践，都是可以被广泛移植的，并可以有针对性地展开培训。近年来，笔者曾数十次受邀赴福建师范大学、苏州大学、江西师范大学、河南师范大学、河南大学、吉林师范大学、石河子大学、曲阜师范大学、南京师范大学、保定学院等高校开展相关培训，得到广泛好评。2013年，笔者在教育部全国高校教师网络培训中心，录制了上述培养模式的专题视频向广西、云南、重庆、陕西、宁夏、上海、天津7个省、市、区的部分初中物理教师播放，取得了良好的效果。笔者秉承教学研究与教学实践紧密结合的宗旨，坚持从实践中来、到实践中去，使研究工作源于实践、服务实践、引领实践，希望能够对我国中学物理教师专业发展水平的提升有所裨益。

第二节 教师专业发展演化的理论模型与实践探索

一个世纪以来，教师专业发展日益成为国内外教师教育研究的焦点，特别是在

---

① 丁昌桂.教育写作与教师专业发展——基于20位特级教师的问卷调查[J].教育研究与评论·中学教育教学，2013（5）：26—32.

当前我国基础教育课程改革的大背景下，就更加凸显了这一议题的重要价值。因此，如何立足于我国教师专业发展的历史与现实，在理论与实践张力之间把握这一问题的本质，并找寻出切实可行的发展路径，就成为教师专业发展深化的重要内容。

一、教师专业发展的理论回顾与模型建立

认真梳理教师专业发展的研究不难发现，有关教师专业发展内涵、阶段、途径等构成了研究的主要内容。其中，教师专业发展的"阶段论"则成为这些问题的核心。

20世纪60年代末，美国学者富勒（F. Fuller）最早基于"关注内容"框架，提出了教师专业发展的四阶段理论。其后，我国学者也基于不同的理论框架，提出了两阶段、三阶段、四阶段甚至五阶段的理论。[①]

总体而论，虽然教师专业发展在舶来理论译介与本土经验总结两种源头的协同下显示了别样繁荣的状况，但并不足以掩盖繁荣背后的困境。由于"大多数研究基于群体规范与社会外界标准，偏向于教师实际所经历或表现出来的发展情形描述，缺乏教师成长阶段的个案研究和实证考察，对个体主动发展变化的内在机制阐释的不多，对影响教师成长的因素以及如何针对不同个体促进其成长的有效策略缺乏系统研究"[②]，因而使得"国内教师专业发展问题研究还比较多地停留在经验总结与概念澄清阶段"[③]，并导致"阶段论"研究停留于经验的描摹，仅仅满足于舶来理论的演绎外推。由此，导致教师专业发展研究由于缺失内在机制探寻而徘徊不进。

尤其需要指出的是，由于自富勒肇始的各种阶段论都有意无意地采用了生涯发展或时间序列的研究思路，即以年龄为主要参数和常模对教师职业发展过程划分阶段[④]，这就很容易将教师专业发展视为一个自然发生的成熟过程，从而使教师专业发展被认为是必然事件，这就从根本上消解了教师专业发展干预的合法性与合理性。究其原因就在于："阶段论"只描述了发展的行为和现象，并未触及发展的内涵和机制。

阶段论的局限还在于无法刻画教师专业发展的个体差异。因为在这一视角下，教师专业发展的水平只决定于入职时间长短。而实际情况却是，新入职教师不一定专业水平低，教龄长的教师也未必表现出更高的专业水准。甚至有些教师一生都可能停留于某一层次而踯躅不前。因此，教师专业发展"阶段论"与教师专业发展现实之间还存在着较大的距离。

就理论本身而言，从舶来理论演绎而来的各种"理论"，无法构成体现"专业"内涵的真正依据。由此使得"新手型教师"、"专家型教师"等衍生概念模糊不清，

[①] 李宝峰，谭贞. 教师专业发展导论[M]. 哈尔滨：黑龙江教育出版社，2009：58—62.
[②] 李瑛. 我国教师专业发展研究综述[J]. 巢湖学院学报，2006（8）：151—155.
[③] 季诚钧，陈于清. 我国教师专业发展研究综述[J]. 课程·教材·教法，2004（12）：68—71.
[④] 肖丽萍. 国内外教师专业发展述评[J]. 中国教育学刊，2002（5）：57—60.

并联合起来有使"教师专业发展"概念被架空之虞。在研究层面，阶段论指导下的教师专业发展实践往往缺乏实效性，上述种种问题就使得"阶段论"模型在很大程度上缺乏信度与效度。

追根溯源，"阶段论"之所以未能触及教师专业发展的本质，其根本原因还在于缺乏真实的理论基础。哥德尔定理证明，一种足够丰富和前后一贯的理论，是不能由它本身，或者比它本身更不完善或更"弱"的手段来证明自身的无矛盾性；一个理论体系如果仅仅以自身的手段为工具去证明自己，就必定会导出一些不能决定其真伪的命题来。因此，任何一个理论体系就其自身来说总是不完备的。一个理论体系要证明自身的无矛盾性，就必须借助另一个比它更完善或者说更"强"的理论。① 因此，缺乏真实理论基础的教师专业发展理论，必定会流于经验与形式而呈现出"公说公有理，婆说婆有理"的状况。所以，如何在汲取已有研究成果的基础上，构筑具有实践力并真正体现教师专业发展内涵的理论，就显得尤为紧迫。

有鉴于此，我们基于协同学理论，提出采用"发展态"模型来界定教师专业发展的层次和水平，并力图将其植根于我国学科教育研究的深厚土壤。

所谓"发展态"，指教师专业发展的状态，是教师对教育教学工作的专业认知状态。进一步说，是教师认知系统中不同因素相互关联、相互协同的结果。"协同"的含义在于：子系统之间的关联引起的协同作用使得整个系统（大脑）从无序变为有序——出现了序参量，序参量之间的合作与竞争最终导致只有少数序参量支配系统——这是在更高程度上的协同。

因此，"发展态"及其变化的实质就被描述为教师对教育教学工作的认知状态与认知状态的变化。这一模型基于协同学对脑科学与行为的认知研究，较之"阶段论"更好地描绘了教师专业发展的动态性、发展性以及不同状态的差异。由于这一理论置于协同学这一坚实的基础之上，从而不仅具有较高的内部效度，而且具有较高的外部效度。

教师专业发展作为一个系统，它既可以是被组织的，又可以是自组织的。所谓被组织，是指该组织只有在外界干预下才能进行演化。它的组织化，不是自身的自发、自主的过程，而是在外部驱动力下的组织过程或结果。而自组织是指"如果一个体系在获得空间的、时间的或功能的结构过程中，没有外界的特定干涉，我们便说该体系是自组织的"。② 这样，教师专业发展的过程，就成为一个教师与专家相互协同的过程，即教师在专家引导下完成其认知状态从被组织向自组织转变的过程。

---

① 雷永生. 皮亚杰发生认识论述评［M］. 北京：人民教育出版社，1987：2.
② Haken, H. Information and Self-organization: A Macroscopic Approach to Complex systems［M］. Berlin& New York: Oxford university Press Inc. 1988: 6, 11.

二、教师专业发展态及其理论内涵

以往的教师专业发展研究局限于经验描摹，就问题论问题，就经验谈经验，忽视理论思维的重要作用，往往会导致庸俗、盲目的实践。而基于协同学理论，就可以将教师专业发展表征为学科发展态、学科教学发展态和教育发展态3种状态。每个发展态都有具体的内涵、特殊的表现以及发展的要求，这将为教师专业发展的真正实现奠定坚实的理论基础。

（一）学科发展态

"学科发展态"指教师具备教材分析、学科解题等能力，对执教学科持有一种融会贯通的学科知识结构，并能够分析学科教学疑难问题。达到这一状态的教师，在教学层面达到了"术"的层次，从而形成了"就事论事"[1]的研究能力。

教师专业发展态从"学科"肇始，是因为发展只有立足学科才能真正触及发展的内核。我们注意到，历史上教师专业发展与学科教学研究始终是紧密联系的，作为从课堂教学中生长出来的学科教育研究成果，多年来积淀了学科教育研究者充满实践的智慧，这才是我国教师专业发展的真正源泉。正是在这个意义上，学科发展就成为教师专业发展态的重要起点。

在学科发展态中，教师以学科教学过程中的方式、方法为理解对象，是建立在教学经验总结的基础上，以对"怎样教"的认知为核心。[2]包括如何对教学内容做出符合教学规律的处理？如何改进一个实验？如何分析一份试卷？然而，囿于专业发展水平的限制，其路径只能是从实际中来到实际中去，讲究实用性和操作性，只能解决"做什么"、"如何做"，而对"为什么要这样做"以及"为什么这样做是有效的"却不能加以很好地说明。从这个意义上讲，学科发展态就是学科教学的一种"就事论事"能力。

事实上，一线教师在学科教学中经常面临大量亟待解决的实际问题。以初中物理的浮力为例：浮心、浮体稳定性、浮力势能等问题，就不是教师掌握教材"知识点"所能明晰的，它需要教师对知识广撷众采才有可能掌握。但这类知识往往关乎教师对课堂教学的驾驭能力，并直接影响课堂教学质量。所以，学科发展态要求教师在具有基础性知识的前提下，还需要对教学过程中的学科知识进行全方位和融贯性的掌握。即我们通常所说，教师要给学生"一碗水"，自己要先有"一桶水"。因此，基于学科知识，能够分析学科教学疑难问题并以合理的形式呈现出来，就是教师学科发展态的具体表现。

基础教育阶段各种学科期刊长期以来贴近一线教学并保持专业化的审稿标准。

---

[1] 朱鋐雄. 物理教育展望 [M]. 上海：华东师范大学出版社，2002：252—254.
[2] 乔际平. 对学科教育学几个理论问题的认识 [J]. 北京师范学院学报（社会科学版），1989（2）：47—51，74.

因此，能够在此类期刊上发表系列论文就不失为一种学科发展态的良好标志。以物理学科为例，有许多教师都曾在中学物理教学六大期刊①上发表文章，这在一定程度上表明这部分教师处于学科发展态。如果进一步对文章内容加以研究，就可以对专业发展的差异性做出更加精确的评判。

（二）学科教学发展态

当教师专业发展超越对学科知识的剖析，开始不满足于学科问题的解决，而是能够对教学问题做出理论分析，为从根本上解决教学问题找到正确的方向和途径的时候②，教师专业发展就超越了"术"的层面而进入到"法"的境界。这种境界就是教师专业发展的学科教学发展态。

这是因为，教师只有能够运用专业概念、专业术语来思考，才能够真正进入专业领域来表达、探讨问题。值得强调的是，学科教学发展态的概念并非来自没有学科基础的演绎外推或直接搬用，而是有着直接、真实的教学实践支撑，并且要接受学科教学实践的检验。从这个角度看，如果说前一状态的研究水平是"就事论事"，那么这一阶段就是"就事论理"。

进一步，学科教学发展态要求教师能够驾驭学科教学规律。这是因为，学科教学规律不是关于学科知识的简单总结，也不是习题解答的杂凑，甚至其中看不到一个学科知识，但其反映的却是学科教学的真谛。例如物理教学领域近年来发展出的原始问题教学理论等一批有影响的学科教学理论，便是其中的典型代表。

显而易见，这类研究集中反映了对学科教学理论与学科教学实践的反思与超越。在这个层面上，教师的工作就不再是"从学科到学科"，而是实现了"从学科到教育"的升华，成为学科与教育之间的生长点。它集中体现了教学的专业智慧，展现了教师的专业品质。

学科教学发展态以更高水平的系列论文发表为特征。如果教师的学科教学论文能够在《课程·教材·教法》、《教育科学研究》等期刊发表，说明其专业水平已经达到了学科教学发展态。以物理学科为例，虽然相当一部分教师能够发表许多"就事论事"的教学论文，然而鲜有如吴加澍老师那样的中学物理教师能够将论文发表在《课程·教材·教法》上③，这反映了教师专业发展之间的差异。

（三）教育发展态

当教师专业发展不再局限于学科，而是对整个教育工作拥有一种深刻且系统的认知，并且持有自己明晰的教育信念时，这样的教师才能真正成为专家型教师，才

---

① 一般认为，中学物理教学研究六大期刊包括《物理教师》《中学物理教学参考》《物理教学》《物理通报》《物理教学探讨》《中学物理》。
② 朱鋐雄．物理教育展望［M］．上海：华东师范大学出版社，2002：252—254．
③ 吴加澍．对物理教学的哲学思考［J］．课程·教材·教法，2005（7）：64—69．

有可能踏上从普通教师通往教育家的道路。

之所以要在学科教学发展态之上建立"教育发展态"的层次，首先是因为"就事论理"的发展态仍然存在局限。因此，教师需要借此为基础，构建自己更加普适化、公理化的教学发展态，这将使教师对教育教学的把握臻于更高的境界。实践表明，不拥有理论的人一般不能很好利用理论指导实践，这实际上是由于不能把握理论与实践的关系。在教学中，机械地、教条地使用理论固然有害，但缺乏理论指引的教学无异于"盲人摸象"。要避免这种情况，还需要一种对学科教学理论的"理论"，只有拥有这种"理论"，才能指导教师正确地使用理论、指导实践，而这正是教育发展态存在的根本原因。只有达到这种发展态，教师才能对各种理论拥有一种透彻的认识、才能把理论学活，进而建构新的理论。如此，教师才能突破"术"与"法"的局限，达到"道"的境界。这样，教师才能高屋建瓴地把握教育教学规律，并在教学中得到美的享受与真的体验。

教育发展态将使教师明确自身所从事教育教学工作的时空坐标，洞悉教育与人的发展规律，并因为自身理解水平的提升而获得一种精神上的和谐与人格上的完善，并在更高层面上体验到一种物我同一所带来的愉悦。自此，也就实现了教师专业化的真正发展。

以客观化的标准来衡量，教育发展态仍然需要高水平的系列论文来表现。如《教育研究》、《教育学报》等学术期刊，可以代表教育学术研究的最高专业水准。教师的文章能够在此类刊物发表，无疑代表了教育发展态的水平。

上述3种专业发展水平虽然是相互联系、层层递进的关系，但是并没有必然的逻辑通道。因此，教师专业发展的终极状态就是实现3种状态的贯通。然而大多数教师无论从教时间长短，都有可能终生停留在某一状态而无法到达更高的状态。还需指出的是，三种发展态的演化有着确定的顺序性，试图跳跃、颠倒或逆向而行，都只能导致发展的异化。

三、教师专业发展的演化路径

基于协同学的教师专业发展理论模型，教师专业发展被描绘为一个由教师与教育教学中的诸多因素构成的结构。在此基础上，专家的有效干预、教师的心理动机以及扎实的训练就构成了促进教师专业发展演化的路径。

（一）专家的有效干预：控制参量

我们认为，作为教师专业发展引领者的"专家"，必须是实现了学科发展、学科教学发展与教育发展3个教师专业发展态的贯通者。因为只有贯通教师专业3种发展态的专家，才足以保证教师的专业发展踏上正确的道路。具体而言，这样的专家才能真正洞悉教师所处的发展状态，并解决教师发展中遇到的问题，从而在指导中做到既高屋建瓴，又贴切到位，这集中体现了专家的水准和智慧。舍此，教师专业发展的引领难免会流于空洞说教、浮光掠影。

专家介入合理性与必然性的原因在于，许多教师经过多年教学，掌握了大量的知识，获取了很多经验，却不能有效提升自己的专业水平。他们的专业发展如同开中药铺子，知识、经验等都被分散放在药柜上不同的匣子里，由于缺少指导而不能达到自组织状态。这导致他们在面临教育教学问题时不能迅速判断，稍一动笔就错误百出，在理解教学的规律时也是除了简单的分析外，不能准确地表达自己的思想。许多人靠加倍的努力来改善这一状况，结果却是在药柜上开了更多的匣子。依据协同学理论，干预作为系统的控制参量，对系统能否发生状态改变起决定性作用，如果系统没有到达临界区域，就根本没有出现状态改变的可能性。因此，在教师专业发展的被组织阶段，只有通过专家的干预，才能使教师的认知系统向临界区域过渡，才有可能促使各个子系统完成量变并最终达到质变。

一般而言，教师在专业发展过程中通常都存在"高原现象"，即在工作七八年后，由于继续教育机会少，导致知识结构定型、思维定式，易于凭借已有的经验进行机械重复性劳动，从而产生倦怠感、挫折感甚至无力感，处于"做一天和尚撞一天钟"的消极状态，教育教学研究能力发展缓慢，甚至出现停滞现象，如果得不到及时有效的指导，这种状态将会持续很长时间，甚至于整个职业生涯。一项对物理教师的调查表明，70%的教师希望有人对物理教育论文的写作进行指导，显示了处于高原期的教师对专家引领的热切需求。[①] 由上可见，专家对教师专业发展的适时介入和有效干预是不可或缺的。

（二）教师的发展动机：序参量

教师作为专业发展的主体，如果缺失内部发展动机，则任何外界的干预都将于事无补。依据协同学理论，实现教师专业发展态的转变，需要找出系统演化过程中的序参量。一般来说，系统内的子系统自我排列，自我组织，似乎有一个"无形手"在操纵着这些成千上万的子系统；另一方面，正是通过这些子系统的协同作用才导致了这个"无形手"的产生，这个"无形手"就是序参量。

怎样正确确定教师专业发展的序参量？这需要理论思维。事实上，协同学中的序参量可以被赋予不同的意义，用来描述各种非平衡态系统。如果它表示速度和密度，就可以描述流体力学中的各种有序现象；如果它表示不同种类的分子浓度，就可以描述化学中的各种震荡反应；如果它表示生物学中的物种数目，便可以描述生物进化中的自然选择与生存竞争。基于协同学理论和教师专业发展的实践，我们认为教师专业发展的序参量就是教师的发展动机。

当前，虽然教师在工作中能够做到各司其职，但若以专业发展标准衡量，则有很多教师还未真正实现教师专业发展，甚至有相当一部分教师还处于"前发展态"。

---

① 王瑞珵. 中学物理教师教育教学研究能力形成的个案研究 [D]. 北京：首都师范大学，2004.

造成这种现象的原因是，我国师范大学的课程设置几乎是综合大学课程设置的摹本，如此，就使得教师缺乏必要的专业训练，导致他们对教学问题缺乏敏感性。而敏感性的缺失又制约了专业发展的提升。比如有教师就认为一些教学疑难问题"太深，不考"，却热衷于去揣摩"命题人的意图"。由此可见，如何激发教师的发展动机无疑是教师专业发展不可或缺的因素。

实践表明，教师一旦激发了对专业发展浓厚、持久的心理动机，将会对他们的专业发展产生根本性的推动作用。以物理学科为例，围绕"中学物理教学六大期刊"，存在着一个以中学物理教师为主的"读者－作者"群，一直以来都通过网络平台发表看法、讨论交流。这个群体普遍思想活跃，乐于交流，并且功底不浅，与一般教师群体相比有很大不同。其中所贯穿的正是一种健康、持久的教师专业发展的心理动机。

由此可见，作为教师专业发展的序参量，教师发展动机的持续、强弱不仅反映了教师个人的精神面貌，而且折射出教师专业发展的源泉。发展动机这一序参量从无到有、由弱变强、由变化到稳定的产生和放大过程，就是教师专业发展历程的真正展现。

（三）扎实的训练工作：涨落

在确定了教师专业发展的主体和专家的作用之后，二者能否发生相互作用，以及如何发生相互作用就成为发展的关键。对此，我们认为，只有进行扎实的专业训练，才能真正促进教师专业发展。

从协同学的视角看，专业训练就是教师专业发展过程中的涨落。所谓涨落，是指系统的某个变量对系统状态统计平均值的偏离。在远离平衡态的非线性区，系统中一个随机的微小扰动或涨落，通过非线性相干和连锁效应被迅速放大，形成整体的宏观巨涨落，导致系统发生突变，使教师的大脑越过临界区域，形成新的有序结构，从而完成发展态之间的转变。"涨落导致有序"，因此，专家应当创造自由民主的氛围，鼓励教师大胆提出见解，引导教师深化各种想法，通过专家与教师进行对话、争论乃至辩论，在思维的交流与碰撞中闪现出教师专业发展的智慧"火花"。

在现实中，之所以有大量教师难以突破"前发展态""高原现象"等瓶颈，就是由于长期处于封闭状态而无法突破。而专家指引下的训练工作，就是要使教师的大脑远离平衡态，进而向临界区域过渡，最终实现在高一级发展态上的自我组织。

然而，并非专家与教师相互交流就一定能促进专业发展。那种寒暄客气、泛泛而谈、"表扬与自我表扬"等做法都只能设置隔膜。只有专家与教师之间直言不讳、坦诚相待，真正的思想交流才能发生。尤其需要强调的是，教师专业发展其实是一件非常困难的事情，需要做大量非常扎实的工作。所谓"扎实的工作"就是专家不仅要有指导的意愿，而且要有指导的能力。只有这种触及灵魂深处的扎实工作，才能实现教师专业发展的"真指导"和"真发展"。

教师专业发展不能脱离载体而言发展。在众多载体中，专家指导下的学科教学论文写作训练尤其有效。同时，思维只有经过书面语的训练，才能发展到高度抽象、严密连贯的状态。所以，教学论文训练可以实现思维形式与思维内容的良好统一。

基于上述理论模型，我们曾指导研究生开展教师专业发展研究，以检验理论模型的有效性。一项研究选择六名物理师范生，进行为期一年的教育教学研究能力发展研究后，研究对象和研究者共发表了十篇物理教育研究论文。[①] 另一项为期两年的研究涉及两位处于"高原"状态的中学物理教师，研究结束时研究者和被研究者共发表9篇论文。[②]（如表1-2所示，其中J、L是教师，"我"是研究者。）这在一定程度上说明了发展模型的可检验性。

表1-2 研究者与被研究者发表论文的情况

	发表论文名称	期刊与刊期
J	《运用"改错卡"提高学习效率》	《中学物理》，2003（8）
	《一道物理题引起的争论》	《物理教学探讨》，2004（5）
L	《汽车转弯最高限速的讨论》	《中学物理》，2003（7）
	《伊拉克战事报道中的对话声音为何出现间隔——一堂探究性学习活动课》	《物理教师》，2004（3）
	《"一百年前"应改为"两百年前"》	《中学物理教学参考》，2004（1-2）
	《殊途同归理变清》	《中学生学习报》，2004-05-10
我	《由一道物理试题引发的认知心理分析》	《中学物理》，2003（6）
	《对自行车刹车时稳定性问题的讨论》	《物理教学探讨》，2003（9）
	《高中生物理归纳能力水平的差异研究》	《物理通报》，2003（11）

两项"前发展态"向"学科发展态"发展的教师专业发展个案研究表明，采用专家干预方式可以实现教师专业水平的有效提升。这些研究既是对教师专业发展的实践探索，也是对教师专业发展理论模型的验证。它不仅较好地体现了理论的完备性与实践的可行性，而且也为我国教师专业发展提供了重要的理论支撑与实践启示。

---

① 李正福．高师物理师范生教育教学研究能力发展的个案研究［D］．北京：首都师范大学，2008．
② 参见《高中物理教师专业发展》一书第四章。

第三节　北京市中学教师专业发展水平的实证研究及其启示

一、研究问题与提出

新中国成立以来，北京市的基础教育在全国发挥了表率作用并居于引领地位，对国家基础教育的发展做出了很大贡献。近年来，随着江苏、浙江等省基础教育水平的迅猛发展，使得北京市的基础教育面临新的挑战。特别是在当前基础教育课程改革的形势下，北京市的中学教师的专业发展水平如何？怎样客观评价专业发展水平？这些问题已经成为北京市的基础教育发展的重大问题。因为只有在准确回答这些问题的基础上，才能为北京市的基础教育决策与改革发展提供证据，才能使国家教育投入最大限度发挥效益，才能为促进中学生的全面发展提供保障。因此，对北京市中学教师专业发展水平准确定位，无疑成为具有重要研究价值的课题。

二、研究思路与设计

教师专业发展，是指教师在整个专业生涯中，通过终身专业训练，习得专业知识技能，实施专业自主，表现专业道德，并逐步提高从教素质，成为一个良好的教育专业工作者的专业成长过程。[①] 因此，如何量度北京市中学教师的专业发展水平，就非常有必要进行研究方法的深入思考。由于一般教育研究缺乏学科教学专业考量，往往使得中学教师专业发展的研究过于笼统。那么如何解决这一问题呢？

我们认为，对北京市中学教师专业发展水平的研究，在微观层面需要采用定量、实证的方法，否则不足以得出客观、准确的结果；在中观层面需要体现教师专业发展的专业性，即需要基于学科知识背景；在宏观层面则需要选择规范的研究范式，以保证研究结果的信度与效度。

事实上，中学教师的专业领域就是学科教学工作。作为从基础教育一线成长起来的教学领域，其自身具有专业性和实践性的特点，体现了教师对教育的理解深度以及学科教学知识（PCK）的水准。几十年来，学科教育为我国教师专业发展做出了历史性贡献，凝聚了几代学科教师的专业智慧，并在此基础上形成了学术共同体，确立了专业标准与专业认同，其中尤为突出的是建立了各学科教学期刊。这些期刊长期以来贴近一线教学并保持专业化的审稿标准，从而成为衡量中学教师专业发展的重要尺度。因此，中学教师在学科教学期刊上发表论文，就不失为一种衡量教师专业发展水平的良好标志。

[①] 靳玉乐. 现代教育学［M］. 成都：四川教育出版社，2006：145.

基于此，我们采取比较研究的方法，遵从教育研究的实践取向，将研究超越思辨层次，采用实证研究方法，从而为本研究提供了研究方法的导引与支撑。

关于比较对象的选定，我们采取典型抽样方法，选取江苏省作为比较对象。江苏地处东部沿海地区，基础教育在全国处于先进水平，这是我们抽取江苏的主要原因。通过京、苏两地中学教师专业发展水平的比较，有助于对北京市中学教师专业发展水平进行准确衡量，从而明晰北京市中学教师专业发展在全国的地位，进而把握北京市中学教师专业发展的真实水平。

综合以上考量，我们首先采用"德尔菲法"，选定基础教育各学科具有足够专业性和认可度的教学期刊；然后选取十年时间区间，统计北京、江苏两省市普通中学教师发表于各刊物的论文篇数，最后加权统计分析，以探明两地中学教师专业发展水平及其差异。需要说明的是，尽管以上研究方案存在某种局限，但其客观、定量、可重复的特点，仍然可以认为是目前衡量教师专业发展水平的最佳方式。

三、研究数据与结论

经CNKI（中国知网）中国期刊全文数据库检索，我们查阅了2003—2012年全国中学教师发表论文的中学学科教学期刊，包括语文、数学、英语、物理、化学、生物、政治、历史和地理九个学科共39种，总计181719篇文献。其中北京中学教师发表2333篇，江苏中学教师发表24783篇。

相关统计参数确定依据《2011—2012学年度北京教育事业发展统计概况》以及《2011年江苏省教育事业发展统计公报》。查得2011年，北京市共有16个区县，常住人口2018.6万人，普通中等学校在校学生人数711130人，普通中学专职教师56039人；江苏省共有13个省辖市，下辖100个县（市、区），2011年人口绝对量7898.80万人，普通中学在校学生403.41万人，普通中学专职教师282259人。

基于以上方法和参数得出的统计结果和计算数据如表1-3至表1-12及图1-2所示。其中"苏、京两地教师发表论文数量的比值"与"苏、京两地教师人均发表论文数量的比值"，采取了"江苏数量/北京数量"的计算方式。由于苏京两地普通中学教师人数不同，因此，必须统一教师人数标准。我们选取两省（市）教师发表论文篇数除以该省（市）普通中学专职教师数量进行比较，分别计算了苏、京两地教师发表论文占总数的比例、苏京两地教师发表论文的比值、苏京两地教师人均发表论文数量的比值以及苏京两地教师人均发表论文数量所占总数比例并作出图像。以下为统计结果。

表1-3 京、苏两地中学化学教师发表论文统计

期刊	北京/篇	江苏/篇	总数/篇	北京所占总数比例/%	江苏所占总数比例/%	京、苏两地教师发表论文数量的比值	京、苏两地教师人均发表论文数量的比值
化学教育	150	357	3423	4.38	10.43	2.38	0.47
化学教学	70	591	3801	1.84	15.55	8.44	1.68
中学化学教学参考	53	553	3856	1.37	14.34	10.43	2.07
汇总	273	1501	11080	2.46	13.55	5.50	1.09

表1-4 京、苏两地中学生物教师发表论文统计

期刊	北京/篇	江苏/篇	总数/篇	北京所占总数比例/%	江苏所占总数比例/%	京、苏两地教师发表论文数量的比值	京、苏两地教师人均发表论文数量的比值
中学生物教学	22	586	2972	0.74	19.72	26.64	5.29
生物学教学	79	832	5968	1.32	13.94	10.53	2.09
中学生物学	19	999	3658	0.52	27.31	52.58	10.44
生物学通报	261	215	4033	6.47	5.33	0.82	0.16
汇总	381	2632	16631	4.89	15.83	6.91	1.37

表1-5 京、苏两地中学历史教师发表论文统计

期刊	北京/篇	江苏/篇	总数/篇	北京所占总数比例/%	江苏所占总数比例/%	京、苏两地教师发表论文数量的比值	京、苏两地教师人均发表论文数量的比值
中学历史教学参考	84	260	3010	2.79	8.64	3.10	0.61
中学历史教学	22	312	2884	0.76	10.82	14.18	2.82
历史教学	36	192	4280	0.84	4.49	5.33	1.06
中学历史教学研究	2	554	789	0.25	70.22	277.00	54.99
汇总	144	1318	10963	1.31	12.02	9.15	1.82

表1－6　京、苏两地中学数学教师发表论文统计

期刊	北京/篇	江苏/篇	总数/篇	北京所占总数比例/%	江苏所占总数比例/%	京、苏两地教师发表论文数量的比值	京、苏两地教师人均发表论文数量的比值
数学教学	27	315	2561	1.05	12.30	11.67	2.32
数学教育学报	22	38	1478	1.49	2.57	1.73	0.34
数学通报	148	423	2600	5.69	16.27	2.86	0.57
中学数学教学参考	34	227	1736	1.96	13.08	6.68	1.33
中学数学教学	17	1298	2942	0.58	44.12	76.35	15.16
汇总	248	2301	11317	2.19	20.33	9.28	1.84

表1－7　京、苏两地中学政治教师发表论文统计

期刊	北京/篇	江苏/篇	总数/篇	北京所占总数比例/%	江苏所占总数比例/%	京、苏两地教师发表论文数量的比值	京、苏两地教师人均发表论文数量的比值
中学政治教学参考	46	1192	5155	0.89	23.12	25.91	5.14
思想政治课教学	154	810	4746	3.24	17.07	5.26	1.04
汇总	200	2002	9901	2.02	20.22	10.01	1.99

表1－8　京、苏两地中学语文教师发表论文统计

期刊	北京/篇	江苏/篇	总数/篇	北京所占总数比例/%	江苏所占总数比例/%	京、苏两地教师发表论文数量的比值	京、苏两地教师人均发表论文数量的比值
中学语文教学	177	663	4615	3.84	14.37	3.75	0.74
语文教学与研究	24	798	25315	0.09	3.15	33.25	6.60
语文建设	68	213	4238	1.60	5.03	3.13	0.62
语文学习	15	377	4309	0.35	8.75	25.13	4.99
语文教学通讯	88	1135	10805	0.81	10.50	12.90	2.56
中学语文教学参考	33	573	3995	0.83	14.34	17.36	3.45
语文月刊	12	376	5283	0.23	7.12	31.33	6.22
中学语文	22	1560	11911	0.18	13.10	70.91	14.08
汇总	439	5695	70471	0.62	8.08	12.97	2.58

表1-9 京、苏两地中学地理教师发表论文统计

期刊	北京/篇	江苏/篇	总数/篇	北京所占总数比例/%	江苏所占总数比例/%	京、苏两地教师发表论文数量的比值	京、苏两地教师人均发表论文数量的比值
地理教学	32	649	3175	1.01	20.44	20.28	4.03
中学地理教学参考	62	615	4007	1.55	15.35	9.92	1.97
汇总	94	1264	7182	1.31	17.60	13.45	2.67

表1-10 京、苏两地中学物理教师发表论文统计

期刊	北京/篇	江苏/篇	总数/篇	北京所占总数比例/%	江苏所占总数比例/%	京、苏两地教师发表论文数量的比值	京、苏两地教师人均发表论文数量的比值
物理教师	107	1418	4606	2.32	30.78	13.27	2.64
物理通报	200	684	3361	5.94	20.34	3.43	0.68
物理教学探讨	58	1491	7251	0.80	20.56	25.71	5.10
中学物理教学参考	24	544	3566	0.67	15.26	22.67	4.50
物理教学	14	463	3921	0.36	11.81	33.07	6.57
中学物理	65	1753	3270	1.99	53.61	26.97	5.36
汇总	467	6352	25975	1.80	24.46	13.59	2.70

表1-11 京、苏两地中学英语教师发表论文统计

期刊	北京/篇	江苏/篇	总数/篇	北京所占总数比例/%	江苏所占总数比例/%	京、苏两地教师发表论文数量的比值	京、苏两地教师人均发表论文数量的比值
中小学外语教学	32	109	1128	2.84	9.66	3.41	0.68
中学生英语	11	1381	12032	0.09	11.48	125.55	24.93
基础英语教育	39	162	1553	2.51	10.43	4.15	0.82
英语辅导教师版	0	33	1925	0.00	1.71	#	#
基础教育外语教学研究	5	33	1561	0.32	2.11	6.60	1.31
汇总	87	1718	18199	0.48	9.44	19.75	3.92

表1-12 京、苏两地9个学科中学教师论文发表统计

学科	北京/篇	江苏/篇	总数/篇	京、苏两地教师发表论文数量的比值	北京教师人均发表论文数量所占总数比例/10^{-7}	江苏教师人均发表论文数量所占总数比例/10^{-7}	京、苏两地教师人均发表论文数量的比值
化学	273	1501	11080	5.50	4.40	4.80	1.09
生物	381	2632	16631	6.91	4.09	5.61	1.37
历史	144	1318	10963	9.15	2.34	4.26	1.82
数学	248	2301	11317	9.28	3.91	7.20	1.84
政治	200	2002	9901	10.01	3.60	7.16	1.99
语文	439	5695	70471	12.97	1.11	2.86	2.58
地理	94	1264	7182	13.45	2.34	6.24	2.67
物理	467	6352	25975	13.59	3.21	8.66	2.70
英语	87	1718	18199	19.75	0.85	3.34	3.92
总数	2333	24783	181719	11.18	2.29	4.83	2.22

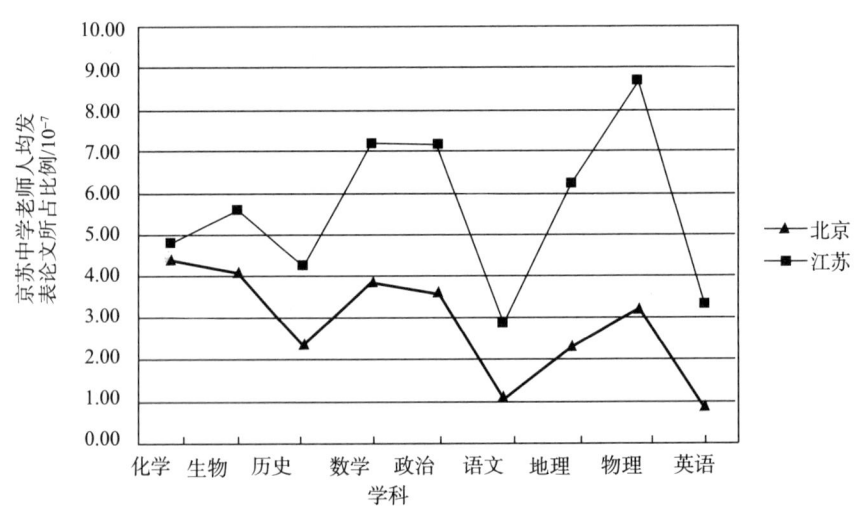

图1-2 京苏两地9个学科中学教师人均发表论文所占比例对比

数据显示，包括基础教育的九个主要学科，苏、京两地教师人均发表论文数量的比值平均为2.22倍，即江苏中学教师是北京中学教师人均发表论文的2倍以上。其中差距最大的为英语学科，比值为3.92；其次为物理、地理、语文3个学科，比值分别为2.70、2.67和2.58；再次为政治、数学、生物3个学科，比值分别为1.99、1.84和1.37；最好的为化学学科，比值为1.09。

由此可以得出结论：北京中学教师专业发展水平较江苏中学教师呈全面落后态

势，且差异极其显著。鉴于北京市长期以来不断从外省市引进大量特级与高级教师，如果扣除这部分教师对统计数据的贡献，则北京本土中学教师专业发展水平更为落后。

四、研究分析与讨论

作为国际大都市，北京是全国政治、经济、文化与教育中心，区县比例与城市化程度远远高于江苏，由于诸多政策优势与地缘优势，理应比江苏中学教师专业发展水平领先，然而统计结果却是全面落后且相差1倍以上。面对统计结果，在震惊之余，我们试图对形成这一状况的原因进行深入探讨。综合分析，有如下四点原因。

（一）师范生培养体制的落后

师范教育作为基础教育的"母机"，对基础教育师资质量具有基础、保障作用。然而，目前京、苏两省（市）的师范教育却呈现出不同的发展态势。当南京师范大学、江苏师范大学、南京晓庄学院等一批江苏师范院校早在2005年就开始师范生培养体制改革——成立教师教育学院，在释放教师教育发展活力之时，北京市的教师教育却仍然因循守旧。首都师范大学至今仍然没有成立教师教育学院，便是京苏两省（市）师范教育差距的明证，以至于在师范生的培养模式、课程设置等核心问题上始终不能取得实质性突破，这是造成北京市中学教师专业发展落后的根本原因。由于北京市中学教师绝大多数出自首都师范大学，因此，对于北京市中学教师专业发展水平全面落后于江苏的状况，首都师范大学需要认真反思教育观念与办学思想严重滞后与迟钝的原因。

（二）教研制度指导的局限

新中国成立至今，我国基础教育形成了颇具特色的三级教研制度，省、市、县教研室与教研员在实际上扮演着基础教育教师的辅导者和领导者角色。甚至有教师直言："我们不用看课标，听教研员的就行。"[1] 这足以反映教研制度对中小学教师的影响力。而教研制度也确实为基础教育质量的提升，为教师专业发展做出了重要贡献。

然而，在当前基础教育改革中，三级教研制度已然凸显了亟待改进的问题，突出表现为体制的封闭性对教学研究质量提升的制约，使其成为阻滞教师专业发展的一大体制性原因。北京市教研室主导下的教学研究多以"公开课""观摩课""研究课"及不曾发表的"获奖论文"等形式开展与呈现，虽然也具有一定的促进作用，然而其缺乏与学术标准的"对接"、缺乏外界的干预与交流，使得北京基础教育教研仍然是一个相对封闭的体系。在基础教育课程改革的十余年里，这一封闭格局仍

---

[1] 林静. 中国教研系列访谈一：学者的视角 [J]. 中国教师，2013（14）：3.

然未被根本触动，这就使得大量一线教师的专业发展由于缺乏高水平学科教学论专家的引领，而日益趋于闭锁，这是造成北京市中学教师专业发展水平全面落后于江苏的另一原因。

（三）教师专业发展的漠视

中学作为教师教学工作的场所，是教师的职业家园与专业成长的依托，理应为教师的专业成长创造条件并扮演促进者的角色。然而，北京市中学在教师专业发展工作中"务实"与"务虚"的错位与失衡，严重异化了中学教师专业成长的作用。浏览北京市各中学网站不难发现，在"集体教研""赛课评课"等热闹活动的背后，整体呈现出务虚多于务实的状态。学校建设的面子工程、政绩工程热烈非凡，而唯独教师个人专业发展没有被纳入学校领导的视野，诸如教师攻读学位、脱产进修、职称晋升等关乎教师切身利益与专业成长的问题并未被学校领导所重视，甚至教师发表论文的版面费都不能报销。中学领导更多地将学生的考分作为政绩看待，而非真正关注教师的专业发展。因此，北京市中学在教师专业成长中作用的弱化是造成北京中学教师专业发展水平落后的现实原因，唯有整体改革才能根本触动。

（四）专业评定标准的差异

中学教师的专业晋升对教师专业发展兼有激励、引导以及规范、评价作用。教师作为一门专业，其专业性的达成与呈现，专业评定是最基本的手段。研究发现，北京市中学教师职称评定对于公开发表的论文并不看重，而是对获奖论文、观摩课、公开课、教材编写等青睐有加，殊不知只有公开发表的教学论文才能真正体现中学教师的专业发展水平。而江苏省在全国个别地区取消论文要求的情况下，却对论文评审维持了较高的标准，在职称评审时对一些低水平与非正式刊物列表声明不予承认，甚至还对论文内容质量拟定了评分细则，规定有"习题集按不合格论文看待，给0分"这样严格的条目。这一差异对中学教师专业发展起到的规范、激励作用不可同日而语，由此使得专业评定标准成为京苏两地中学教师专业水平差异的政策原因。

五、研究建议与对策

针对北京市中学教师专业发展水平全面落后于江苏省的现状及其成因，我们提出如下建议与对策。

（一）提升首都师范生培养质量

如前所述，江苏省以南京师范大学为代表的一批省属师范大学在国内率先实行了教师教育体制的改革与创新。以2005年南京师范大学教师教育学院成立为标志，表明中国教师教育翻开了新的一页。南京师范大学教师教育学院的建院目标是：有效地整合、拓展教师教育资源，建立符合开放灵活现代教师教育制度要求的教师教育机构，创新教师教育专业人才培养模式，高质量地开展专业化的教师教育活动和科研活动，建立在全国有重要影响、在全省起主导作用的教师教育基地，为国家推进教师教育改革起示范作用，从而彰显教师教育特色。[①]

教师教育学院的建立，为分散于各学科院系的学科教学论教师提供了良好的学术平台，使师范生培养得以按照教师教育规律进行课程设置。它不仅有利于提高师范生的培养质量，而且解决了新中国成立60余年来师范大学的制度性难题，从而彰显了教师教育制度创新的智慧和勇气。反观首都师范大学，尽管在教师教育改革中已落后于南京师范大学将近十年，却依然浑然不觉，至今仍然在纠葛中踟蹰不前。江苏省各师范院校的教师教育改革值得首都师范大学积极借鉴。通过尽快成立教师教育学院，首都师范大学可以从根本上提高师范生的培养质量，为北京市基础教育输送更多的优秀师资。

（二）改革教研制度的运行体系

如前所述，北京市封闭的教研制度亟须打破，这需要真正专业干预力量的介入，并进行扎扎实实的工作，而那种寒暄客气、泛泛而谈、"表扬与自我表扬"等做法都只能设置隔膜。我们认为，对封闭教研体制的打破，在宏观层面需要确立U－S（university－school）合作的平台与机制，在微观层面则要以"高端备课"这一体现学科教学专业性形式为载体。

"高端备课"作为联系教学理论与教学实践的枢纽环节，能够为一节课的具体设计构筑理论与实践双重答辩的良好平台，成为理论与实践的双重生长点。这种方式构筑了专业沟通与学术批判的桥梁，可以促进北京市中学教师专业发展以及北京市基础教育研究水平跃升。它不仅为教研专家、研究者与基础教育一线教师之间的交流构建了平台，也为教师专业发展在大学（university）学科教学专家与中学（school）教师之间的交流构筑起了联系的桥梁，使之成为U－S合作发展的新方式。综上所述，高端备课兼具理论与实践双重意蕴的特点，使其可以成为突破当前北京教研系统的封闭性，实现北京市基础教育理论与实践的真正结合以及中学教师专业发展的重要途径。

（三）优化教师专业发展体制

为促进中学教师专业发展，北京市各中学需要将构筑平台、提供保障、创造条件等促进教师专业发展的举措纳入考量。这不仅包括购买数据库、建设专业资料室、设立论文奖励基金等物质保障，还需积极参与交流，与真正高水平的学科教学专家

[①] 中共南京师范大学委员会，南京师范大学. 南京师范大学教师教育学院组建方案［Z］. 南京：中共南京师范大学委员会，2005.

开展深入合作。

尤其需要强调的是，中学对教师专业发展的促进应告别行政主体、政绩主体、口号主体的思路，真正做到以教师为发展主体。江苏、浙江等省市的诸多务实举措非常值得学习。比如，宁波中学曾以校为单位，选派近百名教师进京，与北京高水平的学科教育专家拜师结对进行长期培养。在中学积极为教师创造攻读学位条件方面，江苏也较北京更为开放务实。以物理学科为例，苏州大学、南京师范大学等江苏师范院校的物理教育硕士每年招生数量通常为近百人，而首都师范大学每年仅有的几个名额也常常不能招满，有些中学甚至阻碍教师攻读教育硕士。凡此种种，都反映出两省市天壤之别的教师专业发展理念。

（四）提升教师专业评定标准

当前中学教师职称评定标准正处于新一轮改革期，个别省市已经取消了发表论文的硬性指标，北京市则有继续淡化论文的思路。虽然这一思路平衡了旧评审制度下的不满，但是从长远来看，是不符合教师专业发展规律的，也必将降低北京市中学教师的专业水准。如前所述，教学论文不仅是一纸文字，更是教学研究成果的承载方式，代表着教学共同体的衡量标准。北京市中学教师专业评定应与此积极对接，从而促进北京市中学教师与全国教师共同体的互动，告别封闭落后的职称评审观念与政策。

六、研究启示与展望

基于以上研究，我们给出了如下研究启示与展望。

（一）高度重视北京市中学教师专业发展的积累效应

回顾北京市中学教师专业发展水平实证研究的历程，我们发现，"优质均衡""引领表率"的背后是北京市中学教师专业水平较基础教育发达省份的全面落后。应当强调指出的是，这种落后程度并不能等闲视之。由于我们的研究覆盖了中学教育九个主要学科，时间跨度长达十年，因此，这一庞大数据取样就不仅反映了京苏两地中学教师专业发展差异的现实状况，而且反映了两地中学教师专业发展差异的积累效应。"冰冻三尺，非一日之寒"，鉴于江苏省中学教师专业发展水平较北京市的领先地位已经形成，北京市中学教师专业发展水平的追赶就绝非一日之功。唯有痛下决心、采取措施，才有可能在一个相当长的时期内逐步赶上。

研究启示我们，随着国家经济社会的诸多变化，首都基础教育不能再一味指靠先天政治优势与地缘优势而夜郎自大、故步自封，而应展现更加开放务实的谦虚姿态，寻找与基础教育先进省份的差距，承认不足、奋起直追。唯有如此，才能使北京市中学教师专业发展水平向前迈进。针对这一研究结果，我们诚恳地建议，包括北京市委、北京市政府在内的各级教育主管部门，都应当认真反思研究结果背后的深层原因，找到切实可行的应对方案，努力提高北京市中学教师专业发展水平，以不辜负首都人民和广大家长的殷切希望。

（二）充分认识教学论文在教师专业发展中的重要价值

在本研究中，我们采用教学论文衡量中学教师专业发展水平，这种研究方法不仅具有创新性，而且具有合理性。研究显示，写作对教师专业发展具有多方面的影响，主要包括：影响教师的专业态度；影响教师的专业习性；提升教师的专业技能和专业智慧；拓展教师的专业知识，改善教师的知识结构。其原因在于：教育写作不仅提供了一种反思的平台和工具，而且促使教师完成教育学意义上的反思过程；教育写作也是专题化学习的过程；教育写作的过程也是研究的过程。[①] 可以说，不会撰写教学研究论文的教师，只能是"教书匠"，而不是"研究者"。由此可见，教师的教学研究论文不仅反映了教师对教学的理解，并且还是教师授课水平的一种投射。基于上述理由，教学论文就成为衡量中学教师专业发展水平最为标准、最具说服力的科学标度。

（三）科学运用教学研究论文评价教师专业发展水平

当前，学术数据库等数字网络科研资源使得定量评价中学教师专业水平成为可能，CNKI（中国知网）如同一面镜子，对京苏两地中学教师教学论文的统计比较使得北京中学教师专业发展水平现出"原形"。教育部《2011年全国教育事业发展统计公报》显示，2011年全国普通中学教师共508.13万人，2003—2012年10年共发表论文181719篇，平均每人发表0.03576篇，显然，这一统计数据具有"常模"价值。与之对比，北京市普通中学教师共50639人，10年间共发表论文2333篇，人均发表0.0416篇，为全国平均水平的1.18倍。可见，北京市中学教师专业发展水平基本处于全国平均水平。

长期以来，中学教师专业水平如何衡量、如何评价一直处于模糊不清的状态。而中国知网的论文检索方法以及"常模"的建立，使得中学教师专业发展评价告别了"盲人摸象"的传统状况，从而实现了客观、可靠的真实评价。从这种研究方法的客观性与可行性来看，它对全国其他省市中学教师专业发展水平的评价亦具有推广和应用价值，而且对全国中学教师专业发展的途径、模式与评价的探索提供有益的启示。我们建议，北京市应充分利用CNKI数据库功能，全面查清北京市每位中学教师的教学论文发表情况。我们认为，这一举措有利于查明北京市中学教师专业发展水平，并在此基础上有针对性地制定教师专业发展规划，从而使北京市中学教师专业发展真正能够落到实处。

---

① 丁昌桂．教育写作与教师专业发展——基于20位特级教师的问卷调查［J］．教育研究与评论·中学教育教学，2013（5）：26—32.

（四）合理借鉴并推广先进的教师专业发展培养模式

当前，北京市中学教师专业发展的真正出路在于如何在实践中做到"真"发展。所谓"真"发展，是指摒弃目前教师专业发展的虚假繁荣模式，运用公开发表的教学研究论文作为衡量标志，在真正高水平专家的引领下开展扎实训练，使北京市中学教师真正形成教育教学研究能力。我们的职前教师专业发展培养实践表明，只要指导者与教师都肯放下身段、开展脚踏实地的工作，教师教育教学研究能力完全能够很好地发展，甚至是迅速的、跨越式的发展。2011年以来，邢红军教授共指导物理教学论研究生8人（研究生一年级和研究生二年级各4名），经过严格与规范的训练，8名研究生共发表第一作者的物理教学研究论文46篇，平均每人3篇，其中一位的论文发表甚至发表在《课程·教材·教法》这样的权威核心期刊上。他们经过两年多训练所形成的教学研究水平，为什么北京市的许多中学高级教师都难以达到？显然，这就从实践的层面再次印证了北京市目前中学教师专业发展模式中存在的诸多深层问题。因此，合理借鉴并推广先进的教师专业发展培养模式，就成为北京市中学教师专业发展的必由之路。

第二章 物理教师专业发展心路历程

第一节 我的中学物理教师专业成长心路历程[①]

2012年3月，信阳师范学院教九楼前的梨花还在含苞待放，我接到了首都师范大学物理系通知参加研究生复试的电话，心情无比激动。

复试前一天，我来到了首都师范大学。虽没有现代化的高大建筑，但覆满爬山虎的苏式教学楼更具一番古朴韵味，路旁两排高大的白杨树让人不禁感受到厚重的历史和文化在此沉淀的气息。复试在只有四层的教3楼物理系举办，也就是在这座教3楼里，我度过了人生中最美好的3年研究生学习时光。

一、专业学习，播撒种子

现在想来，师范本科毕业时，我尚不充分具备做一名中学物理教师的条件，也没有完全做好进入职场的心理准备，所以，继续深造、攻读研究生是明智的选择。之后的学习也进一步证明，我的选择是正确的。

在考研复试前阅读邢红军老师的论文并非我第一次接触教育学理论，但却给我留下了比之前任何时候学习教育学知识都深刻的印象。犹记得那是我在读邢红军老师的《中国基础教育课程改革：方向迷失的危险之旅》，当时因为缺乏扎实的理论基础，我看得有些懵懂，但却也津津有味。尤其是里面的一道原始物理问题，我至今还记得：婴儿由成人抱着坐在汽车里是很不安全的。现在请你估计一下，在很短时间的撞车中，需要多大的力才能抱住婴儿。与典型的习题放在一起对比，就能明显发现，习题提供了完美的数据，而原始物理问题是把每个已知量镶嵌在真实的现象中而不直接给出。只看了几眼，我就明白了什么是原始物理问题，原来原始物理问题这么有趣。当时我就觉得原始物理问题真好，很喜欢，因为它有挑战性。

研究生一年级开学后，我们开始了物理课程与教学论的系统性学习，当然也包

---

① 本节作者刘锐。

括原始物理问题。研究生需要学习的课程分为公共课和专业课，公共课包括研究生英语、中国特色社会主义理论与实践研究、自然辩证法、教育心理学、教育科研方法等。专业课主要有：物理教学论、物理教育心理学、物理实验教学论、物理教育论文写作和大学物理力电专题。两门教育学公共课由教育学院开设，与我备考研究生时所学的知识差别不大，收获较为有限。而与之形成鲜明对比的是专业课学习，让我收获颇多。

前4门专业课当时都由邢红军老师讲授，前两门在上学期，后两门在下学期。我们每周一的上午都会来到首都师范大学教三楼上课，上课的主要内容是学习邢红军老师所发表的文章，主要形式则是老师先讲，然后大家与老师讨论交流。我记得第一节课上，邢红军老师讲的就是《中国基础教育课程改革：方向迷失的危险之旅》，老师并不是把文章放在屏幕上，然后大致说一说文章讲了什么，而是自己手里也拿着已经出刊的文章，一字一句地读给我们听，就像中学时候的语文课一样。老师边读，我们边画，有时画自己有疑惑的地方，有时画老师在这里停下来的进一步讲解。时而抬头聆听，时而埋头速记，一个上午学习一篇几千甚至上万字的文章，邢红军老师都一字不落地念完，既费工夫，也费时间，但老师坚持用这样的方法。

一个学期下来，我们学了几乎所有邢红军老师的代表性文章，包括《中国基础教育课程改革：方向迷失的危险之旅》、《再论中国基础教育课程改革：方向迷失的危险之旅》、《三论中国基础教育课程改革：方向迷失的危险之旅》、《原始问题教学：物理教育改革的新视域》、《从习题到原始问题：科学教育方式的重要变革》、《论原始物理问题的教育价值及其启示》、《论教学过程的自组织转变理论》、《自组织表征理论：一种物理问题解决的新理论》、《从知识中心到方法中心：科学教育理论的重要转变》、《从隐性到显性：物理科学方法教育方式的重要变革》、《论物理教育中的直觉思维及其对教学的启示》、《论"智力—技能—认知结构"能力理论》、《论教学主客体关系》、《论因材施教及其对基础教育改革的启示》……《三论中国基础教育课程改革：方向迷失的危险之旅》首先颠覆了我从中学以来对基础教育改革的盲目信奉，让我清醒地认识到原来我们的基础教育课程改革还有那么多问题，而我正是在这样的改革下培养出来的学生，不禁感慨教育改革决策的重要性，它影响着几代人的成长与发展。"原始物理问题"和"科学方法教育"则引发了我由衷的共鸣，为什么许多中国的孩子学了知识以后仍然解决不了生活中遇到的问题？因为我们生活中的许多问题不是已经抽象好的模型，也不带有明确的量值，解决它不仅需要分析、综合、抽象、概括等逻辑思维方法，还需要运用相似、类比、外推、猜测、不连续、不完整和非逻辑的方法，而这些都是普通习题所无法训练的；科学方法是人们从认识和改造客观世界的实践活动中总结出来的正确的思维方式和行为方式，可以说，科学方法比科学知识更重要，正所谓"授之以鱼，不如授之以渔"。而我在中学阶段对科学方法从来没有过专门的认识，甚至在大学阶段也不十分清楚科学方法在学习知识过程中的重要性，可见，科学方法在基础教育中的显化迫在眉睫；"教学的主客体关系"让我对教学过程中师生的关系变化有了理性的认识；"因材施教"则打破以往认识，对"材"进行了新的定义……这些知识让我不仅对教育的宏观有所把握，也对教育的微观更加明确，邢红军老师鞭辟入里的讲授着实让我有醍醐灌顶之感。

期间，邢红军老师也会建议我们读一读查有梁先生等人的文章，还让我们读过一些中学老师的好文章和他认为观点不够中肯的大学老师的文章。邢红军老师也让我们做教学设计，然后统一评价，有时则找一段教学视频带我们一同分析优缺点。后来去想这整个过程，邢红军老师是用最细腻的方法，把在课上时间里能够教给我们的知识尽量多地传授给我们。也只有经过这样的过程，物理教学论的学习才能真正落到实处，真正起到为以后打下扎实基础的作用。

此外，邢红军老师还会将一些看似与教学无关的有趣内容专门花时间讲给我们，实则是为我们以后走上社会能更好地发展。邢红军老师常说：社会认知也非常重要！在3年研究生生涯即将结束的时候，我可以非常肯定地说，物理课程与教学论的学习很有意义，也很有必要！

二、两年蜕变，笑看花开

研究生一年级学完4门专业课程还不能算作入门了，要会写文章才行。所以，第二年就要开始见真功夫了。

（一）无可替代的处女作

其实，在研究生一年级的时候，老师就已经开始引导我们练习写文章了。那时老师常常鼓励我们有什么感想可以在博客里写一写，有时也会给我们一个主题让我们试着练一练手。也就是通过"练手"的过程，我对学习写论文有了一些信心和兴趣。

2012年前后，邢红军老师开始着手"物理高端备课"的研究工作。于是，我正式的论文写作历程就此开始。邢红军老师将中学物理课程按节分配给每个学生，我的第一个题目是初中八年级下册内容"功的原理"。邢红军老师指出，这节课应当让学生认识到功的原理的本质。初看题目，又阅读了现行人民教育出版社版教材，我认为还必须首先看一看之前邢红军老师做过的物理高端备课，从中寻找写这类文章的突破口。仔细阅读并揣摩了《密度概念教学的高端备课》、《楞次定律教学的高端备课》等文章的结构、视角和特点以后，我从中汲取经验，并找到一些头绪。

物理高端备课的实质是要做出一节完整的教学设计，必须知道这节课要讲什么。于是，我找来课本，考虑到全国各地所使用的教材版本不尽相同，我又上网进行搜索，查到新旧人民教育出版社版、北京师范大学出版社版、上海科学技术出版社版、广东教育出版社版等多种能够找到的教材版本，并一一记录下它们的教学内容与过程，然后加以对比。经过这一过程，我首先对教学的知识点与现在的教学方法有了清晰的认识，并同时形成了我认为合适的大致教学设计。随后，我写出了第一篇初稿。事实上，这一稿颇有些虎头蛇尾，我把想表达的和能表达的都一股脑写了下来，最终还是没能构成一篇完整的论文。并且，文章中的有些观点仅是大脑中忽然闪现出的想法，它们是否符合教学理论与规律也尚未可知。但是，我总算迈出了第一步。

拿着"初稿"，我去请教我的师兄胡扬洋（邢红军老师指示我们的论文先让胡杨洋师兄帮忙修改），他已经协助邢红军老师完成过多篇论文，写作经验非常丰富。看了我的文章，师兄指出了文章存在的一些问题，并帮我重新拟定了标题，提议我查阅《初中物理教材分析和研究》《中学物理教材教法》《中学物理教学法》等书籍中的相关内容。

经过充分阅读文献资料，我顺利完成了论文。

第一稿，邢红军老师可能认为第一部分大致写得没有问题，只略微做了修改。第二部分有一些问题，两段话旁边各批着一个问号，表示我在应用皮亚杰的认知发展阶段理论和讲授"守恒"思想两部分没有阐述明白。第三部分也略微做了修改。听取邢红军老师的意见，我修改出第二稿，这次邢红军老师首先对第一部分做了详细修改，删去多余的句子、字词，添加必要的话语，第二部分在讲授"守恒"思想的段落仍然存在问题，邢红军老师标记了一个大星号，并删去了最后两段，因为它们与文章主线关联不够紧密，最后一部分则画了三个大大的问号，也表示写得有问题。依照邢红军老师的指导，我再次做了深入修改。之后，文章基本上没有大问题了，邢红军老师又对整体做了两遍详细修改，从文章题目、各部分标题到每一部分存在的病句、赘词。

在整个文章的完成过程中，我深感邢红军老师的很多观点都是独辟蹊径和一针见血的。就拿"功的原理"一节教学来说，邢红军老师首先就指出，这节课的关键在于让学生认识到功的原理背后隐藏的物理本质，也即机械能守恒。而对于初中阶段尚不能讲授机械能守恒的内容，邢红军老师又提出行之有效的途径：传授"守恒"思想，也即是"不变"的思想。通过类比体积计算公式 $V = Sh$，学习功的计算公式 $W = FS$，从而很好地解释了为什么使用任何机械都不能省功。进一步，邢红军老师把"功"比喻为面团的体积，如果把面团弄成圆柱体，它的体积就是 $V = Sh$。对于同一个面团，如果缩短长度，就会变粗，如果拉长，又会变细，而面团的体积，即底面积与高的乘积是不会变的。类似地，将任一物体竖直提升一定高度所做的功为 $W = FS$，如果利用简单机械省了力，就需要较长的距离；如果节省了距离，就一定会费力，但是所做的功，即力与距离的乘积始终是不变的。这一方法基于学生已有的具体运算阶段认知水平，结合日常生活经验，独特而巧妙地将抽象的原理以熟悉的方式传授给学生，是教学设计真正的创新。

我做好多次反复修改的心理准备，认真完成每一次老师提出的修改意见，这篇文章在经过十次修改后顺利地定稿完成了。拿着热乎乎的第一个小成果，我心里有说不出的喜悦。想想自己从刚开始的无从下手，到大量查阅各种文献，再将想法观点外化成书面文字，然后又经过邢红军老师一遍遍敲打雕琢，我就像经历了蚕蛹破茧一般，其中的每一次细小磨砺都需要自己付出最大的努力。文章的录用和刊发是对作者的最大肯定，我的这篇处女作在2014年见刊《中学物理教学参考》。

（二）并不顺畅的第二篇写作

有了第一篇文章的写作经验，我又很快完成了第二篇物理高端备课"力的合成"的写作，并交予邢红军老师修改。然而，这次却恰恰与第一篇文章相反，修改过程曲折许多，前后共达十余次。

"力的合成"一节教学主要涉及共点力和力的合成两部分内容，邢红军老师认为：①这二者并非平等的并列关系。②在本节重点力的合成部分，首先需要说明等效的思想。③两条线索需要明确：通过作图法得到平行四边形定则和通过计算法得到余弦定理，二者一个是定性的"明线"，一个是定量的"暗线"，缺一不可，并且逐步明晰。在讲授平行四边形定则后，也应该向学生阐明为什么力的合成符合平行四边形定则。这是我在听了老师的指导后在稿子上记录下的修改意见。

"是什么"和"为什么"，是邢红军老师在做"物理高端备课"研究中常常会提到的两个词。邢红军老师认为现行的许多教学存在一个通病，就是只讲了是什么，却没有讲为什么，而这恰恰是教学的关键。依照邢红军老师的指导，我做了第一次修改，然而邢红军老师对第二稿却几乎没有做任何批改，只在教学设计的引入部分提出了奥苏贝尔的包摄性理论。奥苏贝尔的有意义学习理论指出，当学生学习一种包摄性较广，可以把一系列已有观念类属于其下的新命题时，新学习的内容便与学生认知结构中已有的观念产生了一种上位关系。而教学要促进学生新知识的学习，就必须增强学生认知结构中与新知识有关的概念，即要尽可能传授学科中最大包摄性、概括性的概念和原理，以便学生能对新的知识内容加以组织和综合。这一理论是等效思想在"力的合成"一节课中具有重要地位的依据。在第三稿的修改中，我将该理论放在阐述等效思想之后，而邢红军老师却将二者的顺序进行了调换，我当时并不明白其中的道理，之后再拿出来读时才发现，理论在前才能够为后文铺垫充分的基础，行文也更加顺畅。邢红军老师的这一点拨也对我之后一些文章的写作起到了积极的作用。

也就是在第二稿之后，我与邢红军老师进行了几次深入的讨论，针对本节教学的重点——平行四边形定则的学习流程，在结构设计上进行了多次修改和完善。从流程图2-1到图2-2，再到图2-3，我们对"力的合成"一节教学的认识也更加深入细致。

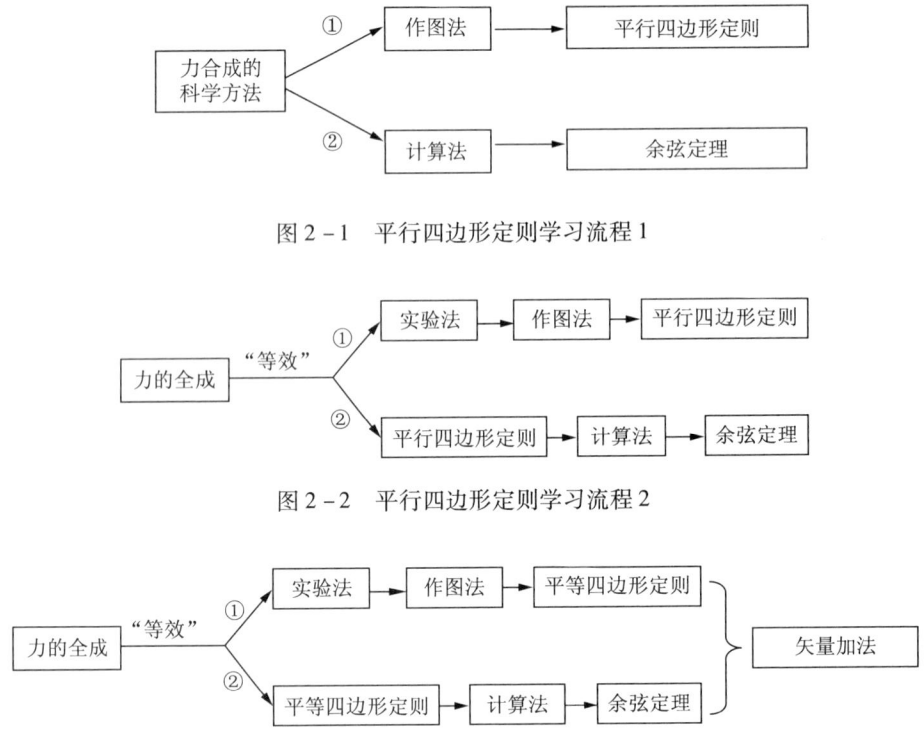

图 2-1 平行四边形定则学习流程 1

图 2-2 平行四边形定则学习流程 2

图 2-3 平行四边形定则学习流程 3

教学结构流程图的完成是研究的转折点，之后邢红军老师对文章整体开始了全面修改，第五、六、七、八稿如被大扫荡一般用红色签字笔轮番"轰炸"。有的画横线被删去，有的画箭头做添加，有的画圈被替换；有时因为批注太多还要用不同颜色的笔再做标记；有时用感叹号体现重要性；有时又用大问号表示阐述逻辑有问题。邢红军老师在文章修改上细致入微，大到一个段落，小到一字一词一个标点，邢红军老师都会做认真地修改以尽量达到最准确的论述。经过连续四稿的细致修改，我本以为可以定稿了，但没想到老师竟又改了两稿，拿到手中一看，一些语言做了再次的精练化，几个标点做了改动，增加了极个别的字词。这让我不得不再次对邢红军老师学术研究的严谨态度感到钦佩。

在邢红军老师指导文章修改的过程中，我也不断地认识到自己写作上存在的各种问题。有时逻辑不够合理，有时阐述不够中肯，有时描述不够到位，有时还会出现语病。邢红军老师的一次次反复修改就是一次次点出我的问题，并让我一次次纠正，从而成为我进步的推动力。因此，我也按照邢红军老师的叮嘱，将每一篇文章的修改稿都存放起来，并装订成册，以便能够在以后的学习中也时常翻看，吸取经验。

回忆研究生三年期间邢红军老师指导我做研究、写论文的过程，每一次聆听邢红军老师对文章修改的意见都让我对教学过程的理解更加深入,对怎样充分、中肯地表达思想观点有了更为清晰的认识。细细想来,我正是以这样的方式在邢红军老师的提点下一步一个台阶逐渐提高的,有时,我甚至觉得邢红军老师对我们的一言一行就如同父母对于孩子的教育。因而,每每再看以往论文的修改稿时,我的眼前都会浮现出当时邢红军老师的身影。当想到不是每一个研究生导师都会像邢红军老师一样如此辛勤地为学生一篇篇修改论文,我的心中都会不禁涌动出一丝丝温暖和感动。

(三) 独立完成的一篇论文

在进行"力的合成"教学研究期间,学校开展了一项教学设计大赛,虽然最后因为一些原因没能参加,但却促使我完成了一次意外的独立写作。

通过对高中物理"液体表面张力"一节教学的了解,我发现现行的教材对液体表面张力概念的讲授存在很大问题。由于没有兼顾学生可能存在的顽固前概念,液体表面张力的教学很有可能会对其他物理知识的学习产生负迁移。例如,有学生在学习浮力时始终无法忽略表面张力这一因素,在一次分组实验中,绝大多数学生都试图通过将橡皮泥捏成"薄饼"而使其漂浮。在学习大气压强一节时,有的学生将教师演示的覆杯实验的原因归结为纸片受到了水的"黏力",而不是大气压强。这些都是液体表面张力因素无法忽略而对物理学习产生的障碍。同时,受到当时具有极大影响的太空授课的启发,我萌生了对该节物理课进行重新设计的想法。

液体的表面张力是微观分子间相互作用力的宏观表现,具有较强的抽象性,要形成正确的概念,学生的学习一般要以感性认识为基础,再上升为理性认识,最后经过更多方面的认识和理解才能形成全面正确的认识。基于此,我将液体表面张力的教学分为感性认识——"水膜"、理性认识——分子间的作用力、全面认识——太空授课以及拓展认识——原始物理问题四个主要部分。形成完整教学过程设计的经历并非一帆风顺,期间我与同学进行了很多讨论,得到了胡杨洋师兄提供的一些文献资料以及他们给予我的修改意见。

在同学的共同帮助下,我终于成功实现了文章自主选题、写作、修改、投稿,并最终被《物理教学探讨》期刊录用。当然,这都离不开从第一篇文章写作开始的所有学习过程,甚至是从研究生一年级开始的理论学习过程。

之后,我在邢红军老师的指导下,又完成了一节"液体压强"的高端备课,并发表在《中学物理》。经过研究生3年时间的努力,我一共完成了12篇论文的写作,其中第一作者论文4篇,核心期刊1篇(表2-1与表2-2)。

表 2-1 攻读研究生期间完成的第一作者论文

序号	题目	期刊或著作	刊期
1	功的原理：一节初中物理规律课的高端备课	《中学物理教学参考》（核心）	2014（1）
2	"液体压强"的高端备课	《中学物理》	2015（1）
3	太空授课背景下"液体表面张力教学的问题与设计"	《物理教学探讨》	2014（9）
4	"力的合成"的高端备课	《高中物理高端备课》	2014（9）

通过中学物理教学论文的写作，我逐渐认识到，论文既能够体现一名物理教师对教学的深入理解，也是对教师语言表达能力的检验。因此，能够在中学物理六大期刊发表论文是对中学物理教师教学研究水平的一种肯定，也是能够衡量物理教师教学研究能力和水平的良好标准。

表 2-2 攻读研究生期间发表的非第一作者论文

序号	题目	期刊	刊期
1	教学学术的视野：我国教师教育的发展路向	《教育科学研究》（核心）	2015（2）
2	"大气压强"的高端备课	《中学物理教学参考》（核心）	2014（11）
3	中美太空授课的比较教学论研究	《上海教育科研》（核心）	2014（11）
4	一道光学原始物理问题的讨论	《物理教师》（核心）	2014（5）
5	国际 STS-EL 教育的六种取向述评	《物理之友》	2014（8）
6	初中物理"物体内能改变"的高端备课	《物理教学探讨》	2013（12）
7	北京市中学教师专业发展水平的实证研究及其启示——基于北京江苏两省市的比较	《教育学术月刊》（核心）	2014（6）
8	初中欧姆定律教学中的控制变量法与比值定义法——兼论用复比定理证明多变量乘积组合关系	《物理教师》（核心）	2015（4）

然而，对于很多物理教师来说，在中学物理六大期刊发表论文都有一道坎儿。从邢红军老师团队 2013 年所进行的《北京市中学教师专业发展水平的实证研究及其启示——基于北京江苏两省市的比较》研究中，我们也发现，北京市普通中学教师共 50639 人，10 年间（2003—2012）共发表论文 2333 篇，人均发表 0.0416 篇，也就是每年人均仅发表论文 0.00416 篇。细细回顾我做研究、写论文的历程，不得不说也是十分不易的，学习物理教学论理论知识、搜集并阅读大量文献资料、将大脑中的想法外化成书面文字、与邢红军老师和同学们沟通交流、邢红军老师一遍遍不断地修改……只有付出努力才能拥有回报。在珍贵的研究生 3 年学习中，看着自己能够收获丰厚的成果，我也十分高兴和骄傲，这些成果都将成为我今后不断发展和进步的鞭策。当然，我也不会忘记，这一切都离不开邢红军老师辛勤的指导。

三、面临毕业，收获果实

2014年9月，还有些不敢相信，招聘季和毕业季即将相继来临，我的心情也愈发有些不稳定。

在北京闯荡，免不了更多的压力、辛苦和不易，这是亟待我去面对、思考和作出决定的问题。留下来既有机遇，更有挑战，回家等待我的是舒适和安逸。但我的内心好像更想要接受挑战，挑战自己的能力，用无悔的经历，让结果告诉自己答案。

我和其他决定留在北京的同学都认为，在应聘中想要具备优势，就要寻找积累优势的机会。而应聘中学物理教师时的一大优势就在于试讲过程。很幸运的是，首都师范大学教育学院与北京汇文中学合作的教育实习活动人数不足，经邢红军老师介绍，我和另一位同学有机会进入该中学，亲身体验教师工作。在北京汇文中学实习的3个月时间里，我担任初中二年级一个班级的物理教学工作。从听课、备课、讲课，到批改作业、编写试卷、批改试卷，我迅速认识并适应了中学物理教师的工作，也更加对物理教师这一角色感到喜爱，对上好每一节物理课感到高兴。当然，在讲课的过程中，我也能明显感到自身教学技能的变化和提高。在北京汇文中学实习的时间里，我在完成所负责班级的教学工作之外，也坚持跟随听取那里一些优秀初高中物理教师的课堂教学，其中包括特级教师的教学，这也为我学习和积累丰富的教学经验起到了重要作用。

12月中旬，实习期结束，北京的中学教师招聘也拉开了序幕。我做好充分准备，全身心地投入到了应聘大军当中。我始终相信，付出最大努力，做到我能做到的最好就是胜利。在应聘的过程里，我经历了区重点中学层层选拔，杀入最后一轮却最终功败垂成，也体验了从海淀到通州，再到门头沟的奔波劳碌，简历完善一次又一次，面试一轮接一轮，希望被点燃又被扑灭。但是我从没有气馁，更没有放弃，因为我坚信通过3年努力学习的自己已经具备足够的能力，并且，青春的岁月更需要拼搏。

也可能是我不懈的坚持终于被认可，一所海淀区示范性高中——北京石油学院附属中学向我抛出了橄榄枝。这是一所含初中、高中的优质公立完全中学，位于海淀区高校林立的学院路，教育资源与条件都十分优秀。

我觉得我确实是幸运的，攻读研究生的学习生涯遇到我的导师邢红军教授，邢红军老师是物理教学论博士生导师，也是教育部"国培计划"高中物理首批专家库入选专家，一直以来关注物理教师的专业发展，先后在《教育研究》《课程·教材·教法》等权威核心期刊发表论文200余篇，出版著作7部，在国内物理教学论界享有盛誉。能够跟随邢红军老师学习物理课程与教学论，研究中学物理教学是珍贵而又难得的机会。在学校与社会交汇的十字路口，邢红军老师又破格批准，让我能够在专业理论学习的基础上得到充分实践，从而顺利完成人生的重要转折。

但我认为，这一切又不仅仅是幸运。认真踏实的专业学习是我能够顺利找到工作的保证。在北京石油学院附属中学招聘的试讲环节,学校给出的题目是高中物理"楞次定律"一节教学。接到通知试讲的电话,我就立即着手准备,希望能有机会成为这所中学的一名物理教师。

机会总是青睐那些有准备的人。邢红军老师带领研究生团队所做的"物理高端备课"① 研究工作恰恰就涵盖"楞次定律"这节内容,因而,我参加试讲的教学设计就是"物理高端备课"的研究成果《楞次定律教学的高端备课》。"楞次定律"一直以来都是高中物理教学的重点与难点,传统的教学安排涉及原磁场方向、感应电流方向、线圈绕向、感应电流的磁场方向、磁场的变化方向等众多因素,长期面临"现象多、过程复杂,效果不够好"的困境。如果仍然按照传统方式讲授,必定效果不佳。物理高端备课以"楞次环"实验作为基本的出发点和突破口,根据同名磁极相斥,异名磁极相吸引,先由实验现象判断铝环磁极,再由右手螺旋定则判断铝环中的电流方向,也即感应电流的方向,从而得到"来拒去留、增反减同"的实验结论(表2-3),最终总结出楞次定律。这样的教学过程从众多变量当中抽丝剥茧,条理清晰,从直观到抽象(图2-4),颠覆了传统教学的繁琐,也更易于学生学习和接受。

表2-3 "楞次环"实验

实验操作		实验现象	磁通量	感生电流磁场方向与原磁场方向
N极	靠近	排斥	增加	相反
	远离	吸引	减少	相同
S极	靠近	排斥	增加	相反
	远离	吸引	减少	相同
		来拒去留	增反减同	

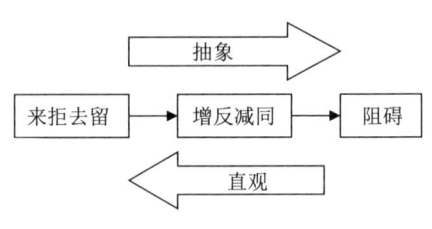

图2-4 教学与认知模式

最终,我的试讲得到了学校领导、老师们的认可和肯定,我如愿与北京石油学院附属中学签约。

在研究生学习即将结束之际,我也完成了毕业论文《卓越物理课程与教学论研

---

① 参见邢红军著:《高中物理高端备课》,《初中物理高端备课》,北京:中国科学技术出版社,2014。

究生发展的个案研究》①。这是一项关于邢红军老师一名优秀研究生专业发展的教育质性研究，主要通过访谈法和观察法，深入分析这名学生能够顺利成长为一名卓越物理课程与教学论研究生的原因。通过研究，作为研究者的我亦收获良多。

我的师兄胡扬洋在3年研究生期间共发表论文29篇，其中权威核心期刊1篇（第一作者），核心期刊8篇（第一作者3篇）。通过对胡扬洋、邢红军老师以及多个同门学长的访谈，我了解到同学眼中的胡扬洋是一个爱学习、爱读书、爱思考的人，他能够不断学习的动力源于自身的内部动力，后来我明白是兴趣。但我最想知道的还是胡扬洋如何能够具有足够敏锐的洞察力以使他发现那么多有价值的问题，他说："跟邢红军老师的学习是一个非常重要的因素，邢红军老师本身学术上的敏感性、洞察力就很强，耳濡目染的学习就学到一些。"而邢红军老师却认为这是积累的结果，因为想法不是凭空而来的，从协同学的角度来说，它是一个巨涨落，并且这种巨涨落一定是厚积薄发的。而我则认为，应该将二者综合起来。足够的学习积累是产生想法的基础，在学术研究方法等方面，邢红军老师的言传身教又对胡扬洋产生了极为重要的影响，从而，最终促使了他迅速并且卓越的发展。

谈及自己的学习兴趣，胡扬洋很兴奋地向我讲述了在他中学时期对他产生重要影响的物理老师。中学阶段物理学习的成就感让胡扬洋对物理学科的兴趣一直延续到大学，然而在大学阶段的物理专业学习经历却让他十分感慨："怎样能使那些像我大学同学一样的人能够把物理学得更好，是激励我研究怎么把物理教好的一个情感因素。"他说："回顾一下自己的学习历程，我非常深切地体验过机械学习是什么感觉，有意义学习是什么感觉。""这个学习经历也让我深刻地感受到物理这门学科，对学生今后的发展、对学生造成的影响有多大，我想不仅是自信心上的，而且还有切切实实的发展道路上的，这给我一个非常重要的认识，就是要让中国的学生学物理学得快一点、好一点。"在当时的访谈过程中，我看到的是胡扬洋对于中学物理教学质量提升的迫切愿望，而如今看来，我却感到了自己肩上多添的一份沉重责任。

谈回到胡扬洋研究生阶段的学习，让我感受最深的是他的学习态度。不管兴趣是否比他浓厚，不论动机是否比他强烈，与他接触过的人都佩服他学习的坚持和全身心地投入。在回忆自己的研究生专业发展历程时，我也发现，自己论文写作过程的一些收获竟与胡扬洋的卓越发展存在共同点。一是多读书、多学习、多思考，不断地从书籍当中汲取知识是做研究、写文章的重要源泉，积极思考是写出好文章的必要条件。二是多练习、多交流、多总结，练习写文章的过程能够认识到自身看待和分析问题方面的不足，修改文章的过程是在不断发现自己写作上的不足，及时总结经验能够有效纠正自己的不足。总之，只有不断地学习积累和思考，才有可能收获丰厚的成果。

---

① 见本书第四章。

岁月如梭，转眼间，又是一年考研时。2015年的春天来得有些早，新一届研究生也许就能在新的教学楼里学习了。对于我，本以为漫长的3年已不知不觉从指缝中溜走，在教三楼里与同学一起聆听邢红军老师讲课的情景仿佛还浮现在眼前，就好像发生在昨天，是那么的让我恋恋不舍。但我并不感到难过，时间在我心中留下了邢红军老师谆谆教导的话语、身影，还有同门兄弟姐妹温暖的友情，正是老师的话语与身影还有同学温暖的友情让我相信，未来还有更多的美好等待我去迎接和创造！

第二节 我的物理教师专业发展历程[①]

2012年9月，我如愿考入首都师范大学物理课程与教学论专业，师从邢红军教授，这成为我物理教师专业发展的起点。邢红军老师为我开启了一扇通往物理教学论领域的大门。细心品味3年的学习经历，以下四个方面在我的发展过程中起着举足轻重的作用。

一、物理教学论基础知识的学习

邢红军老师一直以来很注重研究生物理教学论基础知识的教学，不仅亲自担任物理教学论课程的教学，同时也要求我们参加高师培训、硕博论坛，重视研究生之间的相互学习与讨论。

（一）开设课程，加强物理教学论的系统学习

研究生一年级，邢红军老师担任物理教学论的教学。课上，我们学习了邢红军老师的《中国基础教育课程改革：方向迷失的危险之旅》共3篇8万字长文。邢红军老师从诸多方面深入浅出地分析了基础教育课程改革存在的问题，令我对物理教学论有了新的思考，由此我对物理教学论有了初步认识，我的学习视野逐渐打开。

邢红军老师带领我们系统学习了《物理教学论》《物理学习心理学》《物理教育论文写作》《物理实验教学论》等课程。课堂上，邢红军老师讲读自己的论文，边讲解边阐述自己的观点，讲解写作过程中的思考。在重点和难点之处，邢红军老师还会进行强调。邢红军老师还会与大家讨论，让学生逐个发言，每人提出自己的看法和疑问，各抒己见。最后邢红军老师还会就我们的问题逐个回答。

在深入学习物理教学论的同时，邢红军老师还会呈现一些一线物理教师的教学视频，鼓励大家思考，并发表自己的意见。甚至逐个对教学视频打分，并说出自己的理由。讨论结束后，邢红军老师会将他的观点与大家分享。这样的课堂，我感到

[①] 本节作者张婷玉。

活跃有趣，收获颇丰。

不仅如此，邢红军老师还组织大家做高中物理"磁感应强度"一节的教学设计，在课堂上一一展示。长期以来，本节课的教学设计大部分选用"控制变量法"，首先分别控制导线长度、电流大小得出通电导线受力的大小，然后导出磁感应强度的表达式。然而，这样的处理方式很难摆脱磁感应强度与电流、安培力、导线长度无关的误区。邢红军老师指出：此处应运用比值定义法方能彰显磁感应强度的本质，并向我们讲解了符合教学逻辑的教学设计。① 邢红军老师启发我们，在教学中，对学生认知水平，教学内容认知水平的关顾是物理教学逻辑表达的重要方面。

（二）交流观点，开展物理教学论的开放性学习

2012年，我第一次参加了物理系物理教学论专业与物理学史专业联合举办的"硕博论坛"。硕博论坛主要目的在于学术分享。论坛上，师兄胡扬洋作为物理教学论的研究生代表，做了《我的物理教学论学习心得》② 报告，与大家分享了物理教学论学习的心得体会，他介绍了文献阅读的经验，并且认为养成积累的习惯是非常重要的。我将学到的知识一一记下，时至今日我还保存着那年硕博论坛的笔录。事实上，那次硕博论坛给我的印象非常深刻，让我开始反思研究生学习应该是交流而不是闭门造车。后来，作为邢红军老师物理教学研究团队的一员，我也有幸参加了高等教育出版社举办、邢红军老师担任首席专家的"国培计划2013初中物理教师远程培训项目"。

在专业学习与论文写作期间，共处一个教研室的诸位同门经常会一起讨论问题，这对每个人的发展都非常重要。比如，初中欧姆定律教学中是否要向学生讲述用电器的电阻会发生改变？再如，机械能是不是动能定理的特殊形式？如果是，为何教材还要着重讲解机械能守恒？每当遇到无法解决的问题时，我们会将各自的问题一一记下来交给邢红军老师来定夺。

有时，邢红军老师会拿来一些中学老师的教学设计让我们讨论，也会将一些中学老师的文章拿来让我们提出意见。如今想来，邢红军老师正是通过这样的方式逐步培养我们的研究能力的。

邢红军老师在申请课题立项时，大到逻辑框架、项目创新点，小到一个字、一个标点符号都争取做到尽善尽美。邢红军老师这样的言传身教给我的影响是巨大的，在之后的选题和论文写作中，我都时刻提醒自己以邢红军老师的学术标准来要求自己。

二、物理教学论文写作训练

一直以来，邢红军老师都非常重视对研究生文笔、笔风的培养，他时常向我们

---

① 参见邢红军：《高中物理高端备课》，北京：中国科学技术出版社，2014。
② 参见《高中物理教师专业发展》第二章第一节。

强调,"你们都是物理专业科班毕业,推个物理公式还行,可是一到写起东西来就往往写的不到位,语言过于直白"。坦言之,这的确是大多数物理教学论研究生学习过程中面临的一大问题。

(一)历程艰辛的首篇论文写作

研一下半学期末,学校开设的基础理论课基本结束,邢红军老师为我们每人分配了一个写作任务,我的题目为——"物体内能改变的高端备课"。邢红军老师提出:"为什么改变内能的方式只有两种?有没有第三种或者第四种方式?"他的看法是,改变物体内能有没有第三种方式需要向学生呈现,并让学生思考。

接到任务后,我首先将CNKI上有关内能教学设计的文献都下载下来,进行浏览、剔除、重点学习,看到观点犀利之处就做上标记,并记在笔记本上。接下来,我阅读、比较了不同版本的教材,分析不同版本教材的优缺点;同时,我将邢红军老师之前发表的"物理高端备课"论文反复阅读,品味论文的叙述方式及结构框架。

通过反复对比分析,我将论文分为两个部分:通过实验探究得出改变物体内能的两种方式:"做功、热传递",同时我将"运用传感器做实验"的理念植入到实验探究中。论文第二部分则向学生呈现了"改变物体内能是否有第三种方式"。初稿写作完毕后,按照邢红军老师的要求,我将论文交给胡扬洋师兄修改。师兄首先将文章的整体框架改了一遍,认为文章框架要具有逻辑性,且要清晰明了。师兄还将文章中的小标题进行了修改,强调"小标题"的针对性,不能泛泛而谈。

第二稿完成后,我将文章交给邢红军老师,邢红军老师指出:文章的重点是要呈现"改变内能方式有没有第三种?"这篇文章没抓住重点。实验探究不用说太多,可以一带而过,另外将温度传感器实验放在高端备课中,会将本节课的"亮点"遮盖,不建议将这一实验加进来。

为了保持教学设计的完整性,在第一部分的语言叙述中,我将"探究实验"一带而过,仅做了一个简单的介绍,接下来就将重点转移到改变内能有没有第三种方式上来,邢红军老师看完后表达了如下看法:

教学设计的第一部分应该这样写,但是写得不到位,不仅仅向学生提问有没有第三种方式,还要启发学生的思维,这部分再写写。第二部分,加一个朴素的认识比较好,作为巩固环节,我记得有一次地震事故中有一篇关于"猪坚强"的报道,你查一下,将抽象的内能具体化,看看怎么把它说清楚。

听取了邢红军老师的意见后,我展开了第四稿的写作。在第一部分的写作中,按照邢红军老师的要求,我将热力学第二定律呈现在教学设计中,并进行了简单的分析;将"猪坚强"的例子放在教学设计的第二部分,引导学生分析在等待救援过程中,"猪坚强"质量减少的原因。改好后,我将第四稿交给邢红军老师。邢红军老师指出:第一部分的阐述一直说不到点上。在这一种情况下,邢红军老师亲自动笔，大篇幅地将观点写在了文章的空白处。同时，邢红军老师认为，"猪坚强"的例子讲解不够清楚，不能只是简单将问题呈现出来，还要对"猪坚强"质量减少的原因进行分析，与改变内能的方式结合起来。

在第五稿与第六稿的修改中，邢红军老师主要强调了语言的确切、到位。同时，邢红军老师将文章修改的重心转移到了教学反思上。邢红军老师认为，文章应该强调物理思想的重要性，也要突破物理学习过程中的思维定势。我逐渐认识到，所谓的教学反思，必须从文章中提取，不能凌驾于论文内容之上。

"有没有第三种方式的提问"，成为本节高端备课的一大亮点，由此使学生的思维远离平衡态，而这种认知结构的充实与变革，不正是打破学生思维定式的一个过程吗？于是教学反思侧重点就转移到突破"思维定式"上来。我完成了第六稿，随即交给邢红军老师审阅。邢红军老师读后说道：这个教学反思大方向是对的，但是语言有点虚，比如"学生学习体验"就有点虚，应该将理论与文章的教学设计糅到一起；第二个教学反思，是不是加一个表格会更清晰呢？

邢红军老师对教学反思部分进行修改，甚至直接大篇幅地写上去。第六稿完成后，我本以为没有什么大问题了。然而邢红军老师又将文章从头到尾用红色签字笔"圈圈点点"了一遍。大到语言文字的精雕细琢，小到一个标点符号，邢红军老师都精益求精。接着，我又修改了四稿，最终在第十稿定稿。回顾这篇文章的写作历程，我的总结如下：

按照写作的核心思想，将内能的高端备课分为：有没有第三种方式、教学中的朴素认识两个部分，以便读者在深入理解改变内能方式的基础上，悟出其中的物理内涵，体会其中的物理思想。

"物体内能改变的高端备课"是我写作的第一篇文章，"有没有第三种方式"是本文的核心思想，这不禁让我想起教育实习讲授"物体内能改变"一节时，学生很难接受"物体内能改变的方式有且仅有两种"，心里面总是犯嘀咕：凭什么就说没有别的方式呢？在平时的学习中也经常做到与此类似的概念题，时间久了学生也只能被动接受"仅有两种方式"的事实，但这种疑问一直未消除，如今这一困惑则得到了释疑。

显然，关注"有没有第三种方式"的引入，充实了初中生的认知结构。我认为，如果没有多年教学经验的积累和物理教学论的深厚功底，是难以发现本节课的关键所在的。为什么长期备课易忽略的问题，邢红军老师就能抓住并将其解决？我认为，这大概只能归结为敏锐的学术洞察力。因此，核心思想直觉思维的提取，需要十几年甚至几十年的积淀，并非一蹴而就。

本节课另外一个突破点是"猪坚强"朴素认识材料的选取，此例子是最切合本节高端备课教学的。随着文章的写作，邢红军老师对细枝末节修改的要求也更加严格，大到逻辑框架，小到文章的表达方式。从文章的核心思想、理论框架，到文章的用词乃至标点符号，邢红军老师都力臻完美。我感叹，邢红军老师之所以成为物理教学论领域的专家，与他对待学术的严谨态度是分不开的，这也促使我对以后几篇论文的写作采取了更加认真的态度。

（二）物理教材分析的文章整理

初中物理"二力平衡"一节是我第一篇独立选题的论文。在写作过程中，我首先搜集人教版、北师版、苏科版、沪科版、沪科粤版五个版本教材，将各个版本教材中的设计进行比较，发现本节课最大的问题不在于实验，而在于各节顺序的安排。此外，也并没有真正的教学瓶颈可以突破。因此我感到作为发表论文来写的话，也就无所谓教学创新，于是就此作罢。

根据邢红军老师指导第一篇文章的写作经验，我又选取了《力与运动》一节的教材进行研究。我查阅知网上相关文献，并在文章写作过程中将其一一呈现，因而占据了文章的大量篇幅。在后续的修改中，我将本部分尽量简化，使整个逻辑框架简洁、清晰。接下来，我对文章进行微调，譬如，在文献综述前加入了综述性的语言；主题部分加入概括性的话语，从而使得文章脉络整体连贯、自然。

邢红军老师看过文章后认为"文章厚度不够"，于是我又将教材分析部分展开深化，将其分为"用理论思维统领教材分析"、"重视物理教材分析的比较研究"、"注重物理教材分析的方法"三个部分。文章最终定稿后发表于《教育研究与评论》杂志，并被人大报刊复印资料全文转载。

研究生期间，在邢红军老师的指导下，我发表文章12篇，如表2-4所示，同时也有幸参编邢红军老师主编的物理高端备课教材，如表2-5所示，获得一些奖励，如表2-6所示。

表2-4 研究生期间完成论文情况一览表

序号	作者顺序	题目	发表期刊	刊期
1	第一作者	初中物理"物体内能改变"的高端备课	《物理教学探讨》	2013（12）
2	第一作者	高观点下的物理教材分析—以运动与力一节为例	《教育研究与评论》（人大资料2014年第3期全文复印转载）	2013（11）
3	第一作者	一道光学原始物理问题的探讨	《物理教师》（核心期刊）	2014（3）
4	第一作者	反冲运动 火箭的高端备课	《中学物理》	2014（4）
5	第一作者	圆周运动的高端备课	《首都师范大学学报（自然科学版）》	2015（3）
6	第三作者	高中"牛顿第一定律"的高端备课	《物理教师（核心期刊）》	2014（3）
7	第三作者	论动量定理教学的逻辑与结构	《物理之友》	2014（7）

续表

序号	作者顺序	题目	发表期刊	刊期
8	第四作者	初中物理"欧姆定律"的高端备课	《物理教师（核心期刊）》	2014（10）
9	第三作者	熔化和凝固教学的高端备课	《湖南中学物理》	2014（10）
10	第三作者	北京市中学教师专业发展水平的实证研究及其启示——基于北京江苏两省市的比较	《教育学术月刊》（核心期刊）	2014（6）
11	第二作者	物理教材分析：传统与展望	《教育导刊》	2014（11）
12	第二作者	太空授课背景下"液体表面张力"教学的问题与计	《物理教学探讨》	2014（9）

表 2-5　研究生期间参编书目一览表

序号	参编书目	主编	出版社	出版时间
1	高中物理高端备课	邢红军	中国科学技术出版社	2014 年 9 月
2	初中物理高端备课	邢红军	中国科学技术出版社	2014 年 9 月

表 2-6　研究生获奖一览表

序号	奖项	级别	时间
1	研究生国家奖学金	市级	2014 年 12 月
2	以"高端备课"为基础的校本课程的理论与实践研究	校级	2014 年 5 月

看到这么多成功的发表，我有时都不太敢相信这是我的教学研究成果。3 年前，我从河南师范大学本科毕业时，1 篇文章都没有发表，而今天却有了这么多的成果，而我仅仅是一名尚未入职的研究生，这一切都是导师邢红军教授指导的结果。在邢红军老师的眼中，只有发表多篇物理教学研究论文，才说明真正实现了教师专业"真"发展。回顾自己的发展历程，我发自内心地赞同邢红军老师的教师专业发展观点。

三、毕业论文的写作

邢红军老师曾对我们谈到，论文写作分为 3 种，即：就事论事、就事论理、就理论理。而我之前完成的论文显然处于就事论事的阶段，属于教学研究的"小"论文，对于就事论理与就理论理的大文章尚未涉足。研二下半学期悄悄来临，邢红军老师根据四名研究生两年做的工作及写作特点，交给我们每人一个硕士论文题目。由于我前期已经完成了三篇高中物理高端备课论文的写作，因此我的论文题目被定为《高中物理高端备课的行动研究》。

如何写作3万字以上的毕业论文，着实成为我的一个新问题。邢红军老师在论文写作方面给了我一些建议，希望我以3篇高中物理高端备课的写作以及对高中物理高端备课的学习，能够展现高中物理高端备课的写作历程。一方面，我作为高中物理高端备课的亲历者，能够记录下邢红军老师高中物理高端备课的观点和看法，真实展现我的高中物理高端备课的研究历程；另一方面，展开对高中物理高端备课团队的访谈，并关注一线教师对高中物理高端备课的反响。我认为，这样的工作更有益于深入展现高中物理高端备课团队的真实面貌。在论文写作过程中，我反复研读邢红军老师的著作，通过邢红军老师的微博、博客及高中物理高端备课的研究，挖掘高中物理高端备课产生的缘由，以便使研究结论更加真实与客观。

根据研究内容，我设计了"实践研究""访谈研究"两条路线。邢红军老师认为，应该将其分为"宏观""微观"两个方面。

第一条研究路线开展高中物理高端备课的微观研究：通过"我"亲自参与高中物理高端备课的过程，翔实记录"反冲运动火箭""圆周运动""电势能与电势"3篇高中物理高端备课的写作过程，总结研究反思以及"我"的个人感受。

第二条研究路线开展高中物理高端备课的宏观研究，主要包括两个路径：①采取对团队成员访谈的研究方式，关注被访谈者的写作历程与学习历程，并作总结记录。发掘高中物理高端备课的核心思想及高中物理高端备课的写作过程及实践体会，总结高中物理高端备课的写作要素。②高中物理高端备课团队在邢红军老师的指导下，在短短的两年时间，共发表高中物理高端备课文章20篇，希望通过对20篇文章的深入研究，提炼高中物理高端备课的研究要素，探究高中物理高端备课突破了哪些瓶颈？邢红军老师作为整个高中物理高端备课的指导者以及所有高端备课文章核心思想的来源者，他的高中物理高端备课核心观点产生具有怎样的必然性？最后将高中物理高端备课宏观研究与微观研究结合起来，进行总结反思。

在硕士论文写作过程中，我深深认识到，我写作就理论理的文章还存在着措辞不当、语言不准确等诸多问题，成稿后邢红军老师将我的文章从头到尾改了3遍，"满篇红"的现象出现在大多数章节中，因此我将毕业论文的修改稿装订成册，便于日后反复研究与学习。

四、求职经历

每年的11—12月份是求职的黄金季节，在北京地区，中学物理教师的应聘一般分为简历筛选、笔试、面试、试讲四个阶段。简历的制作是极其重要的一个环节，我将研究生阶段的学习情况悉数列出，并将重要信息重点展示，以此博得校方的青睐。

很幸运的是，我在11月收到了北京市陈经纶中学的笔试通知。北京市陈经纶中学作为国家公立学校，是北京市朝阳区唯一一所具有90年历史的老校，2002年被批准为北京市首批示范性高中，是目前朝阳区办学规模最大的市级示范校。对于不是北京生源的我,接到陈经纶中学的面试通知兴奋不已。

有十余人参加面试,争取一个物理教师的名额,其中大部分来自重点高校的研究生,笔试时间为一个小时,笔试内容包括教学能力测试与学科能力测试两个方面,如:"就速度一节做一个教学设计,质量的概念,中学教学中涉及的物理方法都有哪些?"这些都与我的专业密切相关。最后一个部分是中考题解答。

进入面试环节,校方提出问题让我们分别作答:"针对你自己的学科,你认为如何展开教学?"我感到,这种考察方式与平时学习过程中邢红军老师让我们讨论的问题异曲同工,我再次感到邢红军老师对我们的培养确实很到位。

面试之后,最后一个环节是试讲,进入试讲环节的有3人。讲授的内容是:密度习题课,我在网上浏览一些传统密度习题课的教学设计,对本节课有一个初步不了解。既然是试讲,我就应该讲出与众不同之处,而本节课最大的问题就在于学生并未了解密度概念的本质,于是我又拿出高端备课教材,学习了邢红军老师的密度高端备课,将高端备课的一些处理方式融入到本节课的习题教学中,围绕密度公式的理解及应用展开教学。

一天后,我收到了陈经纶中学的录用通知,校方这样告诉我:"我们对比了和你一起试讲的人,她们也很优秀,但是文章发表数量与你相比有所欠缺。"这个结果,不仅使我回忆起刚入学时,与我一起从河南师范大学考过来的很多同学读了985院校的研究生,而我只考取了首都师范大学。由于首都师范大学既不是985院校也不是211院校,隐约之中总感觉自己低人一等。然而,3年研究生过后,反倒是我这个非985、211的研究生,在邢红军老师的指导下发表了十余篇文章,还获得研究生国家奖学金,最为关键的是,我留在了北京,解决了北京户口和编制。而当年从河南师范大学考到985大学的同学由于没有发表文章,最后又回到了生源地。这个变化对我内心的冲击非常大,看来,读哪个大学的研究生并不重要,重要的是跟了什么样的导师,难道不是这样吗?

五、结束语

结束一学期的教育实习,我感到,能留在首都师范大学物理教学论专业学习的时间已经不多了,由于实习期间教学工作量过大,此时我愈发感到加强知识储备和继续充电的重要性。在即将工作的岗位上,我还有更长的路要走。如何在物理教师的岗位上更好地体现一个物理课程教学论研究生的学术水准,如何更加深入地将物理教学论的理论应用到日常教学中,是我今后亟待解决的问题。

三年来,我深知邢红军老师在我的每一篇论文写作中所花费的心血。正如邢红军老师所言:"平均每篇高中物理高端备课都要写到十稿以上,一直修改到满意才投稿。"为期一年的研究中,我将写作的每一稿都保留下来,有时还会将邢红军老师的观点和看法写在每一稿的背面,与毕业论文一起,装订成了两大本厚厚的"书"。我期望通过这些资料的反复阅读,时常提醒即将走向工作岗位上的我:会教书固然重要，做一名会写会教的教师更重要！邢红军老师有次开玩笑地说，"你们四个也算是每个人头上都有'光环'啊！"（每人都发表多篇论文并有核心期刊文章发表）这话着实令人惭愧！此时我最想说的是：这三年走过来，最累的不是我们，而是您！这些所谓的"光环"都是您赋予的！

3年来，邢红军老师不仅教会我如何做一名物理教学论研究生，也教会我如何走上工作岗位。我清晰地记得邢红军老师带病为我们上课的情景：夜深了，邢红军老师办公室的灯还亮着，还在为我们一稿一稿地修改文章，邢红军老师为我们付出的一切我都看在眼里、记在心里。我时常会想，如果我没有考研，大学毕业后直接就业，现在可能会是某一个小县城的物理教师，难以接触到前沿的物理教学论知识，发表文章更是难以企及。和我一起备考物理教学论的大学同学，最终考取重点院校的比比皆是，当他们向我抱怨论文发不出去、工作找不到时，我更加感激邢红军老师的教导。

感谢师兄胡扬洋，每当遇到论文写作上的问题时，师兄都会放下手中的书，牺牲自己的时间，耐心给我讲解，知无不言，倾囊相授。师兄时常将整理好的文献让我分享，每当遇到问题时，师兄还会拿出自己的"小图书馆"借阅给我看，师兄对待科研的态度、纯粹科研的精神令我感动与钦佩。三年研究生期间我也一直视师兄为榜样。师兄讲究中庸之道，为人谦和谨慎，每遇到挫折时，师兄对我耐心教导，每次聊天都令我如沐春风。

三年的研究生涯即将结束，我也实现了自己儿时的梦想，即将成为一名北京市的中学物理教师、邢红军老师的谆谆教诲，431室的欢声笑语，学习中的交流与讨论，将会成为我永远的记忆。我多想让时间过得慢一点，让我再享受一下愉快而充实的物理教学论研究生生活。

第三节　我的中学物理教师专业发展历程[①]

"你看看，这个地方你就没有学明白……"国庆节晚上9点，首都师范大学教三楼432实验室又传出了这样的声音。这一定又是物理系邢红军教授在指导他的学生。"听说这老师已经50多岁了，是个教授，心理学博士，博士生导师，他已经不需要再评职称了，为什么还这么认真，周末过节也总去实验室，总是直接说学生的问题，一点儿也不给学生留面子……"。

本科四年总听到"奇怪"老师的声音和同学们议论的声音，没想到，我竟然跟着同学们眼中的"奇怪"老师经历了专业发展中重要的3年。

---

① 本节作者郑珊。

一、物理教学论的学习

在本科教育实习中，我发现虽然学习了 4 年物理学，但还是经常不能解答学生提出的问题。偶尔还会发现，我讲授的方式不能引起学生的兴趣。的确，只有当好老师的热情远远不够。大学期间，虽然较为系统地学习了普通物理和理论物理，也学习了物理教学法，但还是不能将自己的所学所知传授给学生。而物理教学论专业研究生的课程，则对我提升自身的理论水平起了至关重要的作用。

研究生期间，我们学习了教育心理学、教育科学研究方法两门教育学课程，以及大学物理专题研究的力学和电磁学。此外，还跟随老师学习了物理教学论、物理学习心理学、物理实验教学论和物理教育论文写作 4 门专业课程。在一年课程学习中，我们仔细品读教材，并系统学习了邢老师发表的系列文章。包括科学方法教育、原始物理问题、物理能力理论和教学过程自组织转变理论等。

在学习这些理论的过程中，邢红军老师通常会提前一周通知我们需要学习的文章。课前，我们会仔细研读这些文章。课堂上，老师则会仔细带着我们讲读每段文字，并细致地为我们讲述写作时的想法、思考、心得、纠结等等，以便我们能设身处地地领会老师的思考过程，这一过程仿佛把我们带回了老师的写作现场。随着学习的不断深入，我们不再仅仅阅读老师的文章，还会找一些相同内容、不同观点的文章，看他们与导师的思路、行文有何异同之处。由此，在对比中学习，不断开阔眼界。

在理论学习中，感受最为深刻且最有收获的应该是我们与老师逐一讨论的环节。针对每位同学提出的问题，老师会逐一作答。也正是这一时刻会不断地碰撞出智慧的火花。邢红军老师根据我们的提问，对我们的学习情况有一个准确把握。讨论后，老师经常教导我们，读文献切莫一目 10 行，而应逐字逐句逐段反复阅读，"读到文章就像自己写的一样"。每当回想到这个场景，我都很难想象，功成名就的导师怎么还能够坐下来，与我们这帮"门外汉"讨论问题，还逐一辅导。

物理教学论的学习以及文献阅读让我积累了专业知识。但是我认为，当时对老师文章的理解还不够深刻，只有较为肤浅的认识和理解。只是觉得自己懂了一些理论、熟悉了一些专业名词。事实上，后来的物理教育论文写作过程，才让我真正加深了对于物理教学论理论的认识。

二、物理教育论文的撰写

物理教育论文写作是研究生的必修课，是提升研究生专业素养的重要环节。邢红军老师认为，教育论文的写作有三个层次。第一个层次是就事论事的文章；第二个层次是就事论理的文章；第三个层次是就理论理的文章。作为物理课程与教学论专业的研究生，我们需要从第一个层次开始练习，这亦是物理教育论文写作的基础。我前后写了《关于"变阻器"教学的高端备课》《"杠杆"教学的高端备课》以及

《从本质出发——"滑轮"的思考教学"》三篇文章,并参与《功的原理:一节初中物理规律课的高端备课》一文的撰写。通过写作,极大地提升了我的专业素养。

(一)历经风雨,初见彩虹

根据研究生一年级理论课程的学习情况,导师指导我选择了"变阻器"这一课题,最后形成《关于"变阻器"教学的高端备课》一文,这也是我的第一篇物理教学论文。在邢红军老师的悉心指导和胡扬洋师兄的热心帮助下,最终文章刊于《物理教师》2014年第1期。我写作的前三稿未敢直接交给邢红军老师,而是由胡师兄先做结构的"整形"工作,待文章基本成型后才交给邢红军老师。我至今还能回忆起文章修改的每一个细节,应该说,每一稿的修改对我来说都是重要的提升。

文章第一稿共计5页,接近5000字。论文的第一部分用了大篇幅从"变阻器"教学实验的改进、教学软件的运用等几个方面叙述几种不同观点,而后阐释了"变阻器高端备课"的主要思路。胡师兄对第一稿的修改意见是调整文章结构,简述他人的观点,删除不必要的部分。当时,我并不清楚如何表述他人观点,险些将这部分写成他人观点的"摘录"。经过反复阅读和理解文献,我决定采纳师兄的建议,调整文章结构,特别是对文章的第一部分做必要的删减和修改。第二、三稿的修改主要是确定和完善文章的结构,其中,重点是根据段落内容,确定标题,从而形成文题对照。与此同时,我重新思考文章的逻辑,在文章中添加了能够体现"变阻器"直观教学的配图以及六次实验数据。文章前三稿的修改,让我意识到,写物理教学论文,首先要确定文章的结构、思考文章的逻辑。

邢红军老师对第四稿的修改意见是删除配图(图2-5、图2-6所示),重写如何体现教学的直观性,将如何直观逐步叙述清楚,宛如读者见到配图。不仅如此,6次实验数据稍显累赘,建议修改为三次。这一稿的修改可谓十分艰难,我最初感到此处的描述十分困难,于是做了示意图和放大的变阻器图片,以便清晰表达我的想法。在修改过程中,我尝试着对第一部分重新叙述,着重讲清楚如何引导学生定性认识变阻器的结构,并尽力写清楚变阻器上的线与线是绝缘的。将漆包线的外层刮开,是为了能够连入电路中,即刮开的部分与滑片触头接触。但还需强调刮开的部分是一层,而两相邻刮开的漆包线之间又是绝缘的。

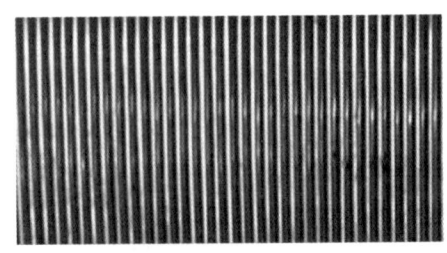

图2-5 变阻器上的电阻线圈

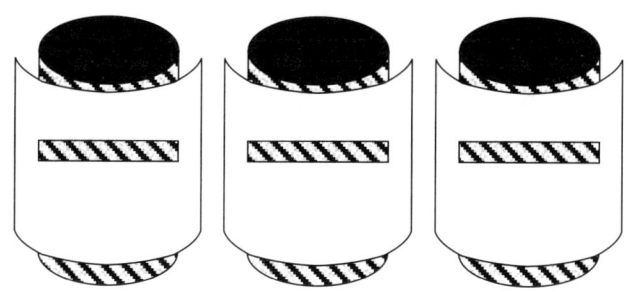

图 2-6 变阻器电阻线圈上的刮开部分

由此，对第五稿中的以下部分进行了修改：

"首先，从学生对于改变导体电阻大小的原有认识出发，提出问题如何改变导体电阻大小较为容易，逐步满足和优化'电阻'的结构，其次，将电阻丝在瓷筒绕成线圈以便节省空间、在导线外圈缠绕漆包线避免导线接触。采用符合客观事物发展的顺序，展开对滑动变阻器的制造精细化过程介绍，让学生观察变阻器的外部结构。然后，运用放大镜观察变阻器上漆包线的绕向，学生可以清晰地观察到漆包线的绕线存在一定间隙，但是距离较小。我们运用多媒体进行再放大做出模型以便更好从微观上解释变阻器绕线的本质。至此，学生不难观察到变阻器中漆包线与漆包线之间有空隙，且存在两个绝缘皮，二者间一定是绝缘的。然而，在漆包线表面绝缘皮被刮开 2mm 宽的部分，导线外露，是可以导通的。且需要通过滑片 P 的触头与刮开的部分接触，从而将变阻器连入电路中。"

正是通过这一过程的反复修改，让我深刻认识到撰写物理教学论文需要通过文字叙述，让读者读懂。在修改过程中，我曾多次邀请同级同学读这段话，然后讲出他们理解的意思，进而根据他们的理解，了解哪些地方写得还不够，再进行修改。经过反复几次，关于"变阻器"的直观性叙述总算过关了。最终形成以下终稿：

教师应该明确指出，将漆包线缠绕在瓷筒上是为了节省空间，而在漆包线表面刮开 2mm 宽的绝缘漆，是为了使滑片触头与漆包线导通。在该环节，教师应使用放大镜对变阻器的漆包线刮开表面进行放大，并引导学生观察变阻器的外部结构。同时，展开对变阻器结构精细化的介绍。

至此，学生不难发现变阻器表面任意两根漆包线间是绝缘的，仅漆包线表面被刮开部分与滑片 P 触头接触，实现与外电路的导通。其中，被刮掉绝缘漆表面的两根漆包线之间也是绝缘的。即变阻器的漆包线只有与滑片 P 接触的部分是导通的，其他部分是绝缘的。

通过直接观察变阻器的绕线结构，学生能够清晰了解其结构与用途。进一步通过了解变阻器绕线的特点，确定变阻器何处是导通的，何处是不导通的，从而为后续研究变阻器电阻的变化做好准备。

在接下来的修改中，邢红军老师指出教学反思部分不能只说空的教学论，要将高端备课中体现的教学思想、教学原则在教学反思中准确表达，充分展现"变阻器的高端备课"带给物理教学的启示。起初，我并不懂老师的意思。我也像个"门外汉"一样，认为物理教学论和中学物理教学判若"两张皮"，教学反思这部分只需"搬上"几句理论，便可在这个光环下"闪耀"。但请教胡师兄后，师兄告诉我，文章"教学的反思与启示"是最能彰显作者的思想逻辑和文字功底部分。

结合师兄对这部分的修改意见，我又审视了"变阻器"高端备课的教学过程。从第一部分变阻器结构特点的直观到第二部分测量"变阻器"阻值的直观，再到第三部分归纳物理规律的直观，我重新确定了本节高端备课对教学的第一个启示——强调教学直观性原则。相继又确定了"注重科学方法教育"和"展现物理教学逻辑"两点启示，并形成了本节的教学逻辑图（图2-7）。

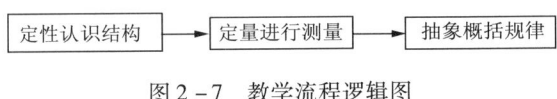

图2-7 教学流程逻辑图

至此，通过再次思考老师的修改意见，领悟到论文的教学启示并非是"外行人"想象的"两张皮"，高端备课自始至终遵循了物理教学的直观性原则，教学实验中则处处注重显化科学方法，从而使得整个"变阻器"的教学更加自然、流畅。此时，我才明白教学反思是对整个文章的提升，而非"泛泛谈理论，草草写结论"。真正有意义的教学反思就是对这样一节高端备课的概括与提升，不仅具有很强的实践性，而且还使理论具体化。由此，充分彰显了教学理论对实际课堂的引领作用。

在后面几稿的修改过程中，邢老师更是不断指导我修改一些词的用法，我逐渐体会到了如何用简洁的语言叙述清楚自己的想法。

通过《关于"变阻器"教学的高端备课》一文的写作，我清晰地认识到了物理教学论文的写作流程。选题时，应当选择教学中亟待解决的问题亦或是教学中有争议的问题，进而对这些问题阐述自己独到的见解与鲜明观点。选定题目后，首先要阅读与本题目相关的文献，寻找支撑自己观点亦或是不同观点的论据与理论基础，对自己的见解做必要的补充和完善。其次在论文写作过程中，一定要先"想好"，再开始动笔，最好是想清楚后，一气呵成。切勿边想边写，否则会造成思维混乱，文章缺乏逻辑性。

（二）曲折前行，略显成效

《杠杆教学的高端备课》亦历经十余稿成文，该文最终刊于《物理通报》2014第9期。查阅人教版八年级初中物理教材，发现教材只是通过列举实例，就给出了杠杆的定义。通过作图直接给出了力臂，但并没有阐述清楚引入力臂概念的必要性。鉴于第一篇文章写作的经验，我用了三周时间思考自己写作本节教学的观点。经过与邢红军老师讨论，确定文章要从学生熟悉的生活实例"跷跷板"出发，并在教学中阐明每个物理量引入的必要性。

邢红军老师认为，第一稿对教材的定位较为准确，特意将"传统的教学倾向使得力臂概念理解机械化，杠杆认识片面化和杠杆分类单一化"一句在文中标红。除此之外，老师还对文中的"杠杆本质是对力进行放大或缩小的装置"以及不同教材对于杠杆的分类进行标注。这一稿基本符合高端备课系列文章的模式，导师没有进行大篇幅的修改。这应该是经过第一篇文章训练后的结果。

第一稿最大的问题在于，我将高端备课的第二个环节设计成了"探究实验"，试图通过叙述如何探究，记录如表2-7所示的数据，从而发现力和力臂的关系。对此，导师告诉我这一部分应该阐明研究思路，而不是写成实验报告。显然，我又犯了第一篇文章的错误，总认为附一个图表会比表述更加清晰，其实则不然。

此部分经过几稿的修改，确定为"思路点拨"。希望学生在理解杠杆对力"放大"或"缩小"的本质后，合理猜想其中蕴含的运算关系，然后通过实验验证猜想，进而得到实验结论。最终，我形成文章的终稿：

引导学生明确实验探究的思路是非常重要的，否则，探究就很有可能成为虚假的探究。由于力和力臂的量纲不同，猜想二者的加减关系是毫无意义的。只有力与力臂的乘除关系才可能有意义。事实上，"放大"是乘以大于1的数，"缩小"是乘以小于1的数。仔细品味杠杆的"放大"或"缩小"的意义，自然会联想到放大或缩小几倍的问题，显然这其中隐隐地蕴含着乘法的味道。因此，在分析动力、动力臂、阻力、阻力臂的数据时，教师应引导学生思考力和对应力臂乘积的关系。通过简单计算，并分析多组数据不难归纳得到：杠杆平衡时，动力与动力臂的乘积等于阻力与阻力臂的乘积，即 $F_1L_1=F_2L_2$。

实验探究是验证猜想的过程，只有深刻理解杠杆的"放大"和"缩小"性质，才能够在实验探究中自然得到杠杆的平衡条件。同时，也正是杠杆平衡条件的得出，才能使学生对"平衡"的认识不再局限于力的平衡，而上升到力矩的平衡，从而丰富了学生对"平衡"的认识。

这篇文章的撰写过程应该说是磨练文字功夫的艰辛过程。从给出表格无依据的猜想，到叙述清楚如何引导学生进行有依据的猜想。通过不断地打磨文字，改变叙述方式，让我积累了许多经验，也为第三篇文章的写作打下了文字基础。

表2-7 杠杆力和力臂规律的探究

实验次数	F_1/N	L_1/m	F_2/N	L_2/m	F_2+L_2	F_2-L_2	$F_2 \times L_2$	$F_2 \div L_2$
1								
2								
3								
4								
5								
6								

续表

实验次数	F_1/N	L_1/m	F_2/N	L_2/m	F_2+L_2	F_2-L_2	$F_2\times L_2$	$F_2\div L_2$
7								
8								
9								
10								
11								
12								
13								
14								
15								
16								
17								
18								

（三）摸爬滚打，渐渐练成

人教版八年级初中物理教材通过举例直接给出了定滑轮和动滑轮的概念，然后通过实验探究定滑轮的特点，但对滑轮本质的介绍略显缺失。因此，论文在写作过程中首先明确文章的思路是：强调滑轮的本质，滑轮与杠杆的联系和区别。

滑轮高端备课的第一个环节是深入分析定滑轮，逐步从（a）过渡（b），从对参考点的选取进行细致讲解，再到忽略次要因素，考虑主要因素，最后到抽象成图（c）的杠杆模型。这样图形和文字结合就清晰地展现了定滑轮是等臂杠杆的本质。

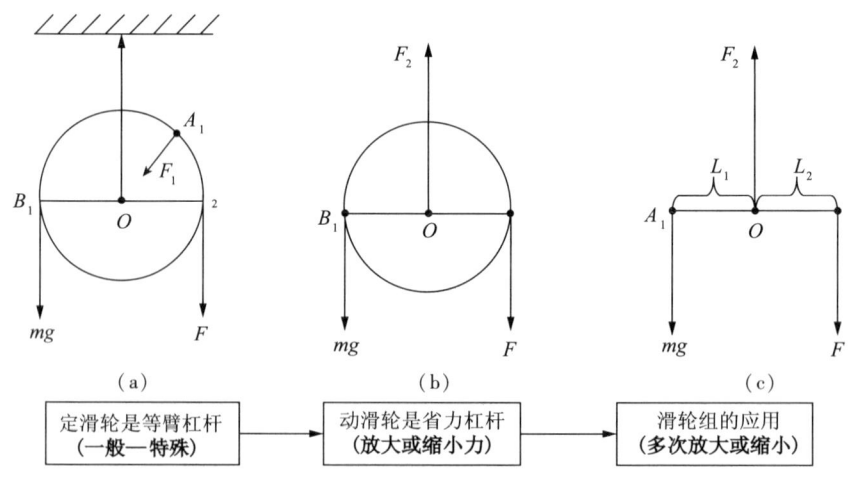

图2-8 滑轮教学流程

全文通过图2-8所示教学流程图揭示了滑轮的物理本质。经过导师的指导，我确定本节高端备课主要讲解把定滑轮抽象为杠杆的过程，引导学生思考和研究动滑轮的本质，进而让学生自主研究滑轮组的特点。这样的教学流程充分体现了学生的主体地位和教师的主导作用。《从本质出发——"滑轮"的教学思考》历经十稿成文，该文发表于《教育研究评论（中学教育教学）》2014第10期。

（四）实证研究，磨砺功夫

研究生二年级，我协助导师收集了《北京市中学教师专业发展水平的实证研究及其启示——基于CNKI检索的京苏两省（市）比较视角》和《高师理科师范生培养质量的实证研究与启示——基于东芝杯教学技能创新大赛排名与全国高校综合实力排名的比较研究》两篇实证类文章的数据。

如果说前面3篇"小文章"的写作过程十分痛苦，而这两篇文章的数据整理则应该算是比较顺利的。在第一篇文章的数据查找期间，我们首先通过相应专业的导师协助，完成了期刊的初选、再次遴选、以及最终确定工作。进而通过中国知网、首都师范大学图书馆以及国家图书馆的期刊收藏进行了逐一查阅，统计出每个学科、每本期刊、每期杂志中北京和江苏中学教师发表文章的情况。然后，对查阅的全部数据进行统计和分析，做出相应的统计图表。基于数据的分析，挖掘数据背后隐含的问题，确定拟解决问题的方案和建议。

第一篇实证文章数据查找之后，我们积累了一些查找数据的方法。因此，第二篇文章的数据查找工作就变得容易一些。我先查出五届东芝杯大赛的数据，逐一对各学校的参赛情况进行统计，随后与导师讨论确定了不同奖项学校的分值问题。由于每年参与比赛的学校数目不同，因此难以在统一标准下对各学校情况进行分析。经过几次与导师商量，最终决定将所有学校的成绩统一为3年进行比较，即参加5年的学校乘以3/5。期间，我也曾建议将所有学校的成绩统一为5年进行比较，但是导师特别认真地指出：我们无法预测那些学校没参加的2年情况，但是参赛5年学校的成绩都是非常客观的。导师这样一句话，让我深刻地认识到做物理教学研究要实事求是，不能凭主观感觉去评判。

在4个月的工作过程中，我深刻认识到，只有克服困难，通过不同媒体和途径寻求考证可靠的资料，才能得到准确的数据。由此，才能更好地挖掘出数据背后的问题。同时，导师对数据的敏感性和独到的见解，也让我钦佩不已。

（五）辩驳讨论，碰撞火花

研究生期间除了我个人发表的第一作者文章外，我还与教研室的诸位同门共同学习、讨论并发表文章。关于《初中物理"电功—焦耳定律"教学的高端备课》一文，起初我在听取邢红军老师观点之后，跟随胡扬洋师兄一起查阅整理文献，与同级的几个同学偶尔会辩驳，表明自己的观点，然后再分头查阅资料，讨论彼此的观点。

原来我对初中物理教学的认识是：每节课需要有实验，学生的兴奋点和关注点也会在实验上面，对于实验之后的概括我则认识不足。在与刘锐同学一起撰写《功的原理——一节初中物理规律课的高端备课》后，我深刻地认识到，初中物理教学不仅要通过热闹的实验吸引学生的注意力，还要注重挖掘实验背后的物理本质、挖掘规律背后的物理思想。

在论文撰写过程中，我经常会遇到表述不清的情况，正是同学们不厌其烦的阅读，并向我表述他们的理解才使我逐渐进步。如果遇到他们理解的意思与我想表达的意思不一致，我会再次修改。在这种研究气氛极为浓厚的环境中，通过同学们的无私帮助，我才得以快速成长。

（六）修成正果

物理课程与教学论研究生的硕士论文题目通常在二年级选择和确定。我最初的想法是选取中学物理概念或中学物理实验教学，邢红军老师的建议则有特殊考虑。由于我参与了初中物理高端备课的研究与写作历程，因此邢红军老师建议我的论文选择"初中物理高端备课"。最终我将论文题目定为"初中物理高端备课的行动研究"。希望通过这样一篇硕士论文展现初中物理高端备课的起源和发展。

硕士论文的工作从研三上学期正式开始，我用了3周左右的时间查阅相关书籍，并完成文献综述，对教学设计、物理教学设计和高端备课等核心概念做了定义，详述了物理高端备课的起源。为此，我重新学习了邢红军老师的论著，从而厘清了物理高端备课的理论基础。

第二步回顾我自己所写3篇论文的过程，其中对重要环节的修改和撰写进行了翔细描述，还针对我每篇文章的收获和进步进行了翔实的记录。第三步是通读20篇初中物理高端备课论文，进而归纳、概括出初中物理高端备课遵循的教学原则与教学理论。

毕业论文还有一部分是实证研究。我结合中学实习经验，选取了两个水平相当的班级作对比。其中一个班级为实验班，依据初中物理高端备课的方法展开；另一个班为对照班，我采用了传统的教学方法。经过一个学期的教学，在学期末，我对两个班级进行了测试，效果显著。

研究生期间三篇论文的撰写让我在写作毕业论文时，能够很快厘清文章的结构和脉络，并能够明确下一步需要做的工作。我还能自觉地注意文章的语法、句法，从而简明扼要表达自己的观点，设计问卷和数据处理也得心应手。

在硕士论文的修改过程中，导师曾一字一句的阅读，甚至连标点符号都会帮助我仔细斟酌。看到将近80页的硕士论文，每一页都画满了红色的圈圈点点，我不禁感慨自己是多么的幸运！导师不仅物理教学论研究的学术水平高，而且对学生的成长更是非常负责！

研究生期间，在邢红军老师的指导下，我发表文章10篇，如表2-8所示，同时也有幸参编邢红军老师主编的物理高端备课教材，如表2-9所示，并获得一些奖励，如表2-10所示。从《北京市中学教师专业发展水平的实证研究及其启示——基于北京江苏两省市的比较》一文中可以看出，北京市中学物理教师人均发表文章的数量是极少的。作为研究生跟随导师学习3年，发表10篇文章，应该说是十分不易的。这个科研成果和荣誉的获得都离不开邢红军老师3年期间的悉心指导。同时，这将成为我今后工作不断努力的动力。

表2-8 研究生期间完成论文情况一览表

序号	作者顺序	题 目	发表期刊	刊期
1	第一作者	关于"变阻器"教学的高端备课	《物理教师》（核心期刊）	2014（1）
2	第一作者	杠杆教学的高端备课	《物理通报》	2014（9）
3	第一作者	从本质出发——"滑轮"教学思考	《教育研究与评论》	2014（10）
4	第一作者	物理学习环境的内涵与分析研究	《首都师范大学学报（自然科学版）》	2015（8）
5	第二作者	北京市中学教师专业发展水平的实证研究及其启示——基于北京江苏两省市的比较	《教育学术月刊》（核心期刊）	2014（6）
6	第二作者	高等师范院校理科师范生培养质量的实证研究与启示——基于东芝杯教学技能创新大赛排名与全国高校综合实力排名的比较研究	《教师教育论坛》	2014（10）
7	第三作者	功的原理：一节初中物理规律课的高端备课	《中学物理教学参考》（核心期刊）	2014（Z1）
8	第三作者	初中物理"欧姆定律"的高端备课	《物理教师》（核心期刊）	2014（10）
9	第三作者	一道光学原始物理问题的讨论	《物理教师》（核心期刊）	2014（5）
10	第三作者	初中欧姆定律教学中的控制变量法与比值定义法——兼论用复比定理证明多变量乘积组合关系	《物理教师》（核心期刊）	2015（4）

表2-9 研究生期间参编书目一览表

序号	参编书目	主编	出版社	出版时间
1	高中物理高端备课	邢红军	中国科学技术出版社	2014，9
2	初中物理高端备课	邢红军	中国科学技术出版社	2014，9

表2-10 研究生获奖一览表

序号	奖 项	级别	刊期
1	首都师范大学研究生一等奖学金	校级	2014（12）
2	初中物理高端备课的理论与实践研究	校级	2014（5）
3	北京市优秀毕业生	市级	2015（5）

三、物理教学实践中成长

研究生三年级,我有幸到北京海淀区的一所示范校实习、代课。在代课的半年中,我努力用物理高端备课的理论研究与案例研究指导日常教学工作。在密度、平面镜成像、杠杆和滑轮的教学中,我都引入了初中物理高端备课的思想,如注重控制变量法、比值定义法、理想化模型等科学方法教育,收到了良好的教学效果。

(一)教育实习

实习期间,讲到"飞机为什么能飞上天"这个课题,我最先想到的是"本节课要用什么逻辑展开教学"。事实上,本节内容正是以大学的伯努利方程作为支撑。因此,我首先复习了力学中的相关知识,结合初二学生的认知特点展开了本节课的教学设计。教学中,我将有趣的实验作为教学载体,把丰富的内容与实验展现给学生,通过对实验现象的描述和归纳,引导学生思考如何解释实验现象,如何理解其中的物理意义,进而使学生掌握本节课的教学内容。

最终我确定依据"流体压强和流速二者的关系是什么——二者之间是否有关系——二者之间存在怎样的关系"这样的逻辑展开教学。在教学设计时,我将教学流程作了如下设计:首先,介绍清楚何为"流体",何为"流速";其次,弄清楚流体流速与压强是否有关系,以及如何证明它们之间有关系;再次,直接给出教材中流体流速与压强的关系,重点是通过实验验证流体流速与压强的关系;最后,用流体流速与压强的关系解释飞机为什么能飞上天。

课后,我发现学生能够迅速地掌握流体压强和流速关系的本质,学会了研究两个物理量关系的一般方法。这样"有逻辑"的一节物理课,让学生觉得非常有意思,也让我觉得非常有成就感。而对"逻辑"的强调,正是邢红军老师物理高端备课的重要内核!

在后续的杠杆、滑轮两节教学中,我更加重视了对物理本质的讲授。讲过杠杆的本质后,我发现学生能够大胆地将其运用,他们认为这些不再是死记硬背的公式或规律了。特别是讲过定滑轮的本质后,学生发现自己重新认识了一个"机智的杠杆(滑轮)",并迫切希望自己去验证动滑轮的本质。由此,我深深体会到前期物理高端备课参与的重要意义。学生只有对物理本质理解后,才敢于、善于运用物理规律,而不再是搬弄、套用物理公式了。

应该说,我的实习经历也在相当程度上实现了从物理高端备课理论研究,再到实践研究的重要转变。实习中,我始终坚持用初中物理高端备课的思想作为教学设计的指导,这样的课不仅得到学生的认可和喜爱,而且学生对知识和方法的掌握也更加牢固。曾有学生说:"老师,我每天回家就学物理,学习物理,让我十分有成就感。"在指导学生学习的同时,我心里也感到"美滋滋的",因为他们真的很喜欢我的物理课,不仅课上爱听,课下也会动手开展"小孔成像""杆秤""消失的硬币再次出现"等实验。由此，我也深刻地认识到了教师的职业价值之所在。要让我们的学生有更好的发展，物理教师要终身使自己的"一桶水"装得满满的！

（二）毕业求职

在研究生毕业求职过程中，回答不同面试官提出的物理教学问题时，我都觉得信心满满。在面试中，曾有面试官问我，"你认为科学方法在物理教学中的地位是什么？"对此，我马上以邢红军老师提出的"科学方法中心论"进行了简明扼要的回答。

求职中，印象最深的一个问题是问我"什么样的教师是优秀的物理教师？"由于之前跟随导师学习教师专业发展，我学习到了物理教师专业发展的"发展态"理论，非常清楚各个层次的内涵。于是，结合自己实习中的感悟，我做出了这样的诠释：优秀物理教师第一要具备物理专业知识和专业素养，既要对物理学科有理解深刻，又要对相关学科的知识触类旁通；第二，是要具备心理学的知识，既要知道学生在想什么，又要知道学生处于什么样的发展阶段；第三，要具有人格魅力，需要关注每个学生的变化和发展，让学生因为喜欢你而主动学习物理；第四，优秀物理教师不仅是教书匠，还是教育研究者，在物理教学中要不断反思和提升自己；第五，优秀物理教师不是一个人在工作，而是要融入一个教学团队，建立良好的人际关系。

在求职试讲时，我曾到两所北京市级示范校讲过"力"和"超重与失重"，在一所学校讲过"密度"。试讲后，3所学校都在两天内给出反馈意见："可以签约"。我认为，3所学校正是基于我的试讲做出的决定。当试讲前拿到题目后，我首先会翻阅教材，对教材中的教学内容及其地位做相应的分析，从而形成初步的认识。进而，我会查阅中国知网中有关本节内容的相关文献，并对文献进行粗读和细读。根据面试学校学生的情况，我思考本节课的教学重点和教学难点。进一步，我确定本节课的教学逻辑，并形成初步的教学设计。然后，用科学方法串起本节课的知识点。最后，我对本节课的知识内容加以拓展和延伸。这样的流程正是源于导师平时指导我们撰写教育论文的思路。

回想起来，正是研究生期间导师的谆谆教诲让我真正做好了成为一名中学物理教师的准备。在试讲过程中，我曾有一页演示文稿出现符号错误，当时有学生提出这一问题。以前遇到这种情况，我会非常紧张，但是这一次我没有回避这个问题。首先，我承认由于时间比较仓促，自己准备得不够充分，导致符号错误。然后，我给学生讲了指挥家"小泽征尔"参加国际指挥大赛时做出果敢判断的故事。借此鼓励同学们大胆提出自己的想法，增强学生对于教科书、参考书的批判意识，从而巧妙地化解了PPT中符号错误的问题。文中提到的故事虽然是我求职过程中的细节，但这些问题的处理也与邢红军老师对我们的训练息息相关。

四、感谢

回顾首都师范大学物理教学论专业学习的历程，我衷心地感谢导师邢红军教授对我的培养！导师对我们要求十分严格，正是从文章修改稿中的圈圈点点，让我一次又一次地领悟到了导师学术研究的严谨。导师偶尔也会与我们一起探讨生活中的问题，教育我们如何提高自身的社会认知，这些都如细雨湿衣般地影响着我们，使我们能够细细品味老师的学术造诣和人格魅力。

我能够在物理教学论学习中快速入门，还与邢红军老师团队中我的同门帮助息息相关。师兄师姐们总是会耐心回答我的每个问题，倾尽全力帮助我！有时我们也会为某个问题争论得面红耳赤，这样激烈讨论的场面至今都历历在目。对于每一项具有挑战性的工作，团队中的每个人都能不畏艰难，尽职尽责地完成任务。正是在这样优秀和谐的团队中，我才能在合作中快速成长！

"你就没有学明白……"这个场景又在首都师范大学物理系教三楼的432实验室再现了。是的，太阳每天升起又落下，学生来了一批又走了一批，但是有一点是永远不变的，那就是导师对我们真挚期望与殷切嘱托！

第四节 物理课程与教学论学习之路[①]

大四选择研究生研究方向时的情景仿佛就在昨天，如今，我已临近毕业。提笔回首往事，那些快乐、纠结、踌躇与收获，一一涌上心头。从大四选择师从邢红军老师投身物理教学论，到赴内蒙世纪中学支教一年任高一物理教师，再到重返校园开始研究生阶段的学习，我从一个注重站在讲台传授知识的"教书匠"，逐步向研究教学方法、思考教育价值的"研究者"转变，在课程学习中成长，在导师指导下蜕变。伴随岁月的流逝，三年的学习为我留下了受益一生的宝贵财富。

一、缘何选择物理课程与教学论专业

高考填报志愿时，我毫无疑虑地选择了师范专业，一方面是想圆自己儿时的梦想，另一方面是觉得，站上讲台教书育人是一份格外光荣的职业。我的中学老师根据自己的工作经验告诉我，尊师重道自古是中华美德，教师是一份看重个人能力的职业，只要水平够好就一定会有桃李满天下的成就。

大学四年，我一直在不懈努力。除了物理学专业知识，还学习教育学原理、教育心理学、教育研究方法等相关课程，从而增加了自己的知识储备。此外我到中学进行教育实习，课外带家教，也曾在辅导班兼职，用来提升自己的实践经验。大三时，通过层层选拔，代表物理系参加"全国大学生物理教学技能大赛"和"东芝杯·中国师范大学理科师范生教学技能大赛"，备赛的过程十分艰辛，却也让我发现用心备课和应付一节课之间的巨大差别，这更坚定了我学习物理课程与教学论专

[①] 本节作者陆星琳。

业的决心，为做一名优秀的物理教师而努力。

远赴内蒙古支教一年，当我站上讲台真正开始教书才发现，真实课堂中的一切跟本科经历的兼职和实习很不一样，需要思考应付的事情更多。整顿课堂纪律、留作业、答疑，这些我原本不太关注的事情，都成为教学中非常重要的环节，根据学生水平有针对性地备课更是需要大量时间。从慌乱不安到平静有序，我逐步积攒着一线教学经验，深刻认识到需要运用更多的物理课程与教学论专业知识到备课中，才能减少或者避免那些慌乱困扰。所幸我选择了物理课程与教学论专业，结合支教一年的实际教学经历，憧憬未来的研究生学习，让我有了更多的反思与收获。

二、在专业课程学习中认识自我

根据专业课程设置，在研一学习中，主要是专业课和公共课的学习，其中专业课均由邢红军老师亲自讲授，这一年的学习过程是我自我认识的过程，虽然自知本科和支教的积累存在不足，但究竟何处不足、不足有多少尚不清晰。通过邢红军老师的课堂教学，帮助我剖析不足并补充了很多知识。

（一）课程安排

邢红军老师为物理课程与教学论专业研究生开设了《物理教学论》《物理学习心理学》《物理实验教学论》《物理教育论文写作》四门课程。课堂中的主要学习资料并非传统的、相对古板的教材类出版物，而是十分有针对性的高质量文献和论文，主要由《物理教育心理学》《实验设计理论研究》两本书和发表在权威核心期刊、核心期刊的文章组成。其中包括发表在权威核心期刊如《课程·教材·教法》、《中国教育学刊》上的《原始问题教学：物理教育改革的新视域》《论物理课程改革背景下的科学方法教育》《从隐性到显性：物理科学方法教育方式的重要变革》《论教学过程的自组织转变理论》《论高考物理能力理论与命题导向》《从数据驱动到概念驱动：物理问题解决方式的重要转变》《论中学物理教学中的科学方法教育》等多篇文章；核心期刊《教育科学研究》上的《中国基础教育课程改革：方向迷失的危险之旅》《再论中国基础教育课程改革：方向迷失的危险之旅》《三论中国基础教育课程改革：方向迷失的危险之旅》等文章；以及发表在《首都师范大学学报（自然科学版）》等多个期刊的文章。这些近年发表的文章一方面代表着最新的学术研究成果和学界动态，另一方面展示着高水平文章的文风笔风。

课堂教学采用邢红军老师逐句分析讲解和学生讨论发言相结合的方式。授课内容多为邢红军老师第一作者的文章或是邢红军老师指导的文章。作为文章的主笔，邢红军老师以作者的视角讲解文章，分析文章结构、段落设置甚至是每一个字句在选用时经历了怎样的斟酌过程。这对我有很大启发，自己阅读文章时只是学习其中的理论，大致了解文章脉络，通过邢红军老师的讲授，才发现很多点睛之笔被我在阅读中忽视，而文章的内在逻辑和布局安排更是在邢红军老师的讲授之后才有了深入了解。同学们根据课前阅读文献过程中思考的问题进行提问讨论，10余名同学发言交流的过程，是彼此思维互补和碰撞的过程，邢红军老师对于每一个问题的解答则是课堂补充和学术探讨的过程。对我而言，讨论发言是自我认识和向同学学习的过程。同学们常常提出很有深度的问题，也会直击文章背后的深刻内涵，我的思考随着课程学习而逐步加深。在讨论环节我会认真倾听同学们的问题，并且思考其他同学为什么能够提出这样问题？提出这个问题是如何思考的？这个问题的价值和答案是什么？一方面反思自己与同学的思维差异和差距，另一方面在课堂中充分思考弥补不足。

在朗道讨论班中，一般是报告人采用夹叙夹议的方式讲解自己的研究，讨论班成员对报告内容讨论提问，再由报告人回答问题。邢红军老师的授课方式，与朗道讨论班有很多相似之处，这让我看到邢红军老师学习大家的研讨经验，发扬研究风尚的精神，也为我未来的教学提供很多参考。主讲人全身心投入讲解，充分讨论的交流空间，还有最真挚诚恳的回答，使得课堂教学更活泼，并且让授课对象在充分思考的同时得到真知。

（二）文献阅读

阅读文献是研究生学习的必修课，一是可以让初学者了解学科的研究现状，二是可以通过阅读，为自己写作论文提供灵感和切入点，三是有助于在论文写作中提高个人水平。能否找到高水平的文章，阅读时是否对文章内容有深刻感悟，借鉴文献时是否抓住文章要义，是文献阅读是否有效的关键。

本科毕业出发去内蒙古支教前，我向邢红军老师寻求支教一年的工作建议和学习建议。邢红军老师推荐我首先阅读以他为第一作者的文章，既可以对我的教学提供帮助又有助于我提前开始研究生阶段的学习。另外邢红军老师建议我多与师兄师姐交流，他们中有人已有多年一线教学经验、有人在专业发展和论文写作方面有很好的体会。通过与师兄师姐交流，我列了文献清单并下载，开始着手文献阅读。支教一年，限于事务性工作的繁杂，多数文献只是进行了粗读，如今看来由于时间安排不合理和个人认识不足，使得自己没有很好地利用提前学习的良机。

研究生入学后，最初的文献阅读主要是根据每周的课程安排。邢红军老师会提前通知学习内容，在课前进行精读时，通常我会在重点语句上做一些标注，对于自己存有疑问的地方注明疑点和问题，以便在课堂上与老师和同学们交流讨论。在和同学们交流阅读心得时，我发现自己的文献阅读深度不够，首先一篇文章绝对不是读一次两次就够的，需要反复阅读反复思考，才能品味出其中精髓；其次仅局限于本篇文献是远远不够的，应该搜索一些相关文献进行关联性学习，才能更好地了解该主题的研究内容，思考的深度和广度才能达到新的层次。

课余邢红军老师和师兄师姐们会推荐一些其他文献，很多都是堪称经典的典藏书籍还有一些毕业论文，包括《协同论》《物理·技术·社会》《中学物理疑难实验专题研究》《中学物理教学法》《中学物理教材教法》等书籍，以及硕士论文《初中生物理认知水平的研究》《高中学生物理认知水平的研究》《初中物理教学内容认知水平的研究》《高中物理教学内容认知水平的研究》等。这些文献对课堂教学内容进行了补充，为我们系统深入学习提供了帮助，也为今后走上一线教学提供了支持。

文献阅读为我之后的文章写作打下了重要基础，通过学习邢红军老师的系列文章，我在写作高端备课方面的文章时，得以用强有力的系统理论，从更高的视角发现问题，合理安排教学环节，做到有理有据，论证充分。而其他领域的文献阅读，则充实了我的知识，为我提供了写作素材。

（三）教学探讨

课堂教学中，除学习文献外，邢红军老师还对一些教学设计进行讲解，如《密度》《力的分解》等，并专门安排时间让每个学生对《磁感应强度》一节进行五分钟说课，在对每一名学生的设计点评后，从高端备课的视角讲授他的教学设计，使我收益颇丰。下面逐一介绍给我留下深刻印象的三节课。

首先是《密度》一节，印象最深的是邢红军老师说密度这个概念。他只需要几分钟就可以讲得明明白白。选择一小块铁和一大块石头直接比较两不同物体的质量，由于比较结果与学生预期不同，从而引出在比较过程中应选取相同标准这一问题，即应选择相同的体积来比较质量，于是利用除法这一数学工具把质量与体积相除，则顺理成章地与密度概念初步建立了联系，进而再诠释比值的物理意义，密度概念便水到渠成地呈现在学生面前。[①] 这个讲解思路让我有眼前一亮的感觉，对于几分钟讲明白密度概念也完成了从质疑到信服的转变。

其次是《力的分解》，支教时我曾就此课做过公开课，本以为有一些深入的教学设计思考，然而对比邢红军老师的教学设计，着实是差距甚大。邢红军老师提出，应从"力分解的内涵"到"力分解的科学方法"，再到"力分解的应用"三个步骤进行教学设计，在"效果唯一"前提下，"无限多"是力分解的内涵，"作图法"与"计算法"两种科学方法是展开力的分解的枢纽，其中应注意"一般"与"特殊"的内涵关系。选用特殊、典型的例子将力的分解转化为直角三角形求解，再依据由简到繁、由典型到变式的思路设计应用，便可让学生牢固掌握本节内容。[②] 依据科学方法进行教学设计，是我在这一节课的最大收获。

《磁感应强度》一节采用学生上台 5 分钟说课，邢红军老师点评的方式。我很认真地回顾了之前邢红军老师的讲授，搜索了相关文献，精心准备了PPT。然而，那一次的说课很不成功，由于有时间限定而我准备的内容偏多导致语速很快，因为

---

① 参见邢红军著：《初中物理高端备课》，北京：中国科学技术出版社，2015。
② 参见邢红军著：《高中物理高端备课》，北京：中国科学技术出版社，2015。

固化于支教一年应试教育的教学方法，教学设计偏重知识巩固，概念讲授部分安排不当。点评中，邢红军老师指出，同密度一节相似，通过确定相同标准从而比较力的大小是关键，即需要用力 F 除以电流强度与导线长度，从而导出磁感应强度这一概念。[①] 这一次说课，让我真正发现虽然有教学经验，但是从一个研究者的角度来看，我还有很多需要改进的地方，其实从某个角度来看，过去的经验反而可能是我亟待改进的地方。

（四）知识储备

一年的专业课学习，主要包括论基础教育课程改革、原始物理问题、自组织表征理论、科学方法教育等内容，每一个内容的学习都为我之后的论文写作和教学设计提供了很大帮助。

21世纪初开始的基础教育课程改革已持续十年有余，邢红军老师以《中国基础教育课程改革：方向迷失的危险之旅》为题，连续发表3篇十分有分量的长篇文章，获得学界的很大关注并引起强烈反响。3篇文章从多个方面探讨了当前我国开展的基础教育课程改革现状与问题，有理有据地从指导理论、教学方式、课程内容、研究范式、教学走向、国情反思、理论基础、课程目标、能力培养、因材施教、教材编写等方面进行了批驳和建议。通过学习，我反思自本科开始到我在准备全国比赛过程中的认识不足以及支教一年的教学思考缺陷，认识到自己的学习之路还很长。

原始物理问题是邢红军老师对于物理教学论专业最重要的学术贡献。原始物理问题，是指自然界及社会生活生产中客观存在，能够反映物理概念、规律本质且未被加工的典型物理现象和事实。原始物理问题是物理教育改革的新视域，具有重要的教育价值，使物理教育从纯粹的知识传授模式中走出来，进入到物理知识传授与应用相结合的阶段，原始物理问题测量工具的编制和研究能有效测量中学生解决物理问题的能力。最初接触原始物理问题这个概念时，我认为它与信息量比较多的习题或STS类问题是一样的，通过系统学习和相关文献阅读，我意识到自己过去认识的谬误，也了解到与物理习题相比，原始物理问题具有客观真实性、生态性和开放性等特点。

长期以来，我国教育界普遍采用题海战术试图改善学生的学习效果，这个问题一直没有得到很好解决，邢红军老师开创了原始物理问题这一物理教育的研究领域，先后在权威核心期刊《课程·教材·教法》上发表十余篇原始物理问题方面的文章，包括理论基础、表征理论、测量工具等。遗憾于没有参与这个理论的建立过程，庆幸于邢红军老师在课堂上以理论建立者的视角和身份，向我们全面展示了这一理论，着实让我收获颇多。

依据协同学理论，建立物理问题解决的自组织表征理论、教学过程的自组织转

---

① 参见邢红军著：《高中物理高端备课》，北京：中国科学技术出版社，2015。

变理论等理论模型。其中，物理问题解决的自组织表征理论认为，问题解决是一个连续与突变相结合、协同与竞争相结合、必然与偶然相结合的过程。教学过程的自组织转变理论认为，教学过程是一个学生、教师、教材和环境相互协同的过程，是学生在教师引导下完成对教学内容学习的同时，其认知系统从被组织向自组织转变的过程。这一部分涉及较深的理论知识，邢红军老师推荐阅读《协同学》一书以帮助更好地了解理论。利用自组织理论，讨论教学主客体关系，建立开放的教学过程，注意通过随机涨落促进教学过程从被组织向自组织转变，对教学设计十分有益。

在高端备课论文写作中，科学方法教育部分的学习对我是非常重要的。邢红军老师一直强调，教育不只是教授知识，更重要的是科学方法教育。科学方法是人们在认识和改造客观世界的实践活动中总结出来的正确的思维方式和行为方式，是人们认识和改造自然的有效工具。以科学方法为中心的教学模式，是在深入研究"物理学知能结构图"的基础上建构的，它为解决物理教学中学生学习知识、掌握方法、提高能力提供了理论依据和操作程序。"授人以鱼，不如授人以渔"，只有教给学生方法，才能让学生独立解决问题，知识可能不会永远留在人的大脑中，但是掌握科学方法必定是终生受益的。

三、在论文写作中再认识自己

经过一年的专业课学习和文献阅读，我在专业知识上获得一定积累，对于论文写作也进行了一些思考，从研一暑假开始着手写作第一篇论文至今，我已发表第一作者文章3篇，其中一篇发表于核心期刊《物理教师》，另两篇分别发表于《物理之友》和《湖南中学物理》。写论文对我而言并非易事，这是一件需要集中注意力且沉浸其中，又需要打开眼界拓宽思路的事情，一次又一次的修改，考验的是沉下心、坐得住、想得深的耐力。

（一）高中"牛顿第一定律"的高端备课

《高中"牛顿第一定律"的高端备课》一文是我发表的第一篇文章，该篇文章的写作、修改过程较长，在邢红军老师和师兄、同学的帮助下我学习了很多，逐渐克服写作恐惧，培养了思考能力和写作水平，现从以下几个方面详述这篇文章的写作历程。

1. 选题

牛顿运动定律是整个力学体系的基石，牛顿第一定律是这个基石的重要部分和基础，在中学物理教学中十分重要，由于涉及物理学史、理想化方法、前概念、原始问题、概念教学等多个关键知识点和教学方法，它一直是中学物理教学讨论的重点和难点。立足物理教育心理学的研究，着力破除学生头脑中的前概念，以高端备课的角度来研究本课教学，对于指导中学物理教学有实际意义。

本科阶段我对牛顿第一定律曾经有过较为深入的思考，在我的本科毕业论文中

第五部分"以牛顿第一定律为例的STS教学建议"中,专门论述了在高中牛顿第一定律一节中进行STS教育的范例,其中部分内容对于我的高端备课写作可提供一些参考。研究生阶段,在大学物理专题研究(力热)这门课程中,《普通物理专题研究》一书中有两个关于牛顿力学和牛顿运动定律的专题,给我留下了很深的印象,有助于我在理论基础方面进行科学严谨的推理。最重要的是在物理教育心理学这门课程中,邢红军老师对于概念教学、破除前概念部分进行了深入细致的讲解,并以牛顿第一定律为例进行重点讲授,为我开拓了思路,有了很好的启迪。

考虑到选题很有研究意义,结合我已有的知识储备、相关学习材料积累等因素,我选择《高中"牛顿第一定律"的高端备课》作为第一篇着手发表的文章。

2. 组稿

选定题目后,要做几方面的工作,一是查找文献看看以往学者和一线教师对本节课的思考和讨论;二是研读教材,发现教材的特点和不足,思考高端备课要着力解决的问题;三是整理已有资料,筛选可用部分。

首先,要选定几个重点关注的关键词,也就是文章需要重点突破的方面。我选择前概念、思维重构、科学方法、概念转变、牛顿第一定律等几个关键词在中国知网上搜索,主要选择近几年有关牛顿第一定律、引用量多、发表在核心期刊、相关度高的文章。通过阅读大致分为几类,一是物理学理论研究,如牛顿三定律关系等;二是教学方法研究,如概念教学的特点、思维重构的建议等;三是教学设计,如初中、高中牛顿第一定律区别、物理学史和概念教学融合等。经过几次阅读和筛选,从中总结出已有研究的方向和未涉及或者是研究尚未明确的部分。

研读教材是非常关键的步骤。通过几次对教材和教参的梳理,掌握教材的设计逻辑后,结合已有研究中存在的不足,对于本节教学设计开展个人思考,找出其中的关键点,梳理高端备课的逻辑。我认为,本节的关键点在于破除学生的前概念,用科学方法导出牛顿第一定律和用原始物理问题巩固知识三个方面。

整理已有资料,是再一次梳理材料和整理文章思路的过程。我分别整理了本科毕业论文、教学竞赛参赛资料、备课建议和教学设计、物理教育心理学理论以及邢红军老师讲课的案例。起到关键作用的是物理教育心理学课程,其中关于前概念和概念教学理论是我文章的重要理论基础,而案例部分充实了设计,拓展了思路。

以上几方面的准备全部完成后,我的论文结构框架初步完成,理论和案例相对丰富,根据自己的思考,文章组稿部分逐步充实,最终形成四千余字的初稿。

3. 修改

初稿完成后,距离最终成文还有一段格外艰苦的过程。文章的思路、结构甚至是每一个文字,都需要精雕细琢。在十余稿的反复修改过程中,我对于高端备课的理解更加深刻。高端备课不只是提出备课方案,更重要的是强调教学的逻辑,对于科学方法的运用等能够凸显"高端"的备课灵魂。

经过与师兄和同学讨论,我的设计逻辑转变为——探查学生前科学概念的存在与层次——按科学方法的逻辑进行牛顿第一定律教学——利用原始物理问题进行教学三个步骤。邢红军老师提出建议，一是将一三部分合并重点谈破除学生头脑中的前科学概念，二是思考如何自然而然地由伽利略理想实验得出牛顿第一定律、如何处理整体与部分的关系、如何显化理想实验法。在这两个建议下，我重新审视文章，调整文章结构和重心，将文章改为依据科学方法逻辑建立牛顿第一定律和破除学生头脑中的前科学概念两部分。之后几次的修改主要集中在如何更清晰地描述伽利略实验与牛顿第一定律的关系，原始问题的选取及详略处理上，在教学启示中添加图片以更加生动的形象描述学生的前概念，还有物理学本质的讨论。

在改至将近第十稿时，文章修改进入瓶颈期，邢红军老师仍然认为文章的"高度"还不够，不足以凸显高端备课的实质。邢红军老师提出"内因""外因"的逻辑，将理想化实验和惯性两个部分与牛顿第一定律建立起逻辑关系，其理论性和逻辑性更加明显，成功将文章和备课的思维逻辑建立在了更高的位置。最终，在与邢红军老师和师兄的讨论中，我将关键点锁定在依据"内因"、"外因"双层逻辑建立牛顿第一定律、破除学生头脑中的前科学概念两个部分，强调以"理想化"作为建立牛顿第一定律的外因、以"惯性"作为建立牛顿第一定律的内因和以"破除前科学"作为建立牛顿第一定律的保证三个重要启示。文章终于成文定稿，进入投稿阶段。

4. 投稿

相对于写文章，投稿过程似乎有更多无奈。一方面我希望文章能够被优秀期刊选中，另一方面迫于各期刊的审稿期限不尽相同且不能一稿多投，等待的过程很是熬人。考虑到距离毕业时间还很长，之后的文章已经可以开始着手准备，时间充裕，邢红军老师建议我优先投影响力比较大的期刊，不妨逐一尝试，也是一个熟悉不同期刊投稿的过程。于是，我开始了投稿、等待、再选择的过程。最终，《高中"牛顿第一定律"的高端备课》被核心期刊《物理教师》发表于2014年3月期。我在研究生时期的第一篇文章全部工作就此结束，新的征程即将开始。

（二）后两篇文章经历

在经历了第一篇文章的撰写修改后，我对于写文章不再抵触，平时在阅读文献时会有更多的思考，逐渐学会举一反三并进行独立探索。在本科论文和外文文献综述基础上写出《国际STS-EL教育的六种思潮述评》发表于《物理之友》，以高中物理"生活中的圆周运动"为例写出《认知结构视角下物理知识应用的教学——以"生活中的圆周运动"为例》一文，发表于《湖南中学物理》。

《认知结构视角下物理知识应用的教学——以"生活中的圆周运动"为例》一文基于"知识+科学方法"认知结构理论，以高中物理"生活中的圆周运动"为例，进行了教材分析与教学设计，认为物理变式教学有利于建构学生的认知结构，最后总结了对教学的反思与启示。《国际STS-EL教育的六种思潮述评》一文梳理了国际上对STS-EL教育中存在的应用/设计取向、历史取向、逻辑分析取向、价值定向取向、社会文化取向和社会-环境公正取向六种潮流的分析，并认为这些潮流有助于教育者说明在STS-EL教育的语境下发展理论上的理解、选择及其实践工作，最后认为应发展体现中国特色的STS-EL教育理念。

《国际STS-EL教育的六种思潮述评》和《认知结构视角下物理知识应用的教学——以"生活中的圆周运动"为例》两篇文章，在结构上与高端备课系列文章不同，选题方向也存在差异，之所以没有继续选择高端备课系列而是研究另外两个题材，是因为研究生三年其实很短暂，要珍惜邢红军老师和师兄以及同门团队指导帮助的时间，多涉猎几个选题方向，既能提高自己的写作水平，也为自己将来工作后独立研究打下基础。

有了第一篇文章的积累，这两篇文章的修改次数相对少一些，在与博士师兄的讨论中思路也更清晰一些，特别感谢师兄在关键时刻总能给我提供指导和帮助。

（三）文章写作的体会

通过以上3篇第一作者文章写作历练，我在很多方面获得了成长和提升，也思考了一些关于写论文要经历的过程和需要具备的能力。首先，需要能够静下心来研究的定力。认真查找文献，研究文献，需要坐下来一遍又一遍地反复看、反复想才能发现文献的价值和意义，从而为自己写文章提供帮助；其次，需要知识的沉淀和积累。只有足够的阅读量做积累，才能在写作中展现"得来全不费工夫"的从容，知道在引经据典时应该选用哪一个语句和案例；三是要保持思考的独立性。自己的文章，要有自己的想法和特色，不能一味依赖别人，也不能仅仅做几篇文章的拼凑体，即便是综述类文章也要写出自己的独特观点，才能使文章有吸引力，有可读性；四是思考要深入。正所谓"巧妇难为无米之炊"，在写作中，文章的精髓和亮点就是"米"，即便资料堆积如山，枯坐着也未必能出结果，好的想法和创意是文章的精华；五是及时将想法落于笔头。很多时候在讨论中也会生成很多好的想法，但有时候往往疲于动笔，让好的文章选材流失，十分可惜。如果注意时刻记录想法，不畏辛苦注意落笔成文，会有很大收获；六是团队合作的重要性。

感受最深的就是要努力突破自己的畏难情绪，特别感谢邢红军老师一直督促我落实牛顿第一定律的写作。最初的文章非常不成熟，邢红军老师悉心提出修改意见，鼓励我坚持写作，提出更好的思路，十余稿的修改中他一直耐心地指导和帮助我，每一次都是两三天内就修改完并且逐点分析问题。在一次又一次的修改过程中，我逐渐掌握了写作方法和技巧，克服了畏难情绪，才得以顺利地完成这篇文章的写作。

研究生期间三篇文章的写作，包含着导师邢红军老师的谆谆教导和不厌其烦的指导，凝聚着师兄的帮助和同门智慧。团队中互相学习、互提意见也能够帮助团队中的每一个人成长，正是在一次又一次的"头脑风暴"讨论中，无论是文章的主笔人还是参与者都获得了成长。

四、毕业论文访谈和求职中的成长

研二的 5 月左右，我开始着手准备毕业论文。2011 级的 4 位师兄师姐是我的主要采访对象，那时候他们基本完成了毕业论文写作，正在进行最后的修改，同时工作和升学也已基本确定。这个阶段正是他们对于研究生三年感慨最多，思考最深入的时候，在即将离校的愉悦中，他们对于导师、学业、同门等方面都有诸多感想。

我对 4 位师兄师姐的提问，主要是根据时间顺序集中在自研一的课前准备和课堂学习，至研二的文献阅读和文章写作，到研三的毕业论文写作和专业知识对于就业的帮助，以及团队合作激励几方面。随着访谈的深入，我逐渐了解到很多不曾知道的故事，既有他们的成长收获也有各个阶段的艰苦历程。他们满怀极大热情开始研究生阶段的学习，也都或多或少有过懈怠期，然而随着学习的逐步深入，研究领域愈发广泛，每一个人都迅速化被动为主动，在论文写作和科研方面都有了很大收获，先后有一位师兄和师姐获得研究生国家奖学金，4 位师兄师姐都有多篇文章发表并且都有核心期刊文章。同时，他们在研究生阶段的成功还体现在继续升学或就业上。一位师兄顺利考取博士研究生，一位师兄和师姐到高校任教，另一位师姐将成为高中物理教师。

访谈中，师兄师姐们告诉我很多经验，提醒我很多可能会碰到的岔路口和弯路，鼓励我坚定地在学术上继续钻研，支持我在择业方面坚持自我。我学到了一些自己没有想到过的读文献技巧和方法，在文章选题上也开拓了思路，不再仅仅局限于一两个自己研究过的选题。对于正在着手准备的毕业论文，则是受益最多的。4 位师兄师姐是我毕业论文的主要研究对象，我要在对他们的访谈中总结发现物理课程与教学论专业研究生团队的培养之道。他们在访谈中知无不言、言无不尽的配合，使我收益颇丰。

4 位师兄师姐都谈到了几个对自己影响很大的事情。他们入学时，都对物理教学论专业有十分执着的向往，经过本校老师或者自己同学推荐慕名投在邢红军老师门下，最初积极的学习动机为他们研究生阶段的学习打下了基础。课程学习和文献阅读则增加了他们的知识积累。师姐耿爱霞说："邢红军老师治学严谨，学术精湛，所做各方面的研究环环相扣、自成一体，不论从哪一理论说起，都能讲到其他各个理论，并且最后又回到一开始的理论。"对于这句话，我和其他三位师兄师姐都有强烈共鸣，确实觉得学习邢红军老师的理论让自己的知识积累更加厚重。在写文章的过程中，他们也经历了非常痛苦困难的阶段，师兄石尧在描述第一篇文章修改经历时，说了一句"第一篇文章那就不用说了，写的特别费劲，邢红军老师改了 6 稿，改到最后一稿时我觉得自己进步了很多。"在他的经历和感慨中，费劲二字就足见那段时间的不容易，进步二字则是他的切身体会，同样这也是 4 位师兄师姐的共同体会。他还说"邢红军老师手把手教、从点滴细微处做起的做法，让我得到切实的感悟，使我文章写作的水平有了很大提高，并且帮助我树立信心，对写文章这件事不再有畏难情绪。能有这样一位亲自逐稿修改论文的老师，真的是我最大的幸运。"在毕业论文写作过程中，他们的选题基本都是根据每个人的能力水平和个人特点，由邢红军老师提供研究方向，再根据个人想法和考虑，与邢红军老师讨论确定最终的研究题目。他们对于邢红军老师在毕业论文写作中的指导，给出了十分中肯的评价。"邢红军老师很好地把握了指导的'度'，有方向性的指导，也在行文中给出自主发挥的空间。既不是'甩手掌柜'，也没有'越俎代庖'，提供了关键性的指导意见，也让我在写作中得到了锻炼。"

就业是毕业年要遇到的一件大事。在求职过程中，我首选中学物理教师这一职业，既是自己一直以来的追求，也是结合自己本科和研究生所学发挥专业优势。结合目前求职情况，研究生阶段的学习对于我应聘中学物理教师有很大帮助。由于发表过三篇文章，在应聘学校筛选简历时我很有优势。在某中学的面试中，面试老师曾专门就我发表的《高中"牛顿第一定律"高端备课》一文进行针对性提问，首先问到相关理论，得益于邢红军老师在课堂中曾经详细讲解过该理论的背景，以及论文写作过程中邢红军老师在每一稿修改过程中的详细解释，我流畅地讲述了文章的理论基础和使用到的科学方法，评委频频点头。之后，面试老师继续追问是否在实际教学中采用文章所述的教学设计以及教学效果，我继续介绍了实际教学的情况，根据学生水平的不同，在授课中采用不同的侧重点，突破不同层次学生的难点，这样的授课方法让面试老师们十分惊讶，同时认为是一种十分有益的创新。另一个实例是，在某中学的说课中，我充分研究邢红军老师讲授的教学方法，结合研一课堂中邢红军老师对我们教学方面的指导，我的说课获得在场校领导的一致认可，顺利通过了说课环节。论文写作和教学探讨，在中学应聘中确实为我提供了很大帮助。

五、总结

虽然还没有正式结束研究生的学习，但是也到达了冲刺收尾阶段。三年来，在邢红军老师的指导下，在师兄和同学们的帮助下，我收获了很多。读研期间我发表第一作者文章3篇，其中一篇核心期刊，其他作者文章4篇，共7篇文章，参与了高中物理高端备课一书的编写工作，获得研究生三等奖学金。我的知识储备更加丰厚，教学经验更加丰富，文章写作更加自信。

除了学术方面，在课题研究中，我也有一定收获。我参与了邢红军老师原始物理问题研究方面的课题工作，曾旁听邢红军老师主讲的高等学校教师培训课程《大学教学技能》并参与成绩录入工作，这些虽然是微不足道的小事，但正是在这些一点一滴的事情里，邢红军老师的言传身教让我在团队协作和为人处事等方面有了近距离学习的机会和特别真实的收获。还要特别感谢邢红军老师给我很大独立安排时间的空间，允许我去参加实习，增长阅历开阔视野，鼓励我按照自己的想法去尝试去努力，正是这份难得的体谅，让我有能力在求职中更加自信，更能以经验制胜。

表 2-11 读研期间发表文章情况

序号	作者顺序	题目	期刊	刊期
1	第一作者	高中"牛顿第一定律"的高端备课	《物理教师》（核心）	2014（3）
2	第一作者	国际 STS-EL 教育的六种思潮述评	《物理之友》	2014（8）
3	第一作者	认知结构视角下物理知识应用的教学——以"生活中的圆周运动"为例	《湖南中学物理》	2014（11）
4	第二作者	物理学习环境的内涵与分析研究	《首都师范大学学报》（自然科学版）	2015（4）
5	第三作者	关于"变阻器"教学的高端备课	《物理教师》（核心）	2014（1）
6	第三作者	太空授课背景下"液体表面张力"教学的问题与设计	《物理教学探讨》	2014（9）
7	第五作者	北京市中学教师专业发展水平的实证研究及其启示——基于北京江苏两省市的比较	《教育学术月刊》（核心）	2014（6）

回首跟随邢红军老师学习的三年历程，22 岁时我正值青春年少，决定师从邢红军老师投身物理教学论领域的探索。到如今，26 岁的我即将告别学生身份，以一名老师的身份从事教书育人的事业。3 年来，岁月带来的成熟与邢红军老师的教导共同铭刻在了我的生命轨迹中！时至今日，虽然邢红军老师早已有了教授、博导等身份，然而他仍坚持在科研一线，且每年都有多篇高水平文章为我们的学术之路做向导，真正为我们诠释了"以身作则"的含义。回想起来，邢红军老师指导学生的成长可谓亲力亲为，每每将我们文章的每一稿都修改得"满篇红"。无论周末还是晚上 10 点，邢红军老师办公室的灯都亮着，他永远耐心地回答学生们的问题与困惑，凡是种种，都将成为我永远的感念与榜样，并激励着我在物理教学论之路上继续前行！

第三章 从"教书匠"到"研究者"的蜕变之路

第一节 绪 论

一、问题的提出

(一) 振兴民族的希望在教育,振兴教育的希望在教师

20世纪以来,世界各国都已充分认识到,教育质量的提高在相当大程度上取决于教师质量。20世纪90年代后期,我国在教师数量基本满足后也对教师质量提出了新要求。1993年2月教育部颁布了《中国教育发展和改革纲要》,提出"振兴民族的希望在教育,振兴教育的希望在教师";要"大力办好师范教育"等口号,标志着我国教师教育政策的发展开始迈入新的发展阶段。[①] 此后,《中华人民共和国教师法》和《中华人民共和国教育法》的相继颁布为教师教育、教师培养提供了有力的法律保障。《中小学教师继续教育规定》的发布,为中小学教师继续教育制度提供了内容翔实并具有可行性和可操作性的实施计划,促成了中小学教师继续教育体系的形成。

进入21世纪后,《关于积极配合和推动基础教育课程改革进一步加强和改进教师培训工作的几点意见》、《教师振兴行动计划》等文件的颁布,使我国教师教育继续向开放化、终身化、一体化的道路迈进。近年来,农村义务教育阶段学校教师"特岗"计划不断深入进行、"国培计划"如火如荼地展开等,都使我国教师专业发展之路迈向深入。面对诸多政策的陆续颁布和实施以及人们对优质教育的强烈呼吁,加强我国教师队伍建设,促进教师队伍专业化发展,提高教师专业素养,已经成为教育界亟待解决的问题。

---

① 崔红洁. 改革开放以来我国教师教育政策研究 [D]. 东北师范大学,2014.

（二）青年教师的专业素质水平是我国教师整体素质的重要体现

由教育部网站发布的"中小学教师队伍建设的相关情况"获知，随着教育行政部门采取一系列改革举措来加强中小学教师队伍的建设，至2010年，中青年教师已经成为中小学教师的主体。35岁以下的小学、初中、高中教师分别占到42.3%、49.2%、53.6%，45岁以下的小学、初中、高中教师分别占到69.9%、84%、87.3%。[①] 教师年龄结构的不断优化使得青年教师成为一个庞大、不容忽视的特殊群体。一方面，他们普遍具有高学历，灵活的头脑，青春的活力，在教学创新和科研能力等方面都具有很大的潜力，是推动教育改革和教育创新的中坚力量；另一方面，他们由于刚刚踏上工作岗位，职业心理调试能力较差，教育实践经验不足，加之繁杂的教育教学任务，使得原有对教师职业的美好憧憬逐渐消磨。面对复杂多变的教育教学环境，曾经学习的教育教学理论不知道如何使用，更使他们陷入迷茫和手足无措中。然而，"大量的研究表明，教师职业生涯的头几年是决定其一生专业素质的关键时期。这一时期不仅决定了教师是否会在教学领域内继续工作下去，而且决定他们将会成为什么样的教师。教师职业独特的教学专长往往是在此阶段奠定基础的。"[②] 因此，毫不夸张地说，青年教师专业素质的水平直接体现了我国整个教师队伍专业素养的水平。

那么，我国青年教师的专业素质水平如何呢？现实不容乐观！"据不少教育管理者反映，青年教师成长速度缓慢，教育教学水平的提升速度不能满足学校发展的需要，已经成为制约学校前进的一个瓶颈。"[③] 只有让青年教师迅速成长起来，才能够在整体水平上提高教师队伍的专业素质，进而提高我国的教育水平。

（三）探寻培养青年教师的有效途径

当看到许多青年教师抱怨"教师薪资低，压力大，工作繁杂无趣"，并逐步丧失激情，沦为一名"教书匠"的同时，我们也关注到，有一些青年教师过得充实而精彩，专业发展速度和水平都超过同龄教师，甚至取得了令老教师都羡慕不已的优异成绩。他们既是中小学教育的中坚力量，同时也是普通教师的榜样。虽然他们如今都获得了卓越的发展，但最初也都是从一名普通教师发展而来的。他们可能各有特点，但也不乏快速成长的关键因素、共性因素。因此，这些优秀青年教师的专业发展过程值得研究，更值得广大青年教师借鉴。

那么他们身上存在哪些独特的品质？他们通过何种方式或途径实现自身的快速成长？影响他们教师专业发展的因素到底有哪些？哪些因素起到了关键性的作用？

[①] 中华人民共和国教育部. 中小学教师队伍建设有关情况 [EB/OL]. http://www.edu.cn/gai_kuang_489/20090902/t20090902_404348.shtml.

[②] 陈海凡. 初任教师的适应与思考 [J]. 学科教育, 2003 (4): 11—15.

[③] 简晏红. 促进青年教师高水平快速发展研究 [D]. 上海：华东师范大学, 2011.

青年教师又如何借鉴与学习？基于上述问题，笔者展开了优秀青年物理教师专业发展的个案研究，试图通过研究寻求答案和解决方案。

二、研究目的与意义

随着教师专业发展逐渐成为教育界讨论的热点话题，越来越多的研究者对其进行了研究，研究涉及各个方面，其中有很多研究者从理论层面提出了促进教师专业发展的建议。这些研究充实了对教师专业发展问题的理解，但研究中很多方法和途径的表述往往停留在理论层面。教师在实际教学工作中应该如何去做？这一现实问题仍旧困扰着不少寻求专业发展的教师。因此，我们希望从实践角度出发，通过对一位优秀青年物理教师发展的个案进行研究，从而展示优秀青年物理教师在教育教学中到底都做了什么？是如何做的？在发展中遇到了哪些困难？受到了哪些启发？产生了哪些感悟？又形成了哪些习惯？……希望通过对研究对象的工作经历、成长过程的分析，抽取出促使其专业发展的关键性因素，寻觅促使其专业发展的有效途径。显然，只有通过这样的方式，才能真正为青年教师的教师专业发展提供帮助，提供值得借鉴的方法，同时为中学和相关教育部门提供青年教师专业发展的培养建议。

第二节 研究现状与相关概念的界定

一、国内外研究的现状

基于本文的研究对象和研究内容，以及笔者对教师专业发展理论的研究、对优秀教师专业发展以及青年教师专业发展研究进行的梳理和总结，进行文献综述。

（一）教师专业发展理论的综述

自 20 世纪 60 年代末期，国际教育学者对教师专业发展理论的研究陆续展开，至 20 世纪 70—80 年代，教师专业发展理论的研究成为欧美各国学者的研究热点。我国的相关研究起步较晚，在 20 世纪 90 年代，教师专业发展研究才逐渐兴盛起来。通过查阅教师专业发展的相关文献，笔者发现，国内外研究者对教师专业发展的研究主要从教师专业发展的阶段理论、教师专业发展的内涵研究和教师专业发展的因素研究三大方面展开。由于国外对于教师专业发展的研究起步较早，研究成果较丰富，因此我国对该问题的研究大多以国外已有研究为范本展开。

（二）教师专业发展阶段理论研究

教师发展阶段理论研究要追踪到 1969 年，美国学者费朗斯·富勒（F. Fuller）

对教师在不同时期所关注的事物进行研究。此后，各国学者基于不同的视角得出很多不同的教师发展阶段理论。总体可归纳为："关注"阶段论、职业生命周期阶段论、心理发展阶段论、教师社会化发展阶段论和综合阶段论五类。①

富勒（F. Fuller）通过编制的《教师关注问卷》对教师关注问题进行研究。她发现，教师一开始并不能直接关注到学生以及自身对学生学习的影响，而是首先关注自身，然后逐步关注到教学任务，最后才关注到学生的学习。她将教师这种专业成长过程划分为了四个阶段：任教前关注阶段、早期求生存阶段、关注教学情境阶段、关注学生阶段。此后很多学者都从不同视角，采用不同方法，提出了多种教师发展阶段理论。下面以表格形式对影响较大的教师专业发展阶段理论进行概述。

表3-1 教师专业发展阶段理论

教师发展阶段	教师的专业发展阶段划分
昂汝（Unruh）特纳（Turner），1970	1. 初始教学期；2. 建构安全期；3. 成熟期
卡茨（Katz），1972	1. 求生存时期；2. 巩固时期；3. 更新时期；4. 成熟时期
伯顿（P. Burden），1979	1. 求生存阶段；2. 调整阶段；3. 成熟阶段
教师职业周期动态模式，费斯勒（R. Fessler）	1. 职前教育阶段；2. 入职阶段；3. 能力形成阶段；4. 热心和成长阶段；5. 职业受挫阶段；6. 稳定和停滞阶段；7. 职业低落阶段；8. 职业退出阶段
教师生涯发展模式司德菲，1989	1. 预备阶段；2. 专家阶段；3. 退缩阶段；4. 更新阶段；5. 退出阶段
教师职业周期主题模式，休伯曼（M. Huberman），1993	1. 入职期（求生和发现期）；2. 稳定期；3. 实验和岐变期；4. 重新估价期；5. 平静和关系疏远期；6. 保守和抱怨期；7. 退休期

我国对于该领域的研究比较繁杂，研究视角深受教师社会化发展阶段论的影响，即以个人的需要、能力、意向与学校机构之间的相互作用为焦点，从教师是一位社会人的角度进行思考，研究其成为一名专业教师过程中的变化。其中以台湾研究者王秋绒为代表，他将教师专业发展过程划分为师范生、实习教师和合格教师三个阶段。每一个过程又细分为三个不同的时期，分别为探索适应期、稳定成长期、成熟发展期；蜜月期、危机期、动荡期；新生期、平淡期、厌倦期。② 吴康宁在其所著的《教育社会学》中曾提出：教师专业发展过程包括预期专业社会化和继续专业社会化两个阶段。③ 另有如钟祖荣等人认为，教师的专业成长大致要经过四个阶段：

---

① 教育部师范教育司. 教师专业化的理论与实践（修订版）[M]. 北京：人民教育出版社，2003：68—71.
② 季诚钧，陈于清. 我国教师专业发展研究综述[J]. 课程·教材·教法，2004（12）：68—71.
③ 吴康宁. 教育社会学[M]. 北京：人民教育出版社，1998：215—221.

准备期、适应期、发展期、创造期;邵宝祥将教师的专业发展过程划分为4个阶段:①适应阶段。该阶段为从教1—2年内;②成长阶段。从教3~8年;③称职阶段,也称高原阶段。一般在35岁以后;④成熟阶段。[1] 叶澜等以教师自主专业发展意识为指标,将教师专业发展划分为五个阶段:非关注阶段、虚拟关注阶段、生存关注阶段、任务关注阶段、自我更新阶段。[2] 除此之外,根据教师所关注的焦点问题差异,把教师的发展分为:关注生存阶段、关注情景阶段、关注学生阶段。根据教师与任务的关系,将教师专业发展分为五个阶段:新手阶段、进步新手阶段、胜任型阶段、精通型阶段和专家阶段。[3]

通过对教师专业发展阶段理论的梳理,笔者发现,研究者对专业发展阶段的划分多以教师年龄、时间顺序为主要参量,主要针对教师群体所表现出的基本发展情况和所经历的发展阶段进行描述性、归纳性的研究。这样的研究模式容易使人认为教师专业发展的过程是一种自然转变的过程,每位教师随着时间的积累都可以最终成长为一名优秀的教师。然而事实却是,很多教师在其专业发展之路上停滞不前,一辈子都只是一名"教书匠";也有很多教师刚入职没多久就已经实现了自身的飞速发展。因此,教师专业发展"阶段理论"的划分容易忽略教师的个体差异和外界干预对教师专业发展的作用。

(三) 教师专业发展内涵研究

通过资料查阅与整理,笔者发现对教师专业发展内涵的研究基本上都围绕着教师应当具备的专业素质以及教师的专业成长过程来展开。

教师的素质和能力是做好本职工作的基础,可以说,没有教师的质量就没有教育的质量。因此,如何对教师专业素质结构进行优化,就成为研究教师专业发展的焦点课题之一。对于教师素质的结构,虽然不同国家表述不同,但其基本内容是基本一致的,大都强调以下四方面的指标:①科学文化素养。②专业素养。③身心素养。④思想道德素养。[4]

我国对教师专业素质的分析和研究也很多,其中有代表性的研究见下表:

概括来看,一个优秀或成功的教师需要具备知识、技能、情意三方面的素质。对于这三方面所包含的具体内容,学者们基于不同的理论基础和研究视角,得出了不同的研究结论。

---

[1] 李斌. 国内外教师专业发展过程研究述评 [J]. 江苏教育学院学报(社会科学版), 2003 (7): 17—20.
[2] 叶澜,白益民,等. 教师角色与教师发展新探 [M]. 北京:教育科学出版社, 2001: 278—302.
[3] 黄甫全. 新课程中的教师角色与教师培训 [M]. 北京:人民教育出版社, 2003: 117—119.
[4] 黄甫全. 新课程中的教师角色与教师培训 [M]. 北京:人民教育出版社, 2003: 123—124.

表 3-2 关于教师素质结构的研究

研究者	教师素质结构
叶澜	1. 专业理念；；2. 知识结构；3. 能力结构
艾伦	1. 学科知识；2. 行为技能；3. 人格技能
林瑞钦	1. 所教学科的知识；2. 教育专业知能；3. 教育专业精神
饶建维	1. 教师通用知能；2. 学科知能；3. 教育专业知能；4. 教育专业精神
姚志章	1. 认知系统；2. 情感系统；3. 操作系统
唐松林	1. 认知结构；2. 专业精神；3. 教育能力

在教师专业知识方面，国外比较有代表性的是舒尔曼、伯利纳、斯滕伯格、考尔德黑德等。舒尔曼（Schurman）将其划分为 7 种类型，即教材内容知识、学科教学法知识、课程知识、一般教学法知识、有关学习者的知识、有关教育情境的知识和其他课程知识；伯利纳（Berliner）认为教师应当具备学科内容知识、学科教学法知识和一般教学法知识。在我国，申继亮认为本体性知识（学科知识）、条件性知识（教育学、心理学知识）、一般文化知识和实践性知识构成了教师的整个知识结构。陈向明认为教师的知识结构由理论性知识和实践性知识组成，理论性知识又涉及学科内容、学科教学法、课程、教育学、心理学和一般文化方面的知识，实践性知识包含教育信念、自我认识、人际知识、情境知识、策略知识和批判反思知识。[1]

在教师能力结构上，陈向明教授顺理认为主要包括对教学对象、对教学影响的控制和改造能力以及教师自我调节控制能力；叶澜认为主要包括社会交往能力、组织管理能力、教育研究能力三方面。林崇德在认知心理学的基础上提出教师监控能力及其形成过程。[2]

在专业情意方面，值得关注的是，除了"专业理想""专业情操""专业性向"外，在教师专业素质的态度领域，人们越来越重视教师的专业自我意识或自我价值。教师的专业自我是教师个体对自我从事教学工作的感受、接纳和肯定的心理倾向，这种倾向将显著影响到教师的教学行为和教学工作的效果。

总的来看，我国对教师专业发展内涵的研究还比较丰富，但是没有形成一套公认的研究体系和理论。这在一定程度上会导致教育部门和学校对教师培养无章可循，无法可依。

（四）影响教师专业发展因素研究

国外对于该问题的研究入手早，研究较为全面。例如，费斯勒不仅提出了教师职业周期动态模式，将教师专业发展分为 8 个阶段，同时也归纳得出影响教师专业发展的两大因素，分别为个人环境因素（其中包括家庭因素、积极的关键实践、生

---

[1] 叶澜. 教师角色与教师发展新探 [M]. 北京：教育科学出版社，2001：236.
[2] 吴卫东. 教师专业发展与培训 [M]. 杭州：浙江大学出版社，2006：14.

活的危机、个人的性情、兴趣和爱好、生命阶段）和组织环境因素（包括学校的规章制度、管理风格、公共信任、社会期望、专业组织、教师协会）。① 另有，格拉特霍恩认为影响教师专业发展的因素主要有三个方面：个人因素（包括认知发展，生涯发展，动机发展），与教师工作生活相关的因素（包括社会与社区，学校系统，学校，教学小组或院系，课堂）和促进教师发展的特殊介入活动因素。②

在我国，影响教师专业发展因素的研究尚处于探索阶段。从研究者不同的研究视角出发，我国目前对该问题已有的研究有：一从教师专业发展内涵的角度：许多研究者认为，教师的专业知识、专业能力、专业人格等都是影响教师专业发展的因素；二从教师专业发展阶段和实现机制角度：研究者探讨了宏观和微观综合因素的影响，这些因素包括课程内容、课程管理、教学方式、校本教研、教师教育等。在研究方法上近年来逐步呈现多元取向，质性研究成为教育研究领域的热点。总体而言，影响教师专业发展的因素主要有：①个人因素；②实践因素（即教师采用何种方式进行教育教学实践，直接决定了其专业成长的进程和速度。）；③情境因素，又称环境因素；④制度因素；⑤课程因素。③

二、优秀教师专业发展研究

（一）优秀教师的内涵

《中共中央国务院关于深化教育改革全面推进素质教育的决定》第三部分"建设高质量的教师队伍"指出：优秀教师应当是：热爱党、热爱社会主义，忠诚于人民的教育事业，树立正确教育观、质量观、人才观，不断提高思想政治和业务素质的教师；是为人师表，敬业爱生，能因材施教，有宽广厚实的业务知识和终身学习自觉性，掌握教育规律和必要的现代教育技术手段，积极科研，勇于探索创新的教师。

美国全国专业教学标准署制定的优秀教师知识和技能标准指出：优秀的教师热爱青少年，一心扑在学生身上，承认学生有不同的特征和天赋，并且善于使每个学生都学到知识。

也有不少研究者按照自己的理解对"优秀教师"做了概念界定，如孙有福认为优秀教师需要"德行修养好，能醒悟示范，深得学生的爱戴、教师的认可和家长的尊敬，师生关系和谐；工作方法科学且有艺术性，精通自己任教的学科，掌握科学的教育规律，深入了解学生心理，并能够创造性地学习和使用教育教学理论；成绩显著，包括学生学业、品行和心理素质等全面发展，同时教师自己也获得专业成长，

---

① ［美］Ralph Fesssler & Mudith C. Christensen. 教师职业生涯周期——教师专业发展指导［M］. 董丽敏，高耀明，等译. 北京：中国轻工业出版社，2005.
② 杨秀梅. 费斯勒与格拉特霍恩的教师专业发展影响因素论述评［J］. 外国教育研究，2002（5）：36—37.
③ 韩淑萍. 我国教师专业发展影响因素研究述评［J］. 现代教育科学，2009（5）：76—79，90.

并获得教育界内的诸多荣誉称号，有较多的学术研究成果。"①。孟凡森在其硕士论文中将"在物理教育教学中有自己独特的教育理念，形成自己的成熟教学风格，并且在物理教育教学中取得优异的教学成绩或者做出突出贡献的物理教师"定义为优秀物理教师。② 赖学军认为在一定的时期和空间范围内，得到同行专家确认，综合运用创造思维能力和创造实践能力进行创造性劳动，探索新设想，制作新产品，对教育领域的发展做出某种较大贡献者可以称之为优秀教师。③

（二）优秀教师的研究现状

由于仅对"优秀教师"进行文献综述，会导致涉及的广度不够，得到的资料不全面。因此笔者通过"骨干教师""特级教师""专家型教师""名师""学科带头人"等名词在中国期刊网进行检索，发现大量的研究成果。归纳来看，主要涉及：优秀教师的素质特征研究、优秀教师成长规律研究、影响优秀教师成长因素研究、优秀教师成长途径和策略研究。

关于优秀教师的素质特征研究，董菊初（2003）、王毓珣（2006）从名师外显的行为特征及其影响角度阐述了名师的特征。董菊初认为名师具有行为的垂范性、程度的层次性、形成的自然性以及影响的长远性。④ 王毓珣认为教师具有名副其实性、信念坚定性、人人可及性、自然生成性、诲人不倦性、风格独特性、绩效显著性和影响广泛性。⑤ 王升、赵双玉则以内在品质特征为切入点研究了优秀教师的特征，他们通过对365名教师进行问卷调查并结合以往研究成果，得出优秀教师具有稳定而持久的职业动力、较强的自我完善能力以及自我监控能力三大特征。

对于优秀教师的成长规律，周群（2000）以问卷调查形式对121名小学优秀教师进行了深入的研究，分析得到：教师成长需要热爱教师职业、忠于教育事业；有宽广厚实的业务知识和扎实的理论基础；有过硬的教学基本功；有成才和竞争意识，战胜困难的坚强意志。⑥ 除此之外，王涵平（2003）、王铁军（2005）、王荣德（2009）等分别针对名师和特级教师的成长规律进行了研究，其中王铁军采用质性研究方法，对江苏省近30位名校长和名教师进行了研究。研究发现：教师专业发展的根本动因是"主动发展"；教师专业成长过程是不确定的、非线性的；教师专业发展的关键时期在于入职阶段；如何突破高原期是教师专业发展的另一个关键；教师专业发展的根基在于校本的发展。⑦

---

① 孙有福. 优秀教师成长个案分析 [J]. 现代中小学教育, 2007 (4): 60—62.
② 孟凡森. 中学优秀物理教师成长的叙事研究 [D]. 长春: 东北师范大学, 2006: 10.
③ 赖学军. 优秀教师概念的科学内涵与外延 [J]. 教育评论, 2004 (4): 55—58.
④ 董菊初. 名师成功轮 [M]. 北京: 科学出版社, 2003: 45—50.
⑤ 王毓珣. 论名师的特征 [J]. 江西教育科研, 2007 (6): 3—5, 21.
⑥ 周群. 中小学优秀教师成长规律初探 [J]. 广西教育学院学报, 2000 (4): 15—20.
⑦ 王铁军, 方健华. 名师成功: 教师专业发展的多维解读 [J]. 课程·教材·教法, 2005 (12): 70—78.

对影响优秀教师专业发展因素的研究也很多。笔者将其中最具代表性的研究以列表的形式呈现，如下表3-3。

表3-3 影响优秀教师成长因素研究

姓名	题目	内容概括
胡定容[1]	影响优秀教师成长的因素——对特级教师人生经历的样本分析（2006年）	以《人民教育》杂志2003~2005《名师人生》栏目中36位特级教师撰写的人生经历为样本，对其个人背景因素、职业选择和职业成功因素、关键事件进行定量描述与分析，阐述影响因素：①个人背景中的性别、教龄和学科因素；②后天因素中的个人努力、教学互动、专家引导等；③公开课、教学中挫折和冲突等因素
王海芳，张铁道[2]	北京优秀中小学教师成长因素分析（2006年）	调查北京22名优秀教师得出：对事业的挚爱、青少年时期的学习经历及启蒙教师的影响、同伴互助、自我反思等10个方面的因素
王嘉毅，魏士军[3]	影响中小学优秀教师成长的因素分析——以30位优秀教师的成长经历为样本（2008年）	以《教师专业成长的途径——30位优秀教师的案例》中30名教师为研究对象，得出影响因素：性别、教龄因素、学段因素、学校类别、学历因素、自身学习因素、教师反思因素、教育信念因素、网络因素以及教育行政部门对优秀教师成长影响
申燕，吴琳娜，张景焕[4]	优秀教师成长历程的质性研究（2009年）	认为教师在不同成长阶段所关注的问题和矛盾不同，故各阶段的影响因素也不同，他们运用访谈法将10位优秀教师的成长分为四个不同阶段，并分析了各个阶段的影响因素

上述研究都比较全面地分析了影响教师专业发展的因素。虽然基于不同的样本，但得到的影响因素有很多共同之处。例如反思因素被反复提到，个人信念、教龄、学科等因素也多次提及。同时，笔者发现，虽然这些研究均得到了比较全面的拓展，但上述研究中没有针对影响因素的重要程度展开分析讨论，究竟哪些因素在教师专业发展过程中是最重要、最关键的，则不得而知。另外，上述研究中的优秀教师多为年龄较大的教师，对于青年教师专业发展的指导性不强。虽然申燕等人进行了阶段划分，并分析了不同阶段的影响因素，但是由于时代背景不同，教育理念和教育政策的改变，影响当今青年教师专业发展的因素也与以往有所不同。因此，笔者认为，有必要针对当今优秀青年教师进行研究，分析影响其专业发展的因素，进而为其他青年教师的发展提供可供参考的意见和建议。

---

[1] 胡定容. 影响优秀教师成长的因素——对特级教师人生经历的样本分析［J］. 教师教育研究. 2006（4）：65—70.
[2] 王海芳，张铁道. 北京优秀中小学教师成长因素分析［J］. 中国教师，2006（1）：48—50.
[3] 王嘉毅，魏士军. 影响中小学优秀教师成长的因素分析——以30位优秀教师的成长经历为样本［J］. 当代教师教育，2008（3）：32—36.
[4] 申燕，吴琳娜，张景焕. 优秀教师成长历程的质性研究［J］. 当代教育科学. 2009（6）：25—29.

对于优秀教师专业发展的途径和策略研究也很多。值得强调的是，教师善于反思并进行反思型教学成为研究者们公认的有效策略。另外，教师结合教学实践进行教育行动研究和参与课程开发，也逐渐成为研究者们讨论的热点。大多数研究认为这是促进教师专业成长的有效路径。除此之外，"与教授和同事的交往、职业培训"[1]、"专业规划、专业学习"[2]也是重要的发展途径。

三、青年教师专业发展研究

从研究的群体上看，我国对青年教师专业发展的研究大多集中在对高校青年教师群体的相关研究上，对中小学青年教师的关注不够。近几年，陆续有一些学者开始了对中小学青年教师的研究，但研究数量依旧有限。从研究内容上看，主要集中在两个方面：①青年教师的现状研究及其在专业发展中的困惑和障碍；②影响青年教师专业发展的因素及促进发展的策略。

刘友红（2010）将视角聚焦在青年教师自身，她认为当今的青年教师专业知识掌握不理想、专业技能水平较低、专业研究意识不强、缺乏自我发展的内在动力。[3] 王成军（2007）从教师个体发展与传统培养方式关系的角度进行了研究。他发现，青年教师面临的发展问题在于：多维度发展需求与支持系统的单调；自上而下的指导与自主发展的矛盾；对教学经验的关注与对解决问题之方法的忽视；共性问题与个体发展的分离。[4] 朱连云等人（2010）以调查问卷的形式对上海青浦区1999~2009年所有引进和招聘的教师进行调查，调查涉及：专业发展满意度、需求，对自己专业发展阶段的认知，对区提供专业成长项目的认可度，解决教学困难求助方式的选择等一系列问题，最终得出：①青年教师学科专业素养的提升与发展是教师培训的核心问题；②进一步提高校本培训的质量，做大专业引导力量；③人文关怀和专业关怀应同步，师傅老师是青年教师走向成熟的第一关键人；④保证青年教师教学的激情和强烈的专业发展动机是我们面临的重大课题。[5]

为改变目前青年教师专业发展上出现的问题，研究者们主要从教师自身与外界干预两方面提出了促进发展的策略。例如，季丽英提出要提高教师的内部驱动力，加强外部推动力。通过制定明确的专业发展目标来激发青年教师的内部驱动力；通过系列讲座、建立师徒挂钩制度、制定相应的培训考核制度、进行校本培训指导等措施创造良好的外部环境。[6] 周荣等人（2015）提出要制定"青年教师专业发展标

---

[1] 董小平，周先进. 论专家型教师的成长策略［J］. 内蒙古师范大学学报（教育科学版），2006（4）：76—78.

[2] 张静. 基础教育名师专业成长历程的个案研究［D］. 重庆：西南大学，2008.

[3] 刘友红. 小学青年教师专业发展现状及对策研究［J］. 当代教育论坛，2010（12）：12—13.

[4] 王成军. 青年教师专业发展的传统力量与显示困惑的思考［J］. 全球教育展望，2007（2）：48—52.

[5] 朱连云，黄开宇. 上海市青浦区教龄0-10年青年教师专业发展现状调查报告［J］. 上海教育科研，2010（5）：48—50.

[6] 季丽英. 青年教师专业发展的实践研究［J］. 中小学教师培训，2006（1）：3—6.

准和教学技能标准",构建"教研培训促思评"的青年教师校本培养模式来促进青年教师发展。①。

相比青年教师的发展,研究者对于新手教师、初任教师的研究更为全面和翔实。也有不少人将青年教师与初任教师等同看待。初任教师阶段是教师专业发展的重要阶段。然而这并不代表顺利度过任职初期,教师就都能够实现自身的发展。现有研究已经表明,我国青年教师的专业发展状况并不乐观。青年教师的专业发展路径不明确,影响其发展的关键性因素不清晰,相关教育部门和学校缺乏针对青年教师发展的培养模式和评判标准,等等。这些问题导致青年教师的专业发展缓慢,进而会影响教师的整个职业生涯。因此,加强对青年教师专业发展的研究是非常必要的。

四、相关概念的界定

本节界定的相关概念有:教书匠、教育研究者、优秀教师、青年教师、教师专业发展。

(一)"教书匠"与"研究者"

本节所指的"教书匠"又可称之为"知识传授型教师",这样的教师有以下特点:因循守旧,对自己的教育教学工作仅按照既定的标准、要求和方法传授给学生,其思想仅停留在"教书"这个层面上。对教育理论不清楚、不学习并冷漠理论的指导作用。依赖经验积累和他人经验的借鉴来提高知识传授的水平。"研究者",又可称为"研究型教师",相信理论对实践的指导作用,能够对自己日常教学进行反思并深入思考和探究。通过自己的教育研究,提高自身专业水平以及教育教学质量,最终实现教师职业的解放。

(二)优秀教师

对于"优秀教师"的界定,不同研究者有不同的理解。笔者在前面章节中已对其进行了综述。笔者认为,赖学军对这一概念的概括比较科学全面。因此,本论文中对优秀教师的界定为:在一定的时期和空间范围内,得到同行专家认可,综合运用创造思维能力和创造实践能力进行创造性劳动,探索新设想,制作新产品,对教育领域的发展做出某种较大贡献者可以称之为优秀教师。

(三)青年教师

由于不同学科的不同特点,对青年教师的关注角度也不同,因此对青年教师年龄的界定始终没有定论。本节的研究对象是中学的青年教师,故沿用中学实际工作中的普遍说法,将青年教师界定为35岁以下的在职教师。

---

① 周荣,刘红梅.促进青年教师专业发展的策略研究[J].科学咨询(教育科研),2015(2):10—12.

（四）教师专业发展

对于教师专业发展的界定，国内外学者的论述各有不同。目前，国内有学者将教师专业发展的理解概括为三类。其一，将其视为是一种过程，即教师的专业成长过程；其二，将其视为一种目的，即促进教师专业发展的目的；其三，结合以上两种观点，合二为一。本节关注教师的专业成长过程，认为教师专业发展是教师个体通过不断地接受和学习新知识，提升专业理念，增强专业能力的过程。

第三节　研究方案的设计

一、研究思路

本节以 F 老师为研究对象，以其 8 年教师生涯为研究主体，以研究对象的专业发展自述以及导师对其专业发展的评价为主要依据，分析优秀青年教师专业发展道路上的学习和工作过程、思想的转变以及遇到的挑战和解决问题的办法等，从众多因素中抽离出影响其专业成长的关键因素，并进行深入分析，探讨促进其专业发展的有效途径和策略，试图为其他青年教师的专业发展寻找值得借鉴的方法和途径。

笔者主要采取两条研究路线对其展开研究，研究路线如下。

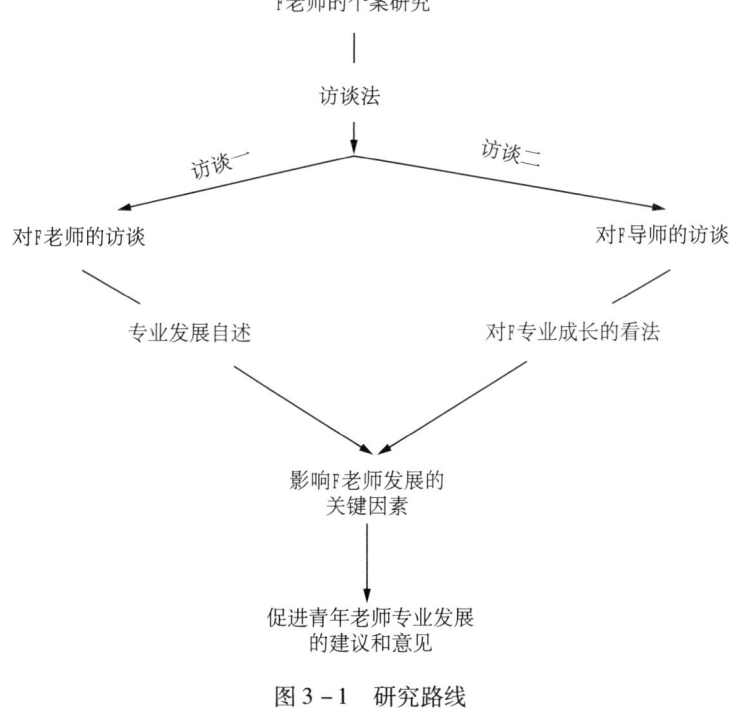

图 3-1　研究路线

二、研究方法

个案研究法属于质性研究的一种，是一种"自下而上"的研究方式。个案研究"强调对单一的研究对象进行具体研究的方法，其任务是揭示研究对象形成、变化的特点和规律，以及影响个案发展变化的各种因素并提出相应对策。"① 根据本研究的实际情况，主要采用文献研究法、访谈法进行资料的搜集。

本研究首先利用文献研究法对研究问题进行基本资料的收集，对国内外有关"教师教育"相关文献进行检索，并主要针对"教师专业发展""青年教师专业发展""优秀教师专业发展""教师个案研究"等关键词进行重点检索，尽可能全面的获得相关研究资料并对其进行梳理和分析。此外还通过查阅书籍、搜索互联网网页等方式进行资料补充，以便为实证研究做好铺垫。

其次，采用半开放性访谈法对研究对象展开研究。访谈分为两部分：访谈一，对研究对象进行访谈，了解其专业发展历程，获得有关研究对象的第一手资料。访谈二，对研究对象的导师进行访谈，从客观角度对研究对象的专业成长历程进行了解。笔者在征得访谈对象同意后，对访谈过程进行了录音，通过对录音进行整理、分析，探索研究对象专业成长中的规律，挖掘影响其专业发展的关键因素。

此外，笔者还搜集了关于研究对象成长过程中所做的公开课、发表的论文、参加各种比赛获奖以及获得各种荣誉等基本资料，从而为本研究提供了更为详实丰富的第一手资料。

三、研究对象

F老师是北京市M中学的一名普通初中物理教师，自本科毕业后F老师就进入该中学工作，至今已有8年时间。期间，她一直不断突破自我，寻求更高层次的发展，并取得了很多优异的成绩，下面以表格形式进行呈现。需要说明的是，为了保护F老师的个人隐私，对于发表文章名称、研究课题名称等进行了技术处理。

表3-4　F老师论文发表情况

发表文章	期刊名称	刊期
第一篇	现代中小学教育	2010
第二篇	北京教育学院学报（自然科学版） 被中国人民大学《中学物理教与学》 2011年第X期全文转载	2010
第三篇	中国现代教育装备	2011
第四篇	北京教育学院学报（自然科学版）	2011

---

① 陈伙平，王东宇，丁革民，等. 教育科学研究方法［M］. 福州：福建教育出版社，2008：8.

续表

发表文章	期刊名称	刊期
第五篇	中国多媒体与网络教学学报（电子版）	2012
第六篇	中学物理（初中版）	2013
第七篇	物理教学	2015

表 3-5 F 老师研究课题情况

课题级别	课题情况
北京市教育科学"十二五"规划一般课题	2013 年申请批准，处于课题研究中
北京市 A 区"十二五"教育科学规划课题	2013 年已结题

表 3-6 F 老师论文获奖情况

时间	活动名称	获奖等级
2010.5	北京市信息技术与学科整合研究论文征文活动	一等奖
2010.9	北京市基础教育课程教材实验 2010 年优秀论文	三等奖
2010.12	北京市重点教育科学规划课题《对中小学问题学生的家庭教育进行引导的研究》子课题《系统家庭治疗理论实践探索》评奖	一等奖
2010.12	北京市中小学教师信息技术与教育创新论文评选	三等奖
2011.3	北京市第五届"京研杯"	二等奖
2012.10	"2012 年全国综合实践活动课程教学观摩研讨暨第六届学术年会"论文与活动案例评比	一等奖
2012.11	国家可持续发展教育实验区论文类成果评比	一等奖
2013.4	北京市第六届"京研杯"教育教学成果	一等奖
2013.9	北京市基础教育课程教材实验 2013 年优秀论文	二等奖
2014.9	北京市基础教育课程教材实验 2014 年优秀论文	三等奖

表 3-7 F 老师获得主要荣誉情况

获得奖励	时间（年份）
北京市 A 区"优秀共产党员"	2011
北京市 A 区"优秀教育工作者"	2011
北京市 A 区"学生综合素质评价"评选中荣获先进个人	2011
北京市 A 区"十佳班主任"	2011
北京市 A 区"师德优秀教师"	2012
北京市 A 区"青年教学能手"	2013

从表 3-7 中不难发现，无论是教育教学方面还是教育研究方面，F 老师都实现了高质量、快速的发展。其中值得一提的是，F 老师申请到北京市 A 区"十二五"教育科学规划课题一项，并于 2013 年结题；同年她又申请到一项北京市"十二五"教育科学规划课题（研究中）。据了解，2013 年北京市教育科学"十二五"规划获批课题共 153 项，其中基础教育领域仅 62 项，北京市有 5 万多中学教师，能够申请并获批市级课题的教师可谓凤毛麟角，而 F 老师能够在其中博得一席，可见其教育教学研究水平之一斑。

研究 F 老师取得上述成绩的时间，笔者发现，近 5 年 F 老师的专业发展迅速，在各个方面都有了非常显著的进步。当很多同龄教师还在困惑如何提高自己的时候，F 老师已经取得如此骄人的成绩。F 老师是如何实现自身专业发展的？为何她能够突破自己？为什么她能成功找到自身专业发展的有效途径？是什么原因使得 F 老师取得了突飞猛进的进步？促使 F 老师专业发展的途径又是什么？

带着这些困惑以及对 F 老师的崇拜，笔者决定选取 F 老师为个案研究对象，期望通过对 F 老师 8 年专业发展之路的分析，解答这些困惑，并为其他青年教师的专业发展提供可借鉴的方法和途径。

四、研究过程

（一）研究资料的搜集

1. 对 F 老师的访谈

在进行访谈前，笔者首先进行了资料搜集。其中主要包括三部分内容：其一，搜集关于教师专业发展的研究、教师专业发展阶段理论的研究、影响教师专业发展因素的研究、青年教师专业发展的研究以及优秀教师专业发展的研究等相关资料并进行梳理；其二，搜集关于个案研究的相关资料，包括质性研究的特点、个案研究特点、研究的意义等；其三，搜集 F 老师发表的期刊论文以及硕士毕业论文等资料。通过以上资料的整理，编写了访谈提纲。在进行正式访谈之前，笔者与 F 老师进行了电话和邮件交流，并将已经准备好的访谈提纲发给 F 老师，希望得到她的一些建议。

本研究主要采用正式访谈和非正式访谈结合的方式进行。正式的访谈采用半结构式访谈，对于一些有价值的问题，我会进一步提问进行深度访谈。访谈结束后，首先对访谈录音进行转译和整理，对于需要补充的问题均以邮件或电话的形式与 F 老师进行及时沟通和交流。

2. 对 F 导师的访谈

邢红军教授是 F 老师在职攻读教育硕士的导师以及专业课教师，可以说他目睹并参与了 F 老师在职教育硕士阶段的成长与转变。同时，在对 F 老师的访谈中，她也多次提及邢红军老师对她的指导与帮助。因此笔者在对 F 老师访谈之后，又对邢红军老师进行了一次正式访谈。访谈内容主要针对F老师教育硕士阶段专业发展过程中的问题进行，此次访谈也使笔者得以从第二个视角，更为全面的了解了F老师的专业发展历程。

（二）资料的处理

本研究最主要的研究资料来源于对F老师以及其导师邢红军教授的访谈。因此笔者特别注重对访谈资料恰当、有效的处理。在访谈结束后，笔者立即对访谈录音进行了文本转化。为了能够最准确的保留访谈中研究对象的语言，对于研究对象的语气词、语调、访谈中的停顿等都完全保留。转录完成并进行校对后，对访谈进行了反思，并结合转录的文本，删减文本中无用的口头语，填补主谓语等，对于不明确的地方再进行整理校对。

访谈文本的分析工作分为三部分：一是对文本进行段落划分并明确不同段落的主题；二是对于本文中有价值和感兴趣的内容进行标注；三是对于访谈中遗漏的问题和想更深入了解的问题进行记录，以便之后利用电话或邮件与访谈对象再次沟通和交流。

接下来是对资料的深入分析。例如，按照主题对资料进行整合、按照事件发生的顺序进行排序等等，最后结合访谈和非正式访谈得到的资料进行梳理，形成论文框架，并进行逻辑线索连贯的表述。

第四节 优秀青年物理教师专业发展历程的呈现

本节的主要内容是对访谈资料的呈现与分析。笔者试图通过呈现访谈对话的形式，使读者能够在研究对象的语言描述中体会其专业发展的心路历程，研究对象困难的解决过程和思想的转变过程，正是由"教书匠"向"研究者"转变的过程。与此同时，笔者也试图对研究资料进行分析，从而对研究对象的发展过程形成整体性认识，并在分析的过程中思考影响其专业发展的重要因素。

通过对搜集到的所有资料的梳理，笔者决定将正式访谈涉及的内容以及后期补充的内容进行整合，再加之对资料的分析，分阶段进行呈现。按照时间顺序，笔者将F老师专业发展的过程划分为三个阶段：

第一阶段为F老师入职初期，也是其专业发展历程中的迷茫时期，时间段约为入职的前三年；

第二阶段为F老师在职攻读教育硕士阶段，是其专业发展历程中的蜕变时期，时间段约为入职后的三到六年；

第三阶段为教育硕士毕业至今，是其专业发展历程中的快速发展时期，时间段约为入职后第六年至今。

在访谈资料的呈现上，笔者尽量采用研究对象的个人语言，以保持访谈资料的"原汁原味"。对于每一阶段涉及的内容按照主题进行划分，并以小标题的形式进行分类呈现，以便为读者提供一个比较清晰明朗的思路。

初次见到 F 老师，很沉静，说话慢条斯理的，感觉她应该是一位性格比较内向的老师。由于我本身对访谈没有什么经验，加之感觉 F 老师不属于很健谈的类型，不禁对此次访谈能否圆满完成有些忐忑起来。但是进入访谈后，F 老师便侃侃而谈起来，对自己不同时期的成长经历、想法、做法以及促进自己成长的方法等都毫无保留。访谈进行大约一个半小时，对于处于怀孕期间的 F 老师而言，时间已经不短了，尽管身体上有诸多不适，但是她依旧认真仔细回答我提出的每一个问题，在此要特别对 F 老师表示感谢！

一、教师专业发展的迷茫期

对于进入教师行业，F 老师并没有什么传奇的故事。凭借着学生时代对教师职业的向往，F 老师最终选择了做一名人民教师。本科毕业后，她就进入到北京市 M 中学任初中物理教师。当我问及"初入职时是否对自己的教师生涯有所规划"时，F 老师谈到："没有太多的规划，也不太懂，后来入职后参加培训，才知道这些。当时就觉得，做一名合格的教师。没有太多的名师梦，起码前三年还是想着努力做一名合格的教师。"

的确，作为一名刚刚走出大学的新教师，虽然学习过一些教育教学理论，也可能有过几个月的实习经验，但与真正站上讲台承担起几个班的教育教学工作相比，还是微不足道的。如何能够尽快成为合格教师，是每一位新教师迫切需要解决的问题。

（一）听课篇

可能每个老师都会想到听一听其他教师的课，吸取他人的经验。F 老师想到并且也这样做了，只不过 F 老师做得更多。"当老师第一年我听课比较多。当时第一学期是先听物理老师的课。有的老师如果方便，听的就多一些。有的课时比较冲撞就听得少些。然后到第二学期，各学科老师的课我都会听，所以我现在教课……怎么说呢，有时候想法挺受益于听不同学科老师的课。"

新教师通过听课的方式来快速学习教学经验，掌握教育教学技能是很普遍的现象，甚至在很多学校，新教师听课是有强制性要求的。然而像 F 老师这样不但听同学科老师的课，还听不同学科老师的课，真的很新鲜。我不禁追问下去：

我：那您主要是听文科的课还是理科？

F：我什么都听，美术、音乐也听。

我：那您得听了一段时间吧？

F：对，基本上半个学期里边中间的部分吧。因为刚开始和期末的时候还是比较忙的，当然（时间）比较灵活（的时候），就听一听。

我：那您怎么想起要听不同学科老师的课呢？

F：因为比如说同样一节课，几个物理老师讲的差别不是特别的大，然后你的新鲜感就不太强，但别的学科老师教的内容不一样，风格可能就不一样，区别比较大，也比较有意思。就是想见识见识不同老师在讲台上是什么样。比如说你教这个班，这个班有不同学科的老师，那你就在这个班坐着，然后就听，一天下来，就听这个班其他科任老师怎么教课的，怎么跟学生打交道的，我觉得这样对我教这个班也有用。

众所周知，新教师任职的第一年是非常辛苦和忙碌的。这是因为初次面对学生，初次独立进行课堂教学，面对全新的环境和全新的工作，新教师做任何一件事情都要比有经验的老教师花费更多的时间和精力。能够坚持抽出时间来听本学科老师的课已经很不容易了，而F老师竟坚持拿出半个学期的时间来听不同学科老师的课。这样的学习方式和工作强度是很多新教师承受不了的。从F老师朴素的语言中，我能深切地感受到她对快速成为一名合格教师的渴求。

在访谈后期，当再次提到入职初期听其他学科老师的课时，F老师又回忆道：

F：当时听其他学科老师的课，我就觉得，要是能把学科融合该多好！我们还尝试过物理和地理融合的一节课呢。就是咱们讲的比热容，地理讲的季风，然后这点儿就融在一起了。

我：那是谁上？您上吗？

F：我和地理老师一人上一会儿，是以地理课为主，我的物理就是通过比热容的知识给他们讲明白为什么季风的这个风向是这样的，这就尝试了一次学科融合。初入职听各式各样学科的课时，我就觉得有些地方跟物理是挺有联系的。可是在物理里讲的是这个问题的这个方面，在其他学科讲的是那个方面，而且其他学科可能是用到了物理的这个知识。当时我觉得这不是可以融在一起嘛，当然虽然有这种想法，却从来没实践过，直到这两年才实践了。

F：反正我们去做了，就是一种研究吧，对老师是一种尝试，对学生也是一种体验。

谈到这次学科融合的尝试，F老师很开心也很自豪，按照她的话说，"就跟你一个学期琢磨写一篇文章一样，你有一次尝试，你就觉得这一学期工作比较有意义。"对于工作，F老师总是这么积极主动。从听不同学科老师的课再到后来学科融合的尝试，每一个举动都体现F老师自己对教育教学工作的思考。可以说，尝试学科融合教学这种创造性想法的产生，正是源于F老师对教育教学工作自主、积极的思考。如今很多教师都在苦恼：如何使自己得到发展？我想，也许将视线真正回归到自己的本职工作上，反思并敢于尝试，让自己每天的工作都变得"有意义"，才能够使自己不断地发展。

（二）教师培训篇

入职培训和在职进修是教师入职后实现专业成长的重要途径，而教师入职的前几年则是整个职业生涯的关键。因此，对于入职初期的教师而言，教师培训就显得尤为重要。在访谈中 F 老师也特别强调，"我觉得刚入职的时候特别需要教师进修培训，因为当时自己觉得特别茫然，虽然学过，但是你真正上讲台、带学生还是不一样。所以特别希望有人指导，有教师培训"。

通过 F 老师语句中的三个"特别"，我能深刻地感受到 F 老师是多么希望通过教师培训来解答自己在工作中的困惑，帮助自己快速适应新的工作，然而教师培训带给 F 老师的帮助却并不大。

对于入职培训，F 老师谈到，"当时入职的时候就是新教师培训的一些项目。比如教师职业规划，给你介绍一下，比较普遍的，不针对我们物理学科，所有新入职的教师一起。心理学方面也会涉及一些，是适用于所有学科老师的基础性的东西。隐隐的你觉得你应该有些想法。但是你具体有什么想法，可能又说不太清楚"。

当提到在职培训时，F 老师说，"（对于教师进修）我都去听了，但是当时也觉得听不太懂，就是一边听，一边记，就跟大学上课一样，就感觉他是教授似的，专家似的，他从那儿说，你就从那儿记。只能说一个讲座，可能你收获的就是三五句话，需要用两个小时的时间"。我想探明原因，于是追问，"他主要讲的是什么呢？" F 老师答到："有的是关于心理学的，教育学的，理论层面多一点，课例也有，嵌入的少。"

是什么原因造成 F 老师"听不太懂"？"应该有想法，具体又说不太清楚"呢？F 老师在回答时也提到，很多时候教师培训讲的是心理学和教育学理论层面的知识，对于长期处于实践阶段的中小学教师而言，倘若这些心理学、教育学理论不能与自己的工作实践联系起来，那么理解起来肯定不容易。我想这可能是 F 老师"听不太懂"的原因。然而应当肯定的是，实践是需要在理论的指导下进行的，为中小学教师提供教育教学理论学习的机会是非常正确且重要的。那么现在的问题是，如何能够做到既设身处地地为青年教师们解决他们在工作中面临的实际问题，同时又能高屋建瓴、用发展的眼光为教师们的专业发展起到引领作用？这是值得教师培训人员和相关教育部门深思的问题。教师培训和教师进修作为教师职后教育的最重要途径，突破现有的局限和弊端，避免流于形式，让其切实承担起我国教师专业发展的责任，是一件迫切需要解决的问题。

（三）困难与挑战篇

教师在不同时期都会面临不同的困难和挑战，作为入职 3 年的新教师而言，其面临的最大挑战自然是教育教学工作中具体的实际问题。

F：挑战和困难就是，如何把课教好，比如说同样一句话，你觉得你说明白了，可是孩子们呢，没有听明白，这是语言的转化吧。其二就是对一节课，如何去把握，如何进行教材分析，如何上课找到自己的重点，如何让课堂更有效吧。这些东西可能就是经验所致。比如说经验不足，同样这节课，你听完这位老师的课，你可能第二节课就去模仿他去上，但效果就跟听的那个老师的不一样，所以这个时候有点儿困惑。

这几个问题是新入职教师普遍会遇到的问题，虽然F老师在任职初期也不可避免的遇到了，但可喜的是，F老师对于当时自己在教育教学中存在的问题和不足非常清楚。只有先明确自身的不足，才能进一步的弥补和提高。

面对以上困惑和挑战，F老师采取的解决办法是："一个是多听课，然后适当地看一些教辅，然后从多方面把自己的课备好。另外跟学生们尽量多沟通，找自己讲课时出现的问题。无论是从语言上、表情上、教课的节奏上，只有听课的学生能给你最实实在在的反馈。通过这些措施来克服这些困难。"

在思考和解决具体教学问题的同时，F老师也在思考着另一个难度更高的问题"我的教学风格是什么样的？"F老师回忆道："因为当时校长和主任给我们说，你们的教学要有自己的风格。当时我就在想，什么是自己的风格呢？就感觉自己不会有自己的教学风格似的，觉得有点儿苦恼。"紧接着F老师解释道："不过走过来之后会觉得当时有点儿着急，因为初入职的时候，你得先合格，然后才会有自己的风格。"

教学风格的形成不是一蹴而就的，它是教师在不断成长、不断提高的过程中逐步展现的，也许教学风格可以进行有目的地培养，但对于新教师而言，真的不容易。不过，在入职初期F老师就思考这样的问题，足见她对于自己的发展一直有很高的期待，而并非仅仅满足成为一位合格教师。

虽然F老师在初入职的3年中遇到种种挑战，也陷入过迷茫之中，但她始终保持着一颗热情似火的心，以最饱满的状态对待学生，对待工作。当问及保持这种精神状态的原因时，F老师说："还是喜欢干这份职业吧，要认真对待这份工作，认真对待学生，出于职业道德和对教师职业的热爱吧。"

二、教师专业发展的成长蜕变期

在工作的第二年，F老师内心就萌生了一个念头，"我要考研！"由于当时报考的限制，在职教师工作三年以上才允许考研，于是"第二年末有想法，然后就准备考，第三年就考上了。"在别人看来，F老师读研的日子是很辛苦的，平日里要担任一个班的班主任，还要负责三个班的教学任务，教育硕士的课程全部利用业余时间来完成。我不禁感叹"任务还挺重的"，F老师笑着说："当时年轻嘛！"

同样的情况，在别人看来这是教学工作繁重、学业压力又大的苦日子，但是F老师的态度却完全不同，我想这应该是F老师内心存有某种信念的原因，可能是由于追求自身更高发展的强烈夙愿，使得F老师看待问题更加积极向上。

当被问道"为什么要读教育硕士"时，F老师说，"觉得自己应该再提高专业能力水平吧"。我追问道，"您都已经工作两年多了，对业务已经很熟练了？"没等我提问完，F老师就抢先回答说："但是，我觉得自己在物理专业上和学生心理上不属于特别专业型，只能属于经验型的。跟老师们聊也主要获得经验。觉得理论上的平时老师们说的也少。"

教师对于自身专业发展的观念和理念是他们能否发展的关键因素，因为人内心的意愿和观念能够直接支配和决定人的行为。只有当教师自身对发展有着强烈的意识和夙愿时，他们才会"心甘情愿"的面对这种所谓的"苦日子"。

F老师的研究生学习究竟是怎样的？她都经历了哪些变化的过程？是什么样的经历和收获开启了她的快速发展之路？下面，通过对F老师的自述以及访谈关键对话的呈现，来展示研究生期间F老师的发展、收获与转变。

（一）课程学习篇

研究生课程的学习是获取知识最主要的方式和途径。F老师对专业课的学习印象很深刻，"第一年学习的课程挺多的"，"周末两天都要去上课"。"当时专业课主要是由邢红军老师带，以讨论的形式进行。比如说关于论文这部分课，当时他会给我们发一些文章，让我们花一段时间去看，比如说花十分钟或者二十分钟看，看完之后，老师不发表观点，让我们每一个学生发表自己对这篇文章的想法。任何想法都行，可以是观点上的，也可以是行文写作上的，也可以是论文框架上的等等，让你去发言。老师最后也会发表他个人的意见。"

在课程之初，这种讨论的形式似乎并没有完全形成，课程的主要形式应该还是以学生自己阐述对课程内容学习的想法为主，就像F老师自己评价说的，"就像'点将'似的，一个一个来，说完了之后没有什么讨论的感觉"。然而对于F老师而言，最初上课的那段时间，即使是发言也并不是一件容易的事儿。

F：当时初上课的时候，觉得自己什么都说不出来，有的学员就能说出来，当时就觉得挺佩服他们的。因为他们能从观点上去评价，比如说：这儿好，那儿不好。当时我是没有什么观点上的评价的。

F：看一篇文章确实说不出来太多看法。对于我来说，容易被文章的观点所左右。我觉得写的都挺好的，觉得观点挺正确的。

对于当时上课的情境，F老师这样回忆道：

别的学员发表自己观点的时候，你也在思考，也在思想架构，比如你前面的学员发表完意见了，可能跟你说的相悖啊，或者相同啊，当时脑子里就会很急速的去运转，下一个就该你发言啦！你还要自己组织自己的语言，先说什么后说什么，把你自己的观点说清楚。所以看文章的时候，你可能自己要做一些笔记。

可见，专业课程的学习给F老师带来了不小的挑战。然而即使发言如此困难，为了能够获得更多的收获，F老师依然会在"所有讨论的时候尽量多发言，即使自己说的不对，有偏颇，也要去说。""到后来，慢慢的邢红军老师也说一说他对这篇文章的观点，经过几节课吧，觉得自己有的可说了，也能说了。原来就说三四句话，后面就能多说一些。""经过几次讨论，你的批判意识就增强了。有了批判，可能你就会自己提出观点了。"

在生活中，有些人习惯并且擅长对事物进行反思，而有些人可能并不擅长。那么不擅长或不习惯就不去做了吗？笔者认为，一位教师若不想成为课程实施的机器，就一定要在工作中有自己的思想和灵魂，因此反思对每一位教师都是必要的。通过讨论式的学习，F老师更加善于反思，也增强了自己的批判意识，如F老师自己所言"这样提高挺多的"。

随着学员们的成长，课程中"讨论"的氛围也更加热烈，"到后来，比如我说完这个观点，可能旁边的学员就可以支持或者反驳。邢红军老师的课也比较放松，他也喜欢你去说，你说一句，他也一句，如果你有想法了，你也按捺不住，就会再反驳。这样真正的讨论的形式就出来了。"

"最开始的时候，是邢红军老师给我们一些文章，我们去评别人的文章"，再到后来，课堂又有了新变化，"邢红军老师有一个建议，希望大家试着写一写自己的文章"。F老师解释道，"因为学习了很多，只有你自己操练一下，才能应用自己所学的。老师让我们各自找各自的观点，什么观点都行，只是要尝试自己完成一篇文章"。"写完之后把自己的文章打印出来分给学员，学员之间再互相评。""比如说都是科学方法，可能我们三四个学员都写这个，但是角度不一样，然后就有差别，在这种差别之中，我觉得是提高最快的。"

课程学习的过程中总是充满了挑战，从一开始的"说不出看法"，到后来"会提出自己的观点"，再到后来"试着写自己的文章"，再到最后"互相评价自己所写文章"，每一步突破挑战并成功地转变都是一次不小的成长。我能深刻地体会到这种讨论式的课堂教学形式带给F老师的巨大进步。

为什么这样的课堂能使F老师有如此大的进步呢？我想，首先是课堂教学的形式。它不同于以往学员坐在下面听，导师站在上面讲。在这样的课堂中，没有了导师的"独角戏"，反而使学生时时刻刻存在着危机感，因为一不小心就要发言了。这种无形的压力促使学员集中精力，认真的听课和学习。另外，相互讨论促进了师生、生生互动和思想的交流，更能迸发出新的思想火花；其次，课堂讨论的层次和深度是逐步攀升的。在讨论的同时要进行自己的实际操练，评论对象也从别人转向自己。这些做法都促使学生在巩固所学的同时，要不断地付出更多努力和汗水才能达到导师提出的更高要求，每次自我突破和自我挑战都会带给学员以巨大的满足感和成就感。

（二）导师指导篇

除了课程形式的影响外，F老师也深受导师邢红军老师的很多理念和观点的影响。

例如在行文写作方面，邢红军老师的观点就使 F 老师"感触很大并且记忆犹新"。"邢红军老师说：你写一篇文章不仅框架上要有联系，文章每一段的第一句话跟后一句话也应该是有逻辑性的，当时我觉得特别佩服这一观点。而且邢红军老师写的文章，基本上没有多余的话，每一句话都有它的意思。经过邢红军老师点拨之后，再去看他的文章，你会觉得他每一段话里的任何一句话都代表着一个意思。而不是为了凑字数而乱添。"深受这一观点的影响，"现在我写一篇文章，首先从框架上具有逻辑性，然后就是每一个框架下的每一段话也要经过多次修改，屡次琢磨"。F 老师感叹道，"虽然达不到邢红军老师那个水平，但是起码知道指导行文写作的最高要求"。

又如在物理学科专业知识方面，"比如说邢红军老师研究的用比值定义法定义初中密度。① 当时我听了之后觉得豁然开朗：原来密度是这样定义的，是用比值定义法定义的！但是以前没听过这个课的时候，我就是告诉学生，这个物理量就是这么规定的。然后学生想……也是，就这么规定的！后来听了邢红军老师的课，他问我们'为什么呢？'我们也想不明白，因为我们的物理老师也没有这么讲过。当邢红军老师讲了他的观点之后，我们知道什么是比值定义法，虽然就多了这两三句话，但学生就会觉得，哦，原来是这样，而不是硬性规定，他是真正理解了。此外，因为密度属于学生比较早接触的物理概念，到后面很多的概念都是这样定义的，学生接触了这个定义，之后理解其他概念就比较顺理成章"。

在实验教学方面，以前对于实验，F 老师并没有想太多，"就知道这个实验这么做就完事儿了，反正每个老师都这么做，就应该是这样。"通过学习邢红军老师讲的关于实验内容的课程，F 老师也受到很大的触动。"因为邢红军老师也有非常多的实践经验，比如给你讲一讲对某一个实验的来龙去脉，有的地方可能你想都没想过，但是他就会思考为什么会这样？就觉得邢红军老师对这个问题想得挺深的，挺透彻的。"现在对于物理实验，F 老师觉得，"一个实验不能只停留在知道要这样做，你还要问问为什么这样做，为什么会出现这个现象，出现这个现象是什么原因？"在实际的教学中，F 老师也保证"实验必须做好，力求要给学生做出成功的实验"，然而"不见得每次都成功。我的标准是如果不成功，在下一节课一定还要补充去做"。并且"实验不成功的原因要尽量去分析。可能没有邢红军老师那么高深，但是起码能解决下次做实验就会避免发生这些问题，力求成功率高一些。"

F 老师除了在理念和观点上深受导师的影响，在教学的技巧上也不断地学习。回忆起课上学习教育学和心理学理论时，F 老师说："关于教育学、心理学的一些术语，在我们入职前大学也学过，新教师培训也学过，当时就觉得这是一些'名词'，觉得'名词'跟我的教学一个天上一个地下，不相干。但是经邢红军老师用比较浅

---

① 参加邢红军：《初中物理高端备课》，北京：中国科学技术出版社，2014。

显的语言去解读，就会觉得，哦，原来这就是很简单，很自然的一件事。这些名词是那种比较脚踏实地，能与自己的实际联系在一起，是可以使用的东西，而不是高高在上的心理学了。"之后在谈起自己的教学时，F老师说，"你在讲的时候，就可以用特别生活化的语言，给孩子们说一说，学生们就会觉得他明白了，可能他说不出来为什么明白，但是他上完课后，就能用自己理解性的话去表述这个概念，他是真正地理解了。这也是我上研究生的一种收获吧"。

F老师通过跟随资深的物理教育研究专家学习，解决了困扰已久的问题，快速地找到了论文撰写的重要技巧，收获了更多学科专业知识和教育教学的理念。可见，邢红军老师所讲的专业课对F老师的影响是很大的。为什么上邢红军老师的课与上教师培训专家的课所获得的收获差别这么大呢？

我想，可能有两方面原因，其一是讨论的课堂形式促使学生的积极思考和反思，并参与到课堂中来。即使对于不爱思考的人来说，为了发言时不太丢面子也要紧跟课堂进度，这样学生在课堂中的学习效率就提高了；其二，在邢红军老师的课堂上，教育学和心理学理论不是孤立存在的，每讲一个理论，都会伴随着深入浅出的解读，教师能够找到与之相对应的实践经验，从而促使教师对所学理论的吸收与融合；其三，对于学科教学论的专家而言，上课本身就是一种示范和理论践行的过程，因此教师通过亲身经历这样的课堂，就是一种学习的过程。由此可见，接受专家的指导对教师的专业发展有着积极的促进作用。

（三）论文撰写篇

在读研的近3年中，除了进行专业课程的学习外，F老师还发表了4篇期刊论文，其中一篇被中国人民大学《中学物理教与学》全文转载。这样的成绩对于全日制的研究生而言也是很不错的，更何况是对于一位一边工作一边上学的在职教师。另外，我发现这4篇文章发表的时间间隔都不是很长，最短竟然只间隔了一个月。于是，在访谈中，我向她提及了我的困惑。

F：因为邢红军老师有些文章对我的大脑挺有刺激的。比如科学方法这块儿，像这篇文章（指着我事先打印好的F老师发表的期刊论文），有一些大观点，邢红军老师的某些文章里面是有的，可能就是因为这些词在一段话里面同时出现了，所以我觉得特别的有意义，于是就从这些词里面生发出来自己的观点。

我：主要是研究邢红军老师的文章？

F：对。当时这些文章发的特别的近，主要还是从他文章里的一些观点出发，然后再加上自己的教学经验，又学习了一些……比如邢红军老师关于"数据驱动加工方式"，他上课就提了一下，但他没有讲太多，就给了我们一些文章，然后我就去读了，当时我在讲浮力这块儿，对物理习题正好做的也比较多，就觉得特别契合这个点，然后就写出来了。

F：这个（指着另外一篇文章）是基于邢红军老师的课，当时邢红军老师有一个科学方法的课，看了他的一些文章，尤其是比值定义法，又看了很多其他研究生的相关论文，所以就写了这个。

无论是工作，还是学习，F老师总能够以一丝不苟的态度积极主动的对待。对于导师提的要求和建议，她都努力去完成、去实践。即使导师课上没有着重强调的内容，她也会仔细钻研，主动进行反思。当萌生了自己的想法后，她又能够及时地将自己的所思所想付诸行动，这更值得敬佩和学习。我想，这就是F老师能够不断找到自己的生长点并不断发展的原因吧。

最开始写文章时并不容易，"四篇文章都是让老师帮着修改，最初的时候修改还是比较大的。"F老师指着最初的那篇文章对我说道，"邢红军老师先是从每一个大观点上（修改），可能前后置换、某些观点去掉之类的。基本上要改5次左右。最后几次甚至是标点符号，邢红军老师都会帮着找出来。"

第一篇论文修改了5次才合格，由此可见，虽然F老师在教育硕士期间发表了4篇文章，但最初写论文也绝非手到擒来。写作的能力和技巧也是在反复修改、屡次琢磨的过程中锻炼和培养出来的。试想，写作初期倘若没有导师的指导和反复修改，教师想独立完成一篇可以发表的期刊论文绝非易事。可以说，教师想学会做研究，不仅需要教师付出艰辛努力，还需要一个"引路人"。在F老师的教研之路上，邢红军老师承担起了"引路人"的角色。邢红军老师悉心指导和耐心帮助是F老师顺利找到从事教育教学研究和论文撰写方法、技巧的不可或缺的因素。另外，从言语中也能听出，F老师很敬佩邢红军老师这种一丝不苟的学术作风，导师对学员所写文章如此认真负责的态度，也会使学员更加努力并成为他们不断前进的动力。

通过访谈我也了解到，并不是所有的学员都发表了论文。"有部分学员比如说觉得这篇文章写得不错，也跟邢红军老师多沟通，邢红军老师觉得这篇文章可以发表了，然后就试图投出去。"而有些学员在教育硕士期间一篇文章也没有发表。同样是在职攻读教育硕士、同样的课程学习、同样的导师讲解，为何会出现如此大的差距呢？我想，究其原因，还是个人的教育理念以及对攻读教育硕士的理解和观念不同。如果攻读教育硕士只为一纸文凭，即便课堂形式再有利于学习，导师再认真负责，收获也不大。相反，如果像F老师一样将攻读教育硕士当做成长的阶梯，将导师的帮助看作发展的有效助力，即便遇到的困难再大，也会展现出最积极主动的一面，想尽一切办法让自己收获的更多。

我：那您当时应该很累吧？当班主任、承担三个班的教学、上研究生的课程还要写那么多文章？

F：嗯……这个怎么说呢，你要把这个事儿分开干，肯定是三个事儿，那你肯定会比较累。如果你要觉得写文章和教学是一码事儿的话，就不会特别累。

如何能将两件事合成一件事呢？"一边教学一边思考。""比如说平时有一些想法，就急忙写出来。一个本上，同时摆上几个观点，然后再去梳理。有时认为这个逻辑性不错了，但是可能再过些日子，你又有了一些经验或者说看法，又觉得这个观点不好了,然后再去修改。基本上大框架定好了,再把中间补充上。""这些例子(指文章中)实际上都是我上课会用到的例子。"

现在可能依旧有不少老师认为,老师把课教好就可以了,没有必要非搞研究。但在F老师看来,"学术研究让我对物理教学专业上某一个知识点或者某一个问题,某一个学生的问题有一个更深刻的认识。比如一节课,最初可能就是教书匠的水平,只要把这个事儿给学生讲明白就行","有了这种教学研究者的高度后,你知道学生的学习能力和水平,又知道知识的来龙去脉,然后把它们契合在一起,转化成学生能够接受的语言去教课,可能就是多了两三句话、多了一个生活化的例子。学生就会觉得,这个事儿是自然而然的,物理挺简单的,很通俗、很形象,做实验又有趣,就不会觉得物理是难学的。这样他就会喜欢上物理,也就一节课有一节课的收获"。另外,写作本身也是很锻炼人的,因为"你的观点让别人听明白也是一件不容易的事儿。你说一句话,可能感觉别人听明白自己的观点了,但也许你有五层意思,他就听懂了一层。""通过论文的撰写,对自己的表达也是一种帮助。""比如说,你在某些会议上介绍自己的经验,可能是提前通知你的,你就会像写论文一样,把自己的发言框架先写出来,有个基础框架就不会说着说着就跑题了。即使临时让你发言,你也知道发言的时候首先说自己的观点是什么,再围绕着这个观点有力有据的去说,这样你的表达别人才能接受,别人才能听明白。""所以这也是我生活上的一些收获吧。"

对她而言,读研究生并非为了一纸文凭。F老师对知识的渴求和对自我提升的强烈愿望促使她不安于现状,即使需要额外付出更多的时间和精力,也要好好利用和珍惜宝贵的学习机会。

在近3年的教育硕士学习期间,F老师无论从教育教学理念上、学科专业知识上还是教育研究能力上都得到了增益和提高。谈到研究生学习带给她的收获和感悟,她说:"一个就是真正体验了讨论式的学习。二就是学会了如何评价和看待一个论文或一个观点。三是学会了如何去表达和梳理自己的观点。四是不仅在行文写作、教学上,任何一个事情你要去解决它也要先有自己的想法,然后再付诸行动。还应该通过交流提高自己。你闷头自己研究教学,眼界是开不开的,你多去看一些文章呀,多看一些课例呀,多跟别人去讨论呀,这个才能使你收获的感悟、学习的观点更广泛。"

三、教师专业发展的飞跃发展期

由前面的阐述不难感受到,在自身努力以及外界有效指导和帮助下,F老师在教育教学理念、教育研究水平、教育教学技能等多个方面都获得了很大发展。有句古话叫做"师父领进门,修行在个人"。毕业后,F老师便开始了自己的"修行"之旅。毕业至今,F老师又相继发表了3篇论文,撰写了获奖论文5篇,申请到北京市级"十二五"规划教育科学课题1项(在研)、北京市A区"十二五"教育科学规划课题1项（已结题）……可以说F老师真正实现了自主发展。那么，她是如何在没有导师指导下不断突破自我、实现持续进步的？她在教育教学中又有哪些改变？她在专业发展之路上又遇到哪些困难与挑战？接下来将围绕这些问题展开。

（一）教学篇

谈到读研之后对于自己的期望与规划，F老师说，"力争从邢红军老师那儿学的观点和理论再加以深入的实践吧"。我想那时的她对于工作肯定充满期待，劲头十足吧?！那么她是如何将学习到的观点和理论深入实践的呢？

F老师用一些学习到的理论来指导教学。"比如说记忆，心理学的记忆曲线表明要适当地进行重复。对于物理学的一些概念是用最简单明了的词去定义的，可能一字之差，意义就不一样了。有的时候让学生重复这些概念，学生不太在意，我就会用比较标准的定义去纠正他。每次讲新课之前，先要留一部分时间稍微复习一下，或者让学生将那些本节课需要用到的旧知识进行一个系统的回忆。这样不就是用到心理学的记忆曲线嘛，要让他进行必要的重复。但是我不会把这个说给学生，一定要重复怎么样，除非他觉得不太理解的时候，你可以把这点儿心理学的知识简单的跟他说一说。作为老师，你知道背后的心理学意义和价值，去用就好了，学生们受益就可以了。"

再例如"原始物理问题要应用到教学中。原始物理问题是解决生活中的问题，但它的教学应当是一种嵌入式的渗透，时机比较恰当了，就去用一下。""比如除了练习册和书本上的习题之外，我会附加一些比较灵活的题目给学生们，通过课余时间或者课上富裕出来的几分钟时间让他们去讨论。因为上课只是说起这个问题，下节课才公布结果，所以他们就会在课下讨论这个事儿。通过他们思考后再告诉他们答案，才比较有意义。对于做对的孩子是一种鼓励，对于没做对的孩子是一种激活吧，让他大脑里知道物理是要去用的。初中的孩子学的知识浅，所以原始物理问题涉及的也比较浅显吧，但是对他们来说，已经非常有趣了。"

由于F老师的善于学习和力求改进，使得她学习到的很多好方法和理论都能够在教育教学过程中尝试。这种不安于现状，大胆尝试新事物，努力寻求突破的特点促使她不断进步，同时也让她的学生收获的更多。

教育硕士阶段的学习和多年经验的积累，使得F老师的课堂教学确实有了不小的变化。与此同时，她的教学风格也慢慢的展现。"比较幽默，不像以前那么工工整整的感觉。"为什么会出现这样的变化呢，F老师解释道，"因为你对知识的掌握游刃有余了，即使说一些灵活的话也是为这节课服务。学生还是比较喜欢幽默一点儿的课。有的地方可以开一些小小玩笑，但是也没脱离这节课的根本。"入职前期F老师一直困惑自己属于什么样的教学风格，通过不断的学习充实，使得自己在教学中能够收放自如，如今也慢慢有了自己的教学风格。我想，只有对教学内容和教学方法完全掌握并真正的掌控课堂后，上课才不会感到紧张和慌乱，在从容不迫和游刃有余的状态下才能展现出自己的特点，再与教学相融合，便形成了自己的教学风格。想来，这就是"你得先合格，然后才会有自己的风格"的道理吧。

（二）论文篇

教育硕士毕业后，F老师独立撰写并发表了3篇论文。可以说，这3篇论文是真正意义上的"独立完成"，因为从选题到整理成文到反复修改再到投稿，这一系列的工作均由F老师完成。可以说，F老师实现了由"教书匠"到"研究者"的飞跃与转变。

F老师认为，很多老教师"可能对写文章确实挠头"，因为他们觉得"写文章就是东拼西凑，东拼西凑不是他从心底想做这件事儿，肯定不喜欢。一个是态度上，一个是方法上，一个也没有自己的观点，因此肯定觉得写文章是个累赘，是附于教学之外的一件事儿，所以他觉得不容易"。

如今在F老师眼中，进行教育写作并不是很难，教育研究也不是那么遥不可及的事。"其实任何一个老师，无论是老教师还是年轻教师，上完一节课肯定对这节课的某一个地方有一些想法，只不过有心的老师能够抓住这个想法一直琢磨，而有的老师不在意，那么这个想法就一闪而过了。"F老师就是一位"比较爱琢磨"的老师。"出于对某一教学点的'琢磨'吧，让我觉得应该对这儿有一些想法。"于是就开始积累，"一个从教学实践上去积累，积累学生的反馈，另外要是能碰到相关的讲座或文章，也积累下来，这就不断地补充你对这个观点的想法。逐渐你就有了自己写的冲动，落在笔头上，框架就出来了。然后再慢慢地把你平时教学的某一个时刻的案例也放进去，基本上这个文章的雏形就出来了。再加上教育学、心理学方面的理论指导，或者是别人文章里的一些观点的支撑，这篇文章很容易就成形了。只不过写的时候，要稍微艰苦一下，因为你要琢磨怎么去表达，怎么去梳理你的观点。不过越写就越发现写作没有那么难了。"

从"琢磨"到"积累"再到"表达"，这是F老师文章形成的过程，也是她进行教育教学研究的过程，更是她自我发展、不断进步的过程。这一切的源头在于对教育教学工作的用心"琢磨"，在于反思。只有反复琢磨、不断反思，才能发现不足，进而寻求突破，最后实现发展和提高。F老师真正做到了从实践中研究教学，在研究中提高教学。

在独立进行教育研究的过程中，F老师也发现毕业后"发的文章速度没有刚毕业那阵儿快了"。这是因为"刚毕业那阵儿，可以从邢红军老师的那些文章里边找出发点。"如今是"自己琢磨一个出发点"，但F老师自己很欣慰，"虽然慢，可能也是一种转变，转变成自己想写的观点了"。另外F老师有时候会觉得，"有经验找不到理论依据"，于是就先"把这个例子积累起来，等到哪天无论是学习或者跟别的老师交流时，收获了这个依据，然后就赶紧跟它凑上去，一拍即合，文章就出来了"。对于找不到理论依据这个问题，F老师认为"可能是自己的阅读量不够"，加上"平时理论方面接触得少,实践接触得多","所以探及不到那个依据"。为了解决这个问题,平日里她会"自己看一些书"。另外,她也从研究生Q同学身上学到一个办法,"你想到了一个点,你就上网去搜这个关键词,就会搜到一些文章,挑一些比较有价值的去看,看了这篇文章,再去看他的参考文献,多看一些文章之后,你就有比较系统的认识"。

F老师在反思自己的教学中进行教育研究,在教育研究中她同样也在反思,思考已经成为她的一种习惯,一种对待生活的态度。如今的F老师能够通过自己的分析找出原因,针对问题自己找到解决办法,从而突破现状。这正是她能力提升和教师专业得到稳定持续发展的重要表现。

(三) 课题研究篇

2013年7月,F老师完成了北京市A区"十二五"教育科学规划课题的研究并结题,这一年她又申请到了1项北京市"十二五"规划教育科学课题,如今正处于研究中。作为一名普通的初中物理教师,能够在北京市5万多中学教师中脱颖而出,申请到如此级别的课题着实让人佩服,这也在一定程度上反映了F老师的教育教学研究水平。

当谈到申请到的区级、市级课题时,F老师显得很平淡,对于课题的申请和研究,她始终抱着最朴素的想法。"从邢红军老师那儿学习之后,感觉这条路(指写文章、做研究)自己喜欢","每次写完之后或者是写作的同时,自己的大脑有一种过山车似的享受,就像过山车俯冲下来的时候,很刺激。"这一切的努力"不是为了评职称,或者说为了做什么而做"。"我就是想把我教学中的一些观点、一些做法表达出来,因为教学不仅可以面对你的学生,也可以面对你的同行去说一说。这是一个窗口,一种表达的途径,所以就把它写出来。恰好碰到这些机会,就去申请课题、发表论文。"

笔者发现,F老师真正"与众不同"之处并不是她善于思考、乐于学习,而在于她对待教育教学研究的态度。发自内心的喜欢,让在别人眼里枯燥乏味又困难重重的教育教学研究变成了一种享受。即使过程再艰辛,她也动力十足,时刻感受到满满的成就感和快乐。因为这一切的努力都是遵循她的内心,都是在做着自己喜欢做的事。也正是因为如此,申请课题、发表文章不再是目的,而是寻求事业的满足感和成就感的途径和方法。在这个功利气氛浓郁的社会环境中,F老师这种看待问题的想法和对待工作的态度显得尤为宝贵和珍稀。

F:比如这篇文章(F老师指着最近发表的一篇文章),这是源于对一道中考题的思考以及我的那个课题(指市级"十二五"规划课题)。当时我把这道中考题抛给学生了,对于初二的学生来说,知识都够了,于是我就让他们去做研究。他们一个人肯定想不出来,就让他们两三个人去试着想一想。实际上,这篇文章中的方法是我一个学生的想法,但是不完备。因为以前的教学之中用过函数这个方法,所以他就想用这个方法去做。我觉得这个方法比较创新，当时对我也是一种启发。于是我就和他一起把这种方法弄的更完备，然后就写出来。虽然现在的中考趋势不走这么难的路了，但我觉得这道题有研究价值，也是一种数理结合。于是从这道题出发，抓住了这个观点，后面这些是我平时积累的，比如这（指着文章中的一部分）是某学校的一个物理问题，碰巧交流到的。另外这些都是我日常教学中用到的，写的时候这些案例就全都浮现出来了，于是找出来放在一起，这文章就出来了。

她将课题的研究与日常物理教学进行结合，按照自己的教学进度，边教学边进行课题研究和应用的推广。通过这样的方式，教育研究就"不是额外多出来的工作"，同时F老师也从课题研究和论文写作中体会到了教育职业的价值、意义和乐趣。

（四）困惑与瓶颈篇

如今工作已有8年，F老师在自己的事业上也闯出了一片天地，对于其他同龄老师来说，这已经是令人羡慕不已的成就。但F老师依然在为寻求更高的发展而思考。"第7年的时候，觉得好像有点儿瓶颈了，因为自己想到需要提高的点，基本上自己也努力去做了，也有一定的高度了，然后再怎么提高呢？当时觉得有点困难，找不到目标了。"虽然"烦恼了一阵儿、困惑了一阵儿"，F老师并没有由此驻足，之后"心静下来，好像也就找到台阶了"。F老师决定"再重新做一遍新教师"。"比如说，你想让你的教学风格更幽默有趣，你不仅需要物理方面，可能其他学科方面你也去涉猎。还是跟初入职一样，多看多听一听，扎扎实实地从你的课堂、从教学研究中出发，把最基本的、平时忽略的地方再去深入地琢磨。"

在F老师看，若想成为一名优秀教师，一是"要有成为优秀教师的愿望，从内心要有动力"；二是"要不断地补充自己的专业知识，既包括学科方面的，也包括教育学心理学方面的"；三是"要大胆地尝试，有创新的能力并且坚持下去"。F老师是如此要求自己的，同时也是这样做的。访谈到了最后，我深受鼓舞，由衷地敬佩F老师对待工作对待生活的态度。一个高水平的教师，不仅是有知识有道德有理想有专业追求的人，同时还是终身学习不断自我更新的人。在F老师的教师专业发展之路上，有过困惑、茫然，也有过挑战和障碍，但F老师也感受到了专业发展带给自己的不断成长。她真正的由一个普通"教书匠"蜕变为一位"研究者"，实现了自我价值的提升。

第五节 优秀青年物理教师专业发展历程的第二视角

笔者发现，在F老师专业发展历程自述中，在职攻读教育硕士阶段是其专业发展历程上的重要阶段。为了对F老师的发展历程有更加全面的了解，笔者对其在职攻读教育硕士期间的导师邢红军教授进行了访谈。

本章主要内容是对邢红军教授访谈资料的呈现。邢红军教授不仅是F老师在职攻读教育硕士阶段的导师，也担任其教育硕士学习阶段的专业课老师，因此对邢红军教授的访谈，可以让我们从一个更为客观的视角，进一步了解F老师的专业发展历程，从而对其成长蜕变的过程形成一个更加完整而深刻的认识。下面，笔者将访谈资料划分为两大部分进行呈现。

一、导师的评价

谈到F老师，邢教授这样评价道："我认为，大概在我带的几十个教育硕士里，初中的物理老师就是F，高中的物理老师是M。她们都在在读期间发表了3、4篇文章，在我所指导的攻读教育硕士的优秀中学物理教师中，她们两个算是绝无仅有的。"显然，邢教授给予F老师很高的评价，也足见，她在两年半的教育硕士学习中是出类拔萃的。

然而，对于学习之初的F老师，邢教授这样回忆道："在上课的时候我发现，F在里面并不是最优秀的，起码在最开始听课的时候不是最好的。"对于这一点，在F老师的自述中也提到，"开始上课时，觉得自己什么都说不出来，……有的学员就能从观点上去评价……"。那么在邢教授的眼中，F老师是如何通过两年半的学习成功实现了快速、高质量的专业发展呢？

首先，F老师对待学习总是积极主动的。邢教授说，课堂上F老师的表现"就像海绵吸水一样"，非常积极主动。"她总是积极的提问题，有不懂的马上就问，她的那个表现，那个神情都与其他学员不一样。这在课堂中表现得非常突出。"

她的积极主动不仅表现在课堂上，更表现在学习的方方面面，如在硕士论文的写作上，"因为教育硕士属于弹性学制，可以两年到四年毕业，有相当一部分教育硕士能在四年内毕业，还有五年六年才毕业的，而她两年半就毕业了。其他教育硕士经常需要导师打电话催促，询问什么时候做出来，做得怎么样了，做到什么程度了。而F不是，她会很主动的联系导师，询问什么时候开题，谈谈开题了以后的写作思路，谈谈自己的看法，征求导师的意见。写完以后，她会问'邢红军老师，你什么时候有时间，我把写好的文本给你寄过来，让你帮我改'。她是主动地不是被动地，她是在催促着导师，看你导师什么时候有时间，什么时候帮忙改。"

除了积极主动的学习态度外，F老师在文献学习和写作训练方面也表现得非常突出。邢教授说："F能够尝试着来分析、来读懂这些文章，从选题、结构、观点、立论，包括论点和论据，上下文的关系以及这篇文章的创新点在哪里来研究……她在尝试着去欣赏它、去品味它。就像杨振宁教授所说的'taste'，叫鉴赏、品味，她已经上升到那个层面了。她会有感而发，会想'我是不是也照着邢红军老师的套路选一个题目，尝试着来写一写？'她在教育硕士阶段发的文章基本上都是这样的套路。后来毕业以后，F不再让我帮忙修改文章了，而是自己选题、自己写作、自己修改、自己投稿。这就完成一个从被组织向自组织的转变。"

为什么F老师能够有如此表现，促使其不断学习、不断成长的因素到底是什么？对此，邢教授也在不断地思考和分析，他说："当时我体会也没有那么深，后来慢慢想想，我觉得在教育硕士的学习中有一个非常重要的因素在督促她，就是她的内在动机。在一定程度上，她不是把教书作为一种职业，而是作为一种爱好，或者作为一种热爱。我觉得这是她教师专业发展的一个源泉。"

在笔者的认识中，绝大多数中小学教师对于教育事业还是非常热爱的，然而那些教师却并没有像F老师一样实现了从"教书匠"到"研究者"的转变。于是我追问道："您认为F老师是热爱教师行业，还是热爱教学研究？很多教师也很热爱教学，也会研究自己的课，却并没有实现转型与发展？"

对此，邢教授解释道："我觉得如今一线教师更多的是研究如何做题，有的老师拿过来一道中、高考题，对于这道题是哪一年的，甚至是哪个省的都能说出来。然而这些都是应试教育的东西，它无法启发学生的思维。很多教师不会思考，例如概念和规律获得过程中，知识的内涵是什么？这个知识或者概念用到了什么科学方法？在这些科学方法背后蕴含了哪些思维方法？教材中哪些地方有问题……所以在这个意义上，很多教师一辈子就是教书匠，而不是研究者。""而热爱教学研究和热爱当老师这两个问题不能分开。热爱当老师，一定是热爱教师的专业发展，只有专业发展了，才能真正体现出热爱教育、热爱做老师，而不是做一个教书匠。"

F老师强大的内驱力是其专业发展的源泉。除此之外，邢教授也提到F老师还具有另外一个很明显特点，就是她能够很好地将理论与自己所做的研究紧密结合起来。邢教授说："F的那几篇论文，我虽然帮她修改，可能每一篇修改的也不止一遍两遍，但是题目都是她选择的，而且她知道哪些问题重要，初稿应该怎么写。特别是她能把论文的写作和我们在课堂上所讲的理论有机结合起来。F不仅在期刊论文写作过程中能够做到这一点，在学位论文的写作中也能做到，甚至在她后期申请课题的时候也能够做到这一点，我觉得她做到了学以致用。"

为什么F老师能够做到"学以致用"呢？邢教授解释道："要说她的天赋特别好，我想也谈不上，我觉得她是真正学进去了，她一直在琢磨这个东西。比如我会经常想我现在做的原始物理问题，以及后续要做的工作。这种'想'有时候可能是有意识的，也可能是下意识的，甚至在睡觉的时候，在做梦的时候也会想，就是进入了这种状态。我想F也是，她的教师专业发展慢慢进入了这样一种思维方式。你可能会认为，天天想这个东西是不是很累啊，其实不是。F老师觉得这是一种幸福。那就是她的一种生活方式，只有这样，她才觉得充实。她可能谈不上达到了多高的水平，但是确实已经到达了教师专业发展的一种理想境界。"

的确，F老师在访谈中也屡次提及，进行教学研究已经成为了她生活的常态，她喜欢"琢磨"，喜欢做教学研究，而不是仅仅将发表文章和做课题视为一种表达自己观点的途径和渠道，她真正进入到了"研究者"这种发展境界中。因此，从不觉得累，更不觉得是一种负担和累赘。

很多教育硕士在读时缺乏内在的驱动力，"对论文撰写没有强烈的要求和愿望，没有认为自己一定要在这个过程中得到训练"，虽然也找邢教授修改文章，但由于缺乏内心强烈的发展愿望，改一稿两稿也就没下文了。"就像盖楼一样，很多学员盖一个烂尾楼，然后就放那个地方了。"相比之下，F真正经历了这个过程，因此在思维能力、对教师专业发展的认识、对物理教学论的认识上，都与其他学员逐渐有了差距。"如果现在你再看他们的差距，那就更不一样了。对于没有一篇文章和发表7篇文章的老师，一个课题也没有做过和一个做过区级课题又做过市级课题的老师相比，差距马上就显现出来了。"

因此，邢教授也一直强调，无论是"教育硕士也好，全日制的研究生也好，一个是课程的学习，一个是期刊论文的写作训练，最后是3万字或5万字的学位论文写作。一定要经历这个过程。课程学习是基础，在这个基础怎样发生一个转变，还是要靠投稿论文撰写的训练"。

对于F老师未来的发展，邢教授持非常肯定的态度，他说："我觉得最后她可能会成长为一名中学物理特级教师。作为一名中学物理教师，如果在一生中能够成长为一名特级物理教师，可以说完全实现了教师专业发展，那是非常理想的。我也觉得在一定意义上，她是A区，乃至整个北京市初中物理教师的典范，是值得大家向她学习的，尤其是青年老师。这才是我们招收教育硕士所应当达到的目的。"

二、导师对中小学教师专业发展的看法

按照邢教授的观点，"F老师走出了教师专业发展的一条路子"，她的专业发展之路具有典范性和示范意义。然而，目前的一线教学，对于教师教学研究的理解和如何实现教师专业发展等问题仍然存在很大争议。对此，邢教授提出了自己的看法。

谈到目前中小学教师所处的专业现状，邢教授认为，"有很多中小学老师，就像躲在一个螺蛳壳里面一样，觉得很舒服，很惬意，冬暖夏凉。因为他们觉得自己的教学任务就是讲那几节课，只要课上好就行了。反正没有人说一定要写教学研究论文，也没说要达到什么样的程度。所以就让学生练习怎样做题，怎样快速的做对题，因为中考、高考也就是考习题。这样长此以往，会不断的促成这些教师的懒惰。可能再到后来，教师与教师之间，学校与学校之间，学生与学生之间就变成了比分数。教学的目的和作用也就成了模仿、成了机械训练，看谁在规定的时间内做得对，做得快。然而，究竟学生的思维发展得怎么样，基本上没有老师会考虑这个问题。"邢教授感叹道："这样根本不可能培养出有创造性的人才！推而广之，这就是我们国家为什么60多年来没有获得诺贝尔科学奖的原因！"

还有一些教师，可能不像上一类教师那样安于现状、得过且过。反之，他们热爱教师这份职业，对教学有一定的想法，也曾为了自己的事业和学生的成长付出过艰辛和努力。然而，随着对教学工作的驾轻就熟，教学经验的不断丰富，渐渐地会

认为"自己的教学已经成了一个完整的体系,包括上课的套路,做题的套路……认为自己已经成熟了,就像我们的物理学大厦都已经建成了一样。如果遇到哪些部分有些问题,他只需要稍微的对其进行修补就可以了。"然而"事实上完全不是这样的。"邢教授感叹道:"这样的老师和F是不一样的。他不能像F那样,在发表了系列教学研究论文以后,还要尝试着做一个区级研究课题,之后还要再尝试着做一个市级课题……即便取得了相当多的成绩和荣誉,F也一直都有追求,从没有那种自满。"

目前,随着课程改革的逐步深入,中小学教师专业发展问题被推到了风口浪尖上。教师如何突破现状,如何实现教师专业发展,困惑着不少的中小学教师甚至是学校领导。当"教师成为研究者"逐渐成为教师专业发展代名词的今天,仍旧有很多中小学老师乃至中小学领导认为:中小学教师群体需要研究型教师的出现,但不应该所有的老师都去搞研究。

对此邢教授解释说:"我认为有一点非常重要,很多人把中小学老师发表的教学研究论文与大学教师发表的科学研究论文相提并论,实际上这是两种不同的研究。我把这两种研究形容成:科学研究的论文叫'无中生有',就像爱因斯坦的广义相对论和狭义相对论,这个理论本来没有,是爱因斯坦天外飞仙一般的把它写出来;还有牛顿,把天地结合起来写出来一个万有引力公式等,那是一种科学的创造。而中学老师所做的教学研究叫'有中生无',就是教师的教学有问题,教材分析有问题,学生学习有问题,通过教师自己的教学研究,写一篇文章,通过研究把教学中出现的问题解决了,变成'没有'了。在一定意义上它不需要再创造,虽然我们知道它也有创新的成分,但是它和'无中生有'是完全不同的,是两个不同的领域。所以,作为中学老师,进行教学研究本身就是工作的一部分,就是总结和提升。"

对此,邢教授举例说:"比如说我们做的初中物理高端备课中的密度教学。通过研究,我们才知道:为什么要用质量除以体积。那是因为比值定义法要选取研究对象,研究对象就是分子上的那个物理量,比较的对象就是质量,分母就是在比较时选取的标准。接下来才会发现这样一比,得到了一个意外的结果,即比值是个常量。而常量反映了物质的固有属性。如果我们再继续深入研究就会发现,质量(m)叫优势变量,而体积(V)叫做非优势变量,不能把这两个物理量作为等量齐观的、同等重要的。所以这两个物理量的地位是不一样的。然而有些老师在讲密度时喜欢说,'同等质量比体积,同等体积比质量'。貌似抓住了本质,其实完全不明白这个东西,只会把学生弄晕,学生根本不明白为什么要用两个物理量相比来定义一个新的物理量。而这就是为什么一定要做教学研究的原因。"

还有些教师认为,自己课讲的一流好,就是不会写文章,也不一定要会写文章。对此,邢教授说:"他完全不能认可这样一种自以为是的观点。从专业技能方面来说,上课是一种独白语言,写文章是书面语言,独白语言在一定意义上就是口头语言,而书面语言要求逻辑连贯性,论文的书面语言一定是高度抽象和高度概括的,一句废话都没有，但是上课的时候多说几句都没有问题。此外，写作的过程不止是训练写论文，它对教师的训练是立体的、全方位的，包括思维，经验，对文献的阅读，对文献的分析和占有，也包括论文的结构、逻辑和创新。只有做了教学研究以后，才会发现，再上课会有完全不同的视野和观点。所以，真正的教师专业发展一定要经历教学研究论文撰写的训练，要将其作为一个载体、一个核心的东西加以训练。"

在邢教授的眼中，F老师是北京中学物理教师的典范，她的专业发展之路值得大家向她学习。这是因为："第一，她是从北京这个地方成长起来的，具有本土化的特点。第二，她本科毕业的学校既不是211院校，也不是985院校，她甚至不是物理师范专业毕业的。她能成长到这种程度，其他老师更应该发展到这样的水平。"

我询问道：F老师的专业发展之路可以复制吗？

邢教授认为，"在技术层面是完全可以复制的，教师只要像F一样具有那样强烈的动机，整天在想这个事情，也愿意让导师帮助改文章，就能够逐渐成长。虽然改文章很辛苦，但是我也很愿意帮助学生改。然而，现在的问题是，中学教师们没有那样的想法，更缺少这样的机制。因此，这不是技术层面的问题，更多的是一个观念层面、政策层面的问题"。

也正是由于对待教师专业发展的观念和制度两方面都存在问题，致使在实际的课堂教学中，"老师对于教学内容的理解，对教学设计、对知识内涵、对方法内涵，把握的不到位，思考的也很少，往往是教师没有讲清楚，而让学生用大量的习题训练去代替老师的讲解"。由于教学研究"解决的就是在课堂上一定要按照物理学的本质、按照教学的本质、按照学生的学习规律、按教学的逻辑"去教学。因此，若想解决目前教学中出现的这些问题，需要教师有意识地进行教学研究，"教师要实现专业发展，一定要让教师迈过这个坎儿，就是教学研究论文写作这个坎儿。"

第六节 优秀青年物理教师专业发展历程的解读

本章分为两大部分，第一部分，基于对访谈资料的呈现与分析，总结得出影响F老师专业发展的四大因素。第二部分，从F老师的教育硕士成长经历、教育教学研究能力形成等角度对研究结论进行综合讨论；提取目前青年教师专业成长中存在的问题，并思考可供其他青年教师借鉴的专业发展途径和方法，为相关教育部门及学校就培养青年教师专业发展问题提出可供参考的意见和建议。

一、影响优秀青年物理教师专业发展的因素

通过对F老师专业发展过程的呈现和解读，笔者认为影响其专业发展的主要因素有四个，分别为：教育理念和强烈的自主发展意愿、有效的指导和帮助、反思意

识以及必要的专业知识学习。

（一）教育理念和强烈的自主发展意愿

首先，教师应当对教师这个职业有正确的认识和态度。当教师仅仅将教育事业当做一份工作、一种谋生的手段时，他们对待工作的态度只会通过待遇的高低、外界的奖罚等标准来评判，常常对教育教学工作敷衍了事，得过且过。如果教师是为了"对得起自己的良心"而好好教书，那么他们只会成为在单调、机械生活中度日的"教书匠"，体会不到太多的成就感。如果教师将教育教学工作当做自己的事业和精神的寄托，那么教师才会真正热爱学生、热爱工作并愿意终身奉献于教育事业。正是由于对教育教学工作充满热爱、对学生充满关爱、将教师的这份工作当成自己的事业，F老师在日常的教育教学工作中才乐于积极探索，乐于通过不断的学习努力实现自我价值的提升。与此同时，她也享受着教学和自我提升带给自己的满足与成就。

其次，教师要有自己的专业理想，具有强烈的自主发展意愿。就如F老师对自己的要求："入职前3年想着做一名合格的教师"，想由"经验型教师"转变为"专业型教师"，再后来又寻求"让自己的教学风格更幽默有趣"。教师只有对自己的事业充满期待，拥有自己的专业理想，在教学中才会产生强烈的投入感，才能意识到自身的不足，进而寻求不断的提升与发展。

（二）必要的专业知识学习

有一种说法，"教师要给学生一碗水，自己要有一桶水"。这种说法就强调了作为教育教学专业人员，教师必须要储备足够的知识和能力。首先教师应当具备扎实、深厚的学科专业知识。如今教育专家、学者们越来越强调教师应当在教学中有自己的思考和理解，对于教材的内容要能够灵活的选弃与组织，反对照搬教材、照本宣科的教学。这就要求教师对于自己所教科目的知识具有深刻的理解和扎实的功底。也只有教师充分理解物理规律、概念等的由来以及它们之间的联系，才有可能使学生真正理解这些定理、定律、概念、规律的实质。同样，F老师也提到，也只有对学科专业知识知道的足够多、理解的足够深，教师在课堂中才能游刃有余，才会进一步呈现自己独特的教学风格。

其次，教师应当具备一定的教育教学理论知识。这其中包含了学科教育教学的基本理论以及教育学、心理学的基本理论。学科教育理论对某一学科的教学工作更具针对性，而教育学、心理学的基本理论则可以使教师对学生和教育工作有更深刻的认识。如今，很多教师的知识结构不合理，重学科专业知识而轻教育理论知识，而事实上，具备教育教学的理论知识能够帮助教师解释、理解教育教学实践中的一些现象，从而发现自己在实践中存在的问题和不足。同时，具备一定的理论知识也能够指导教学实践，避免经验教学中的错误方式与方法，从而提升教育教学效果。

F老师应用心理学"艾宾浩斯记忆曲线"来帮助学生理解记忆概念就是一个典型的实例。

其三，要涉猎更宽广的人文社会和自然科学方面的知识。当前，教学中越来越强调不同学科知识之间的内在联系。"学科知识+教育学知识"的传统知识结构模式已经无法满足时代对于教师的要求和期望，"教师既有深厚的专业知识，又有宽厚的人文社会和自然科学方面的知识，才是符合时代要求的一专多能、复合型教师的标准。"① 因此，教师需要通过不断的学习拓宽知识面，从而增强综合实力。

（三）反思意识

早在1989年，美国学者波斯纳就提出了"经验+反思=成长"的教师成长公式，它揭示了反思在教师专业成长过程中的重要意义。一位优秀的教师，必定不只是具有丰富的教学经验，同时也应是善于对自身教育教学实践经验自觉进行积极反思的教师。通过对F老师专业发展历程的研究与分析，不难发现，"反思"一直伴随着她的8年教师生涯。从最初的反思"如何把课教好"、"如何进行教学语言的转化"、"如何上课找到自己的重点"，到如今的"如何让课堂更加有效率"、"如何将学到的观点和理论深入实践"、"如何更进一步的提高自己"……可以说F老师一路反思一路成长。

通过反思，F老师能够把握住教育教学实践过程出现的具体问题的本质，从而获得对教育教学的感悟与顿悟，再通过不断的实践创新，从而提升教学效果。这个过程不仅优化了教育教学效果，也推动了教师专业发展和能力水平的提高。

反思是教师将先进理论与自身教育实践相融合的必要环节。通过反思，教师可以找到先进理论与自己教育教学实际的契合点，例如F老师提到的对心理学"艾宾浩斯记忆曲线"的实际应用以及对原始物理问题的嵌入式渗透教学。通过反思，教师能够合理调整自己在教育教学中的选择和行为，真正将理论作为一种工具服务于自己的教育教学工作。

反思是教师开展教育教学研究的基础。中小学教师对教育教学研究的主要方式是一种实践研究、行动研究或是案例研究。因为这种研究方式最切合教师的工作实际，同时也如F老师而言，将教育教学研究"融入到实际教学中，反而更有意义，出来的东西更有价值"。而这类研究同样是以教师反思教育教学实践为基础的。因此，只有青年教师具有反思意识，掌握反思的技巧和方式并将反思行为形成一种习惯，才能够实现自己的专业水平不断提升。

（四）有效的指导和帮助

不同的教师在教育教学实践中会遇到不同的困难，例如有的教师由于知识有限、

---

① 黄甫全. 新课程中的教师角色与教师培训［M］. 北京：人民教育出版社，2003：121.

方法不当或者能力不足，往往付出了很多努力却不见成效；有的教师意识到要不断地进行教育教学反思，但可能受到思维方式或认知水平的局限，深陷自身的意图框架和视野中无法自拔；有的教师具有自主发展的意识和强烈愿望，却不知道如何学习、如何研究、如何进行实践……这个时候，能否及时地得到有效的指导和帮助就显得格外重要。因为这些问题如若不能得以解决，久而久之，可能会导致他们对自我发展丧失信心，影响到他们将来对于教育教学工作的热情和态度。因此，教师能否得到有效的指导和帮助也会影响到他们专业发展的速度和质量。

在F老师的成长经历中，她多次提到自己需要并且希望被指导，促使她读研的一个很大的原因也是"觉得需要被人指导，需要提高自己各个方面的认知水平"。在导师邢红军教授的指导下，她不仅获得了很多物理专业方面的知识和理论，同时也受到邢红军老师学术态度、敬业精神等人文思想的影响，最重要的是在邢红军老师的指导下，她喜欢上了写文章并学会了如何做研究，这也为她毕业后的自主发展提供了有力保障。

接下来，笔者将进一步结合F老师的成长经历，针对以上四大因素展开深入讨论，并试图按照影响因素的重要程度对其进行排序。另外，通过分析青年教师专业发展中存在的问题，思考促进其他青年教师专业发展的策略和建议，探寻F老师的示范意义和典范作用。

二、青年教师专业发展的综合讨论

在以往的研究中，研究者已经基本认同，除了教师自身因素以外，其身处的大环境也会对教师的专业发展有重要影响。因为当人长期处于某种环境中，会渐渐地习惯于这个环境，对待事物的态度以及人生观和价值观都容易被环境同化。因此，在对F老师的个人成长经历分析前，笔者先利用文献分析方法对F老师身处的北京中学教师专业发展的大环境进行解读。

2014年，邢红军教授团队以学科教学期刊发表论文的数量为标准，基于北京、江苏两省市的比较，对北京市中学教师专业发展水平展开了实证研究。[①] 研究发现，2003—2012年10年期间，北京、江苏两地的中学教师发表于9个主要中学学科教学期刊的论文数量差异显著。江苏、北京两地中学教师人均发表论文数量比值为2.22∶1，北京市中学教师专业发展水平较江苏省中学教师专业发展水平呈全面落后态势。仅就物理学科而言，江苏中学物理教师与北京中学物理教师人均发表论文的比值为2.7∶1。北京市中学教师人均发表论文数量约等于全国平均水平。

相比之下，F老师自2010年至今，公开发表7篇期刊论文，所发表期刊不乏《中学物理》《物理教学》等学科教育领域的重要期刊，其中一篇被中国人民大学《中学物理教与学》（2011年）全文转载。仔细参阅邢红军教授团队的研究发现，

---

① 见本书第一章第三节。

就刊登过 F 老师文章的《中学物理》和《物理教学》两大期刊而言，10 年内，北京中学教师在这两种期刊上发表的论文数量仅为 14 篇和 65 篇。虽然教师的专业发展水平的高低不能完全取决于发表论文数量，但不得不承认，这的确是衡量教师专业发展水平的一个非常重要的指标。因为从本质上讲，写作是教育研究的总结升华，是对教育研究实践的丰富和总结。① 能够公开发表的论文更能体现教师的教育教学研究水平。

北京作为首都虽然享有得天独厚的发展优势，但事实上其基础教育阶段教师专业发展的状况则委实欠佳。那么，在这样一个大环境下，为何 F 老师能够异军突起？不但发表 7 篇期刊论文，还申请获批了北京市"十二五"规划科学教育课题（课题研究中）以及北京市 A 区"十二五"规划教育科学课题（已结题）各一项。显然，F 老师的成长经历以及其专业发展的蜕变过程具有重要的典范性和示范意义。若想真正探明 F 老师具有何种典范性和示范意义，并寻找到对北京市其他青年教师专业发展的有效策略，还要将视角回归到她自身的专业发展历程上。

（一）对 F 老师教师专业发展历程的讨论

笔者按照 F 老师的成长经历，将其专业发展历程划分为三个时期：教师专业发展的迷茫期、成长蜕变期和飞跃发展期。从刚开始的迷惑与无所适从，到逐渐找到适合自己成长的方法和途径，再到自己掌握方向，实现不断发展。笔者认为，每位教师的成长都会经历这样类似的三个时期。然而不同的是，有些教师坚持了下来，完成了"破茧成蝶"的过程，而有些教师在漫长的发展过程中或安于现状、或迷失方向而停滞不前。

1. 基于迷茫期的思考

之所以将 F 老师初入职的那一阶段称之为"迷茫期"，是因为在这段时间中，F 老师还没有找到适合自己的专业发展之路。然而，从另一个角度来讲，"迷茫期"的 F 老师并不"迷茫"。这是因为她始终对自己的工作与发展有着明确的目标。她知道自身存在着哪些问题，更明白自己想要成为一名怎样的教师。初入职的她，第一个想法就是要"先合格"。在这一点上，她与绝大多数新教师的想法是一致的。然而通过 F 老师的陈述，笔者却看到，她比一般的新教师更"拼命"。为了快速积累更多的教学经验，所有学科老师的课程她都会听；为了能够快速提高自己，教师培训她一次不落的认真从头听到尾。即使收获到的仅仅是那讲座中的"三五句话"，她仍旧不放过任何能提高自己的机会。

笔者在本科与硕士阶段有过多次教育实习的经历，也曾几次跟随实习学校的老师们参加区里组织的教师培训、听课评课等活动。然而，笔者所看到的是，在这样

---

① 王永林. 教育写作：给教师的专业成长插上翅膀——学校引领下的教育写作 [J]. 青年教师，2014（4）：13—15.

的活动中，并非所有的老师都如同 F 老师一样，拿着本子和笔仔细地听、认真的记。记忆犹新的是，有些教师参加进修只为签到；有些教师进入活动现场率先抢占最后一排；玩手机、打瞌睡的现象更是比比皆是。

暂且不论目前的教师培训对教师发展的帮助有多大，单就教师个人而言，为何 F 老师与这些老师对待教师培训的态度相差如此之大？笔者认为，归根结底还是在于缺乏自我发展的内在动力。"中学的知识不多，只要教过几轮，会讲课，能做题，学生成绩好就足够了。"如今存有这样想法的教师仍旧很多，而作为新教师，也极易在逐步适应教育教学工作的同时满足于现状。因此，拥有正确而坚定的教育理念和强烈的自我发展意愿，是教师实现专业可持续发展的必要因素。

2. 基于成长蜕变期的思考

纵观 F 老师 8 年的教师职业生涯，在职进修教育硕士这一经历对 F 老师的专业发展产生了重大影响。可以说，她的成长和蜕变正是源于这一重要经历。因此，有必要从教师攻读教育硕士这一角度对 F 老师的教师专业发展进行分析。

最初秉承"需要被人指导，需要提高自己各方面的认知水平"这一想法，F 老师开始了教育硕士的学习。3 年的教育硕士学习，无论是课程的学习，还是论文写作的过程，都为她的专业发展带来巨大的变化。教育硕士课程的学习不仅使 F 老师补充了期盼已久的学科教育学、学科心理学理论知识和学科专业知识，讨论式的课堂学习形式更带给她了一种全新的体验。学员不再被动的听课，而是成为了课堂的主角。通过评价别人的文章、与学员们相互讨论，再到互评学员的论文，让 F 老师逐渐学会并形成了反思意识和批判意识，更学会了提出和表达自己的观点。除课堂知识学习外，导师的学术观点、关于教育教学的理念和方法也深深触动并影响了 F 老师的教育教学理念与实际工作。同时，导师对她教育教学研究方面的指导和帮助，更促使她快速地找到了适合自己的研究方法和路径。论文的撰写过程以及发表论文的欣喜和冲动，又使她的研究得以深化和清晰。

可以说，F 老师的成功蜕变离不开教育硕士的学习经历。这一阶段中，导师的指导和帮助、理论知识和专业知识的学习、反思意识的培养和建立，都为其走上自主发展的道路奠定了坚实的基础。在看到教育硕士学习对 F 老师的专业发展带来促进作用的同时，笔者也在思考，教育硕士学习是否对所有教师的专业发展都具有积极而有效的作用呢？

已有研究者对这一问题展开了研究：徐福明等人（2005 年）对 737 名正在攻读教育硕士学位的中小学教师进行问卷调查后，得出结论：中小学教师在职攻读教育硕士学位的学习成效颇佳。[1] 然而，陈玉旦（2014 年）对上海市 13 位中学物理教师进行了半结构式访谈后分析得出：在职教育硕士学习对中学物理教师的专业发展存

---

[1] 徐福明，任亮. 教师在职攻读教育硕士专业学位的学习成效及其影响因素研究 [J]. 教师教育研究，2005（3）：6—9.

在着正面的影响，但影响程度较为微弱。①

可见，对于不同的教师而言，攻读教育硕士对其自身专业成长的成效是不同的。笔者也从 F 老师的导师那里证实了这一观点。据了解，并不是所有的在职教育硕士都能够像 F 老师一样，通过教育硕士的学习实现了从"教书匠"到"研究者"的转变。有些学员在读期间做了几个研究，发了几篇文章，但毕业后又回到最初状态；也有不少学员没有发表过文章，虽然通过课程学习也有了一定的提高，但提高并不大。同样是在职教师攻读教育硕士，上的课程相同，讲课的老师也相同，为什么会有如此之大的差距？难道他们没有学习专业知识和理论知识？他们没有得到导师的帮助？如此看来，必要的专业知识学习、导师的指导和帮助以及反思意识的建立并不是教师专业发展中最关键的因素。

因为人的行为总是受到其思想、观念的影响和支配，因此，教师能否实现素质的提升关键还在于教师自己。为了能够实现自己的不断发展和成长，F 老师能够听课一年，即使教师培训收获并不算太大也一次不落的从头听到尾，读研初期即使不知道如何发言，也总是主动尝试和努力锻炼自己，导师上课提起的理论、方法等她会用心记下并在课下认真研究，对实际教学工作中遇到的问题，她能够反反复复地琢磨……F 老师之所以表现出这一系列的行为，正是由于她内心对提升自己素质和能力充满了强烈的渴望。也正是这种信念和欲望的存在，才支撑她克服种种困难，想尽办法通过各种途径、利用各种机会来努力提高自己。也只有对这样的教师而言，攻读教育硕士才是一个提高自己教育教学水平的大好时机和有效途径。因为他们会全身心地投入到教育硕士的学习中，并以实际行动获得最好的学习效果。

3. 基于飞跃发展期的思考

经过教育教学经验的积累以及教育硕士的学习提高，F 老师不仅有自主发展的意识，更拥有自主发展的能力，并逐步展现出了作为一名优秀教师所具有的强大发展动力和广阔发展空间。下面笔者通过列表形式对 F 老师教育硕士毕业后的主要成果及荣誉进行呈现，见表 3-8。

表 3-8　F 老师飞跃发展期主要成果及荣誉情况

类别	主要成果及荣誉	时间
论文发表	第五篇文章，发表于《中国多媒体与网络教学学报（电子版）》	2012
	第六篇文章，发表于《中学物理（初中版）》	2013
	第七篇文章，发表于《物理教学》	2015
课题研究	北京市教育科学"十二五"规划一般课题	2013 年申请
	北京市 A 区"十二五"教育科学规划课题	2013 年已结题

---

① 陈玉旦. 在职教育硕士学习对中学物理教师专业发展影响的研究 [D]. 上海：华东师范大学，2014.

续表

类别	主要成果及荣誉	刊期
获奖论文	"2012年全国综合实践活动课程教学观摩研讨暨第六届学术年会"论文与活动案例评比 一等奖	2012（10）
	国家可持续发展教育实验区论文类成果评比一等奖	2012（11）
	北京市第六届"京研杯"教育教学成果一等奖	2013（4）
	北京市基础教育课程教材实验2013年优秀论文 二等奖	2013（9）
	北京市基础教育课程教材实验2014年优秀论文 三等奖	2014（9）
主要荣誉	北京市A区"师德优秀教师"	2012
	北京市A区"青年教学能手"	2013

不难看到，F老师在各个方面都有了长足的进步和发展。这一切成果在别人眼中已经是非常丰硕的了，也足够让她好好休息一阵子了。然而F老师却又陷入了另外的一个困惑中："第7年的时候，觉得好像有点儿瓶颈了，因为自己也努力去做了，也达到一定的高度了，然后再怎么提高呢？"

为什么F老师能够在自己有所成就的情况下仍旧不断寻求进步？笔者认为，正如邢红军老师的分析，F老师的专业发展之路达到了某种境界，不断寻求进步的强烈意愿已经转化为了一种常态，成为了她生活的一部分，她真正达到了教师专业发展的一种理想模式。如今的她已将发表论文与研究课题看作与同行交流的窗口、看作获得满足感与成就感的途径，同时这也成为她继续进行教育教学研究的动力与源泉。当到达这样的境界后，教师的专业发展不再需要外界推动和监督，成为了一种自觉的、内在的、自主的行为。她会自觉的、心甘情愿的寻求各种方法挑战自己、提高自己。可以说，这种境界应当是所有教师需要追求的、积极的、正确的发展模式。

（二）对教学研究能力形成过程的思考

教育理念和专业信念是教师专业发展的重要因素，然而若想实现专业水平的提升，最终成为一名研究型教师，仅凭对教育事业的热爱和对自身专业发展的强烈意愿还是不够的。

F老师自入职起就经常反思自己工作中的问题。按照F老师自己的话来说，就是"比较爱琢磨"，通过自己不断的琢磨和学习、通过与老师们的交流、通过学生们的反馈，她的教育教学水平不断提高。但是她发现这些方式只能帮助自己积累经验，处理和解决问题也主要是经验性的，对于教学和对学生情况的认识始终达不到更高的层次，她渴望成为更专业的教师。在教育硕士的课程学习中，她学到了不少教育学、心理学以及学科教学方面的理论知识，同时导师深入浅出的讲解以及导师的学术观点都深深地影响着她。她不断的研读导师的学术论文，再结合自己的教育教学经验萌生出很多想法，落实到了笔头上，就形成了自己的论文。论文经过导师一遍遍的修改最终发表了，F老师也在导师一次次的指导中渐渐学会了如何做研究，如何写文章。毕业后，没有了导师的指导，所有问题研究的切入点都需要从对教育教学工作的反思和不断琢磨中寻找，写文章和发表文章的速度变慢了，但F老师说："虽然慢，可能也是一种转变，转变成自己想写的观点了。"研究论文的发表和课题的研究既是一个表达的窗口，又成为F老师继续研究的动力。

F老师利用入职后8年时间完成了由"教书匠"到"研究者"的转变，相比之下，很多教师一辈子都停留在机械重复性的教学工作中。如今在课改的浪潮下，不少教师意识到了自己要发展，但却发现工作了多年，积累了丰富的教学经验，却无法提升自己的专业水平，谈到教育教学研究仍旧挠头。很多教师尝试自己做研究，却总是"面临教育教学问题时不能迅速判断，稍一动笔就错误百出，在理解教学的规律时也是除了简单的分析外，不能准确地表达自己的想法。"[1] 一线教师往往通过自己努力无法快速实现专业水平的提高，此时有效的指导和帮助就显得尤为重要，F老师正是出于这样一个原因选择了攻读教育硕士。

那么，教师可以从哪些地方获得有效指导和帮助呢？普遍地，对于我国中小学教师而言，获取帮助和指导的主要途径是目前的教研制度。教师培训按照层次和参加范围的大小可以划分为五级：国家级、省级、地市级、区县级和校级。教师参加最多的是校级培训、其次是区县级培训，省级和地市级培训只有少数教师才能参加，国家级培训参加的教师人数更少。[2] 因此，对于大部分教师而言，校级培训和区县级培训是获取知识和帮助的主要途径。这两级教师培训的现状又如何呢？关楠楠以"全国中小学教师专业发展状况调查和政策研究数据库"中的部分数据为研究对象，对我国中小学教师培训效果展开实证研究，研究发现：教师大部分的培训时间花费在了本校的听课评课上。[3] 陈向明，王志明就我国当前教师培训制度和实际运作情况，对全国范围内（东、中、西部）的不同层次学校教师、培训者、管理者和政策制定者展开了研究，研究发现：校本研修已占最大比例；培训的内容理论太多，而且仍采用大班讲授的方式，很难满足教师对教学实际操作的需求。[4] 胡艳以北京市城区中学为例，对我国中学教研组性质展开的实证研究中发现：当前北京市中学教研组不是真正意义上的专业学习共同体。它繁杂的工作内容、多种的组织性质/内涵，以及组长多重的角色，使之与专业学习共同体尚有相当的距离。[5]

---

[1] 邢红军，陈清梅，胡扬洋. 教师专业发展演化——理论模型与实践探索［J］. 课程教学研究，2015（1）：4—8.

[2] 关楠楠. 我国中小学教师培训效果的实证研究［D］. 上海：华东师范大学，2015：5.

[3] 关楠楠. 我国中小学教师培训效果的实证研究［D］. 上海：华东师范大学，2015：5.

[4] 陈向明，王志明. 义务教育阶段教师培训调查：现状、问题与建议［J］. 开放教育研究，2013（4）：21—26.

[5] 胡艳. 我国中学教研组性质的实证研究——以北京市城区中学为例［J］. 教育学报，2012（6）：78—88.

基层教研组无法起到专业学习的引领作用，而教师培训要么是脱离理论指导而进行的纯粹教学经验的提高，要么是大班传授纯理论知识，脱离教师教学实际的空洞说教。因此，"培训内容缺乏针对性、缺乏专门的教师培训队伍、教师培训形式单调以及缺乏有效的评价制度"[①]，致使教师无法获得有效的帮助和专业上正确的引导，而成为阻碍教师专业水平提高的一大障碍。相比较之下，F老师在教育硕士阶段经历的讨论式课程学习，以及4篇论文的撰写训练，促进了她专业水平的提升。因为，课堂上发言以及论文中观点的阐述和语言的组织表达，能够展现一个教师真正的专业水平，而导师通过具有针对性的修改和指点，使得F老师快速找到自身不足，通过必要的训练，学会了做研究的方法，进而迅速得到提高。显然，因此只有真正洞悉教师所处的发展状态，并解决教师发展中遇到的问题，在指导中做到既高屋建瓴，又贴切到位，[②]才能给予教师正确的指导，使教师快速实现专业水平的提升。

有效的指导和帮助是教师能否正确、快速地实现专业发展的关键，而能否实现持续、稳定的发展，还需要教师对教学进行长期有效的反思以及不断学习、补充自己的专业知识和教育教学理论知识。因为教师的教育教学研究不同于专门从事科学研究的研究者，他们研究的问题来源于实际教育教学工作，反思习惯的形成可以帮助教师不断地捕捉到教育教学工作中出现的问题，而反思的质量也在一定程度上决定了教师的研究质量和水平。理论知识的学习不但使教师站到一个较高的层次上审视自己的教育教学工作，并为教师解决问题提供了必要的知识和能力储备。

通过上述分析，笔者认为，教师若想实现自身专业水平的提高，最重要的是首先要具备正确的教育理念和强烈的自主发展意愿；其次，要寻求有效的指导和帮助，然后，要有意识的培养自己的反思意识使其形成习惯，并进行必要的专业知识和理论知识学习。

（三）对北京市教师专业发展的思考

我想，F老师作为"土生土长"的北京人，对于北京市其他青年教师的专业发展的重要示范意义是无可置疑的。那么，F老师的专业发展之路是否可以被其他青年教师借鉴？正如邢红军老师所言，这不是技术层面的问题，更多的是观念层面和制度层面的问题。对于北京市的大多数教师而言，F老师走的是一条"不同寻常"的专业发展之路。之所以称其为"不同寻常"，不仅是因为对教师专业发展的观念不同，更是由于F老师实现专业发展的途径与目前北京市教师的教研方式差距甚大。

据了解，目前北京中小学教师的教研活动主要通过"公开课""观摩课""获奖

---

① 张二庆，王秀红. 我国教师培训中存在的主要问题及其分析——以"国培计划"为例［J］. 湖南师范大学教育科学学报，2012（4）：36—39.
② 邢红军，陈清梅，胡扬洋. 教师专业发展演化——理论模型与实践探索［J］. 课程教学研究，2015（1）：4—8.

论文"等形式展开，新教师也只有获得了几次"赛课"奖励、几篇区内获奖论文，评职称可能才有希望。然而"赛课"的机会并不是每个人都有，学校往往只选派一两名教师参加赛课，因为"赛课"并不是参赛教师个人的事，而是需要各级教研员轮番"磨课"。这一过程诚然对新教师是很好的成长和收获。然而选谁去？成为了一个不单单靠专业水平的问题。对于获奖论文，首先它的评审也体现出行政化的特点。这类论文由各校教师上交，并不公开发表。由于主办单位（教研系统、学会等）的地域性与局限性，评判论文的标准往往有着学术之外的导向，同时这种获奖论文大量体现了"唯上""唯书"甚至"唯关系"的特征。[1]除此之外，这些未经公开发表的获奖文章中，到底哪些是引用前人已有的研究成果，哪些是自己的观点，是否有创新之处？这些问题都不得而知。

在这样的制度引领和衡量教师专业发展的尺度下，一方面，教师难以得到一个真正、公平的发展机会和评判标准；另一方面，这也会在一定程度上造成教师惰性的滋生，无法起到外在的助力作用，实现对教师专业发展的推动。我想，也正因为如此，北京市中学教师 10 年内发表论文的年平均数量仅为全国平均水平的 1.14 倍，与江苏省中小学教师发表数量相差 1 倍。

回顾 F 老师的专业发展之路，论文的撰写和公开发表，课题的研究是其发展的重要途径。另外，如果仔细分析 F 老师发表的几篇文章，容易发现，她的论文水平是逐渐提升的。刊登其论文的期刊水平也是逐渐攀升的，这也从另一个侧面说明了 F 老师的教学研究水平是逐步提高的。

因此，教师进行教育教学论文的撰写和训练有助于其专业素质的成长，同时由于这些可以在中国知网查询到的期刊具有严格的审稿制度和专业的水准，因此能够为教师的专业发展提供一个公开、公平的展示平台。我想，正因为上述原因，F 老师的专业发展之路值得借鉴也可以借鉴。同时，教师发表论文的质量和数量也可以作为评判教师专业发展的准则之一加以推广。

（四）自我反思

对 F 老师进行访谈后，笔者触动也很大。在对访谈资料的处理和分析以及进行论文撰写的同时，笔者也常常将自己与 F 老师进行对比。笔者与 F 老师同为教育硕士研究生，区别在于笔者是全日制教育硕士，而 F 老师是在职教育硕士。由于 F 老师是三年学制，笔者是两年学制，因此在学习的绝对时间上，F 老师时间更长。然而相比较真正在校学习时间，F 老师却比笔者少得多。惭愧的是，对于学习的成果和效果，笔者却远远不及 F 老师。

差距到底在哪里？笔者不禁扪心自问。随着对 F 老师分析的不断深入，笔者发

---

[1] 胡扬洋. 物理教师为什么要发表物理教学研究论文［EB/OL］.（2015-05-30）. http://blog.sina.com.cn/s/blog_6953b7f10102w54k.html.

现，所有的外在条件和因素都不足以成为真正的理由。因为随着自己对待事物态度的转变，即使处于不利条件中也会有所收获、有所发展。差距来源于对自我要求的高低以及对教育教学研究的态度和认识。

笔者无法达到 F 老师水平的原因正如以上所言。同样，对于北京市其他青年教师来说，最根本的差距也在这里。笔者有比较丰富的教育实习经历，身边也有很多同龄的物理教师朋友。通过笔者对所接触到的青年教师的观察，能明显地感觉到，像 F 老师一样能够如此热情饱满的对待教育教学工作，为提升自己专业素质和教研能力而花费大量业余时间的人很少。下课的办公室里，教师们更多谈论的是娱乐、是生活。在笔者的同龄教师朋友中，有的经过一段时间的教育教学实践后，对学校教学活动有了一定的了解，觉得教学工作不再有很大的挑战，不再注重学习。也有的是因为自己的工资待遇低、学生表现差、教学设施简陋，现实与理想有偏差，不能很好地实现自己的教育理念，开始厌倦教学，丧失信心。教师缺乏内在驱动力，何谈自我发展，何谈教师素质的提高。对于青年教师而言，F 老师专业成长的典范作用和示范意义也正在于此！

在深受触动和觉醒的同时，笔者也呼吁相关教育部门，在加强教师理论与实践培训的同时，也要加强对青年教师内心的关怀，帮助青年教师树立正确的教育理念，建立自主发展意识，加强教师的内在驱动力，是促进教师专业发展的根本举措。

第七节　促进青年物理教师专业发展的建议与对策

一、培养教师树立先进的教育理念，激发教师自主发展的动力

教师的教育理念和强烈的自主发展意愿是影响教师专业发展的最重要因素，它是教师进行教学反思，改进教学方式，提升教学质量的关键，同时也是教师追求职业理想，实现自我发展的根本动力。因此，若想促进教师的专业发展，首先要解决教师的内驱力问题。

（一）对教师个人而言：制定个人发展规划方案

教师的个人动机对教师的专业发展起到决定性的作用。因此，提高青年教师专业发展的自主性很重要。事实上，很多教师在入职初期都对教育教学工作充满期待，希望能够干好这份事业，并在其中有所成就。然而这种憧憬和期待容易受到挫折和时间的挑战，由于惰性的存在，再加之畏惧挑战、安于现状的态度使得很多教师在发展的初期，还没有感受到发展带给自己的快乐和满足就停下了脚步。因此，为了

维持不断发展的动力,可以在任职初期提出适合自己的切实可行的奋斗目标,并制定好个人的发展规划方案。这个目标可以以年为单位,也可以以学期为单位、以月为单位进行制定。例如刚入职的教师可以根据课表,制定出每周自己听课的节数、进行反思记录的次数等等。将制定的个人计划当做自我监控的力量,督促自己始终保持寻求发展、寻求进步的状态。一旦自己的小目标得以实现,内心的成就感和满足感就促使自己进行第二个目标的制定和完成,一旦形成了这样积极的循环过程,教师就能够逐渐步入专业发展的正途。

(二)对外界而言:积极培养并激发教师的发展动力

虽然环境不能对教师的专业发展起决定性的作用,但其对教师产生的影响却总是潜移默化的。因此,培养教师的自主发展意识和正确的教育理念需要从源头开始并贯彻教师的整个职业生涯。其一,在师范教育阶段,除了对师范生进行专业知识、专业技能的训练外,还应当培养他们树立正确的教育理念和教育价值,让他们从一开始就对终身学习以及自主发展有明确的认识和态度。其二,在入职初期,对不同学科的教师进行有针对性的职业生涯规划培训,帮助他们尽快适应教育教学工作并制定适合自己的规划方案。其三,对不同教龄教师专业发展过程中出现的问题进行有针对性的指导,并适时的鼓励教师,使他们摆脱职业倦怠,保持源源不断的发展动力。其四,学校领导要重视教师的个人成长,从观念上支持教师的自主发展,为教师的发展创造良好的条件和氛围,建立促进教师专业发展的激励制度。

二、加强对教师教育写作以及发表论文的重视

(一)通过教育写作促进教师反思

进行教育反思是教师成长的必要条件,但仅具有反思意识还不够,还应当掌握反思技巧让反思成为一种习惯。平时我们会有这样的感觉,一篇文章读下来,感觉有收获但却说不出收获是什么,一旦把它写下来,就会觉得自己的思路理清了。这是因为读完后虽然大脑受到触动,但依旧是模糊和杂乱的,写的过程就像是逼着自己将这些模糊杂乱的想法进行清理。因此,利用文字记录自己的想法,是促进反思水平的一种积极有效手段。进行教育写作就是这样一种方法,然而它又比撰写反思札记、教育笔记、教学日记等更为有效。因为教育写作要将积累的原始素材和心灵感悟进行删减和整合,从中抽离出所反思的问题本质,并形成自己对该问题的认识和观点,然后还要按照一定的逻辑用文字将其表达出来。可以说,这是对反思札记、教育笔记等学习心得的再加工过程。而这样的过程,最大限度地提高了教育教学反思的水平,有效地帮助教师提升反思的质量和能力。

(二)正确认识教育写作对教育教学研究能力培养的作用

回顾 F 老师对于文章写作过程的描述,"一个从教学实践上去积累,积累学生

的反馈,另外要是能碰到相关的讲座或文章,也积累下来,这就不断的补充对观点的想法。逐渐就有了自己写的冲动,落在笔头上,框架就出来了。然后再慢慢地把平时教学的某一个时刻的案例也放进去,基本上这个文章的雏形就出来了。再加上教育学心理学方面的理论指导,或者是别人文章里一些观点的支撑,这篇文章很容易就成形了。"不难发现,F老师进行教育写作的过程,同样也可以称为教育研究的过程。因为教育论文中每一个案例的选取,每一个观点的表达都蕴含着教师对它的思考和研究,教育论文撰写的每一个阶段都反映了教师研究的某个阶段,例如搭框架的阶段是教师对某一问题形成初步想法的阶段,每一段的写作过程是教师对问题不同侧面进行细致研究的阶段,修改写作框架的过程是教师对自己观点修正调整的阶段等。最终形成的教育论文就是教师研究的成果。因此,加强对教师教育写作的重视,有利于培养教师教育教学研究能力。

(三)将发表论文的数量和质量作为教师专业发展水平的衡量标准

有学者曾经以问卷调查的形式,对江苏省50位特级教师就"教育写作与教师专业发展"这一主题进行问卷调查,研究结果显示,"教育写作在影响教师专业发展的众多因素中,居于非常重要的位置:它是教师专业发展的重要支点和独特路径。"调查中,教师们普遍认为,教育写作对于教师专业成长的作用是综合性的,它不仅是校本研究和教育反思的成果体现,同时,更是进行教育反思的平台和工具。运用好这一平台和工具,可以促进自身走向专业发展的快车道。[1] 另外,基础教育阶段各种学科期刊长期以来贴近一线教学并保持专业化的审稿标准[2],利用教师在各个期刊公开发表论文的数量和质量,可以客观评定和衡量教师的专业发展水平。因此,中小学阶段应加强对教师教育写作的培养,并充分利用撰写发表论文对教师能力提升的作用,达到促进教师专业发展的目的。

三、完善和提高教师培训制度,鼓励教师深造

教师培训是教师入职后获取知识、提升能力的主要渠道,可以说在促进教师专业发展和提升教师整体素质上,教师培训承担着重要的任务。

(一)重视新教师入职培训

F老师曾说,"我觉得刚入职的时候特别需要教师进修培训,因为自己当时觉得特别茫然,虽然学过,但是你真正上讲台、带学生还是不一样。所以特别希望有人指导,有教师培训"。可见新教师入职培训非常必要和关键,但培训内容和方式一

---

[1] 丁昌桂.教育写作与教师专业发展——基于20位特级教师的问卷调查[J].教育研究与评论·中学教育教学,2013(5):26—32.
[2] 邢红军,陈清梅,胡扬洋.教师专业发展演化:理论模型与实践探索[J].课程教学研究,2015(1):4—8.

定要针对新教师的特点，站在新教师的角度上考虑并满足他们的需求。由于不同学科具有不同的特点，因此，在对所有教师进行思想教育以及教育学心理学基本理论的教学后，还应当面向不同学科，根据学科特点，针对新入职教师在学科教学方面出现的问题以及面临的困惑进行有针对性的培训。

（二）加强教师的教育教学理论学习和指导

由于教师入职后一直处于教育教学实践中，接触到的、教师间互相讨论的大多关于教育教学的实践经验，对于理论知识接触甚少，因此教师培训应当聘请高水平的教育教学理论专家为中小学教师提供理论上的指导。特别需要强调和注意的是，对在职教师的培训不应仅满足于理论内容的介绍和传授上，还应当注重理论与实践的结合，让教师能够在接受理论知识的同时可以在自己的教育教学中找到对应点，这样可以帮助他们理解理论并进一步以理论来指导实践工作。

（三）调整教师培训的形式

在教师培训中，教师不能仅充当接受知识的角色。教师培训应当拓展多样的教学形式，使教师参与到培训中去，比如通过讨论、活动、写作等形式进行自我反思和思想交流。让教师培训真正成为教师提高自己业务水平和专业发展的有效途径。

除了提升教师培训质量和效果外，学校也应重视教师专业发展问题，鼓励教师进行不断深造，例如脱产进修等，为教师专业发展提供有力的支持。

四、建立高校——中学合作的机制

（一）打破中学封闭的教研局面，提供先进的教师培养模式

北京市教研室主导下的教学研究多以"公开课""观摩课""研究课"及不曾发表的"获奖论文"等形式开展与呈现，虽然也具有一定的促进作用，然而其缺乏与学术标准的"对接"、缺乏外界的干预与交流，使得北京基础教育教研仍然是一个相对封闭的体系。[1] 长期的封闭必定会导致故步自封，看上去教研活动搞得风风火火，却难免有夜郎自大之嫌。因此，只有打破中学封闭的教研局面，接受外界先进的理念和方法，才能营造出适合教师专业成长的环境。建立高校—中学合作机制就是一种有效的途径。

以往高校的研究者和专家给人的印象大多是"学究"，他们研究的东西抽象而脱离教学实际，高深莫测。然而F老师的成长经历却告诉我们，高校中有很多学科教育专家不仅具有深厚的学术造诣，又能够贴近学科教育教学实际。事实正是如此，

---

[1] 邢红军，郑珊，张婷玉，等. 北京市中学教师专业发展水平的实证研究及启示——基于北京江苏两省市的比较 [J]. 教育学术月刊，2014（06）：36—42.

这样的学科教育专家在对教师进行指导和帮助时，往往能够一言中的，切中要害。就F老师教育硕士阶段的导师邢红军教授而言，2011年以来，邢红军教授共指导物理教学论研究生8人，经过严格与规范的训练，截至目前，8年研究生共发表第一作者的物理教学研究论文46篇，平均每人5篇，其中一位发表的论文甚至包括《课程·教材·教法》这样的权威核心期刊。通过短短三年的培养和严格训练，就能达到如此研究水平，这样有效的教师专业发展培养模式和方法值得中小学借鉴与推广。高校——中学合作机制的建立，恰恰能提供这样的良好方式，为高校专家与中小学一线教师建立起沟通的桥梁，为中小学教研注入新鲜血液。

（二）充分开发和利用优秀教育资源

由于社会分工不同，高校研究者和专家与中小学一线教师所占有的教育资源也不同。高校研究者主要从事教育研究工作，学术性强，理论功底深厚，但往往缺乏理论向实践转移的过程。中小学一线教师长期进行教育教学工作，具有丰富的教育教学实践经验，但却往往对教育教学中呈现的问题知其然而不知其所以然。通过高校——中学合作机制的建立，可以充分开发和利用资源。一方面中小学教师可以向高校专家、研究者学习先进的理论知识，通过指导改善教育教学效果；另一方面，高校专家的理论和设想在实践中得以检验，并在实践中不断进行修正和调整。

第四章 卓越物理课程与教学论研究生发展的个案研究

第一节 引　言

一、研究背景

全国教育事业发展统计公报显示，2013 年我国共有小学在校生 9360.55 万人，专任教师 558.46 万人；初中在校生 4440.12 万人，专任教师 348.10 万人，高中（包括普通高中、成人高中和中等职业教育）在校生 4369.92 万人，各类高中专任教师共计约 250.15 万人。教育是国家大计，牵动着国家未来的发展。2014 年 9 月 9 日，习近平主席在北京师范大学向全国广大教育工作者致以节日祝贺，并在考察中强调，"百年大计，教育为本"，教育大计，教师为本。国家繁荣、民族振兴、教育发展，需要我们大力培养造就一支师德高尚、业务精湛、结构合理、充满活力的高素质专业化教师队伍，需要涌现一大批好老师，同时他还强调，要加强教师教育体系建设，加大对师范院校的支持力度，不断提高教师培养培训的质量。随后，在教育部印发的《关于实施卓越教师培养计划的意见》中，教师教育的教育改革与发展也成了主要关注的问题。

（一）我国教师教育发展的现状与未来

发端于 19 世纪末 20 世纪初的我国教师教育，至今已走过一百余年。在持续推进的改革中，教师教育体系不断完善，教师培养质量逐步提高。当前，我国教师教育正处于关键的转型时期，开放式、一体化、终身性等特点成为教师教育发展的共识。教师培养不再仅限于师范院校，具备资格和条件的综合性大学也能够进行教育硕士和教育博士培养。教师的职前培养和在职培训趋于连续，并主要由师范院校承担。职前培养、在职培训进修则都体现了教师的终身化。

需要指出的是，当前我国教师质量整体水平还有待提高。此外，教师教育体系仍有待进一步完善。北京师范大学教师教育研究中心主任朱旭东教授指出，要促进教师教育事业的发展,最为紧迫的问题在于构建教师教育学科体系,建立教师教育学科制度。① 近些年,一种新的教师教育制度教师教育学院破茧而出。2005 年,南京师范大学在国内率先成立了教师教育学院,从而开启了我国教师教育的新篇章。

1998 年起,我国对教师教育体系进行了大规模重建,教师培养从教师教育时代进入到一个多种话语和体系并存,并不断进行体系变革的后教师教育时代,然而这样的转型却只表现在了培养形式上的变化,而非师资水平实质上的提高,这与国家提倡开放化培养师资的政策初衷背道而驰。在教师教育体系急剧变革的时期,在面临制度转型的当头,我国师范大学的发展变化对于未来教育师资水平的发展变化起着直接的决定性作用,"教师教育学院"正是在这样的历史性时期诞生的,它不仅展现了一种新的教师教育制度,也为我国教育教师教育的蓬勃发展带来了新的希望。②

（二）我国物理课程与教学论学科的发展现状

我国物理课程与教学论学科最初起源于物理这门学科传授与普及方法的研究,其过程可省自 1933 年京师大学堂设立物理系过程进而在我国师范院校开设的一门独立课程"物理教学法"。受到苏联教育理论的影响,我国于 1954 年出版了北京师范大学物理系方嗣樱教授编写的《物理教学法》一书。

1983 年,北京师范大学、北京师范学院（现首都师范大学）、东北师范大学、苏州大学四所高校首批获得物理教学论硕士授予权。迄今,我国物理教学论研究生教育已走过了 30 年的发展历程,形成了博士和硕士两级学位授权点组成的结构和层次比较合理的教学体系。1997 年 6 月 6 日,国务院学位委员会、国家教育委员会颁布了新修订的《授予博士、硕士学位和培养研究生的学科专业目录》。教育学门类有 3 个一级学科（教育学、心理学、体育学）,10 个二级学科（教育学原理、课程与教学论、教育史、比较教育学、学前教育学、高等教育学、成人教育学、职业技术教育学、特殊教育学、教育技术学）。在二级学科"课程与教学论"之下,又设立了 3 个三级学科:教学论、课程论、学科教学论。物理教学论被定位为教育学门类下的三级学科"学科教学论"的一个分支。

我国物理教学论研究生教育的结构,在形式结构上主要存在着两种办学形式:①全日制课程与教学论（物理）硕士、博士研究生教育,截至 2009 年,全国已有 59 个硕士、5 个博士学位授予点（2012 年增至 6 个）；②在职人员即"学科教学物理"教育硕士专业学位研究生教育。③

---

① 朱旭东,陈兰枝. 构建教师教育学科体系推动教师教育事业发展——访北京师范大学教师教育研究中心主任朱旭东教授 [J]. 教师教育论坛,2014（2）：5—11.

② 邢红军,刘锐,胡扬洋. 教学学术的视野:我国教师教育的发展路向 [J]. 教育科学研究,2015（2）：73—77.

③ 赵涞沂. 我国物理教学论硕士研究生教育的状况及发展研究 [D]. 大连:辽宁师范大学,2009.

二、研究问题

从最初的师资短缺，师范教育要培养大批中小学教育人才，到如今要把培养高质量的教师队伍作为重心，当前我国教师教育未来发展的核心理念围绕培养高素质专业化的卓越教师。

30多年来，我国学科教学论得到了蓬勃发展。然而，尽管培养规模不断扩大，博士、硕士点也在逐年增多，研究生的整体学术素养、毕业生就业后从事教育工作的研究能力却仍有待探讨。这是因为，课程教学论作为提高我国中学教育师资水平的专业，能否培养社会急需的高端人才，怎样才能培养出学术素养高、教育研究能力强的未来教师，就成为我们关注的问题。具体来说，学科课程与教学论专业研究生的培养与发展主要受哪些因素影响？在短短几年的研究生学习期间，他们如何能够顺利成长为一名具有卓越教学研究能力的研究生？这些就成为本文关切的问题。

由于课程与教学论专业下又分出多个不同学科专业，本节结合自身特点和优势，选择了物理课程与教学论专业在读研究生作为发展研究的对象，希望通过研究回答上述问题，并对今后该专业研究生的教育与发展提供有益的启示。

三、研究意义

本研究聚焦于一名高师物理课程与教学论专业研究生，紧密围绕上述研究问题展开，作为迄今较少的课程与教学论研究生发展的质性研究，本节具有诸多重要意义，主要包括以下几个方面：

（1）挖掘卓越物理课程与教学论研究生发展的特点与规律。

（2）使研究者"我"获得深入了解并学习攻读物理课程与教学论专业的方法与经验。

（3）揭示培养卓越物理课程与教学论研究生的方法。

（4）为高师物理课程与教学论研究生培养与专业发展研究提供实践经验与资料。

第二节 文献综述与理论准备

一、我国物理课程与教学论研究生的培养研究

目前我国各高校的物理课程与教学论研究生培养目标基本确定，"是为国家培养德智体美劳全面发展的，能适应时代发展并熟练运用科学的研究教育方法，从事

大、中学物理教育教学工作的专业人才"。① 近些年，随着高校师资标准的不断提高，绝大多数物理课程与教学论研究生的就业逐渐向中学倾斜，体现在培养目标上，则以培养熟练掌握中学物理知识，能够运用先进教育理念，承担中学物理教学任务以及物理教育教学研究工作的合格中学物理教师为重心。

在培养物理课程与教学论研究生的课程方面，《课程与教学论（物理）专业硕士研究生课程设置存在的问题及思考》一文就收集到的 24 所高校物理课程与教学论硕士课程进行的调查显示，各高校都实行学分制，"课程类别一般都由学位课程、选修课程、实践环节和学位论文这四大块构成。学位课程又由学位公共课、学位基础课和学位专业课三部分组成。"公共基础课主要是政治（包括科学社会主义理论与实践、自然辩证法等）和英语，学位基础课和学位专业课门类众多，集中开设的有物理课程与教学论、教育心理学和教育科学研究方法 3 个科目，选修课程则门类更多，现代化教育手段和技术研究、物理学科前沿概论、物理实验设计与教学研究和物理教学研究等是开设频次较高的几门，实践环节也是必修内容，包括学术活动和实践活动。②

从整体上看，物理课程与教学论专业研究生培养的课程体系基本稳定，但在课程设置与实施中却存在一些问题。主要表现为"课程分类带有随意性，缺乏统一、规范的标准"、"不同模块课程比例失衡"以及"单科性课程设置较多，综合性课程偏少"等③。有研究发现在培养过程中，物理课程与教学论研究生的专业素质存在一些问题，例如"教育学理论基础和语言文字基础相对薄弱""缺少教育实践经验"、"创新能力亟待提高"等。④ 而一项对物理课程与教学论专业课程开设的必要度与满意度的数据比较分析似乎也与这些问题不谋而合，必要度高但开课率低的课程有论文写作指导、实习、物理学史等，必要度低但开课率高的有政治理论、外语、高等量子力学等，有的课程必要度高但满意度又较低，如教育学原理、物理学史、教育实习等。⑤ 可见，我国物理课程与教学论研究生的培养仍存在许多问题。

二、物理师范生教学研究能力形成与发展的研究

以"物理师范生"并含"教学"为篇名，经 CNKI 中国期刊全文数据库检索，共查得 2001—2015 年相关文献 29 篇，研究问题主要集中于师范生教学技能的培养，

---

① 郜瑞丽. 物理教学论硕士课程设置的研究 [D]. 长春：长春师范学院，2011.
② 李江林. 课程与教学论（物理）专业硕士研究生课程设置存在的问题及思考 [J]. 湖北师范学院学报（哲学社会科学版），2011（6）：128—131.
③ 李江林. 课程与教学论（物理）专业硕士研究生课程设置存在的问题及思考 [J]. 湖北师范学院学报（哲学社会科学版），2011（6）：128—131.
④ 梅忠义，郑赟，李娜. 课程与教学论（物理）研究生专业素质培养中的问题及对策研究——以合肥工业大学为例 [J]. 合肥工业大学学报（社会科学版），2011（6）：62—65.
⑤ 彭鸿喜，项华. 关于我国物理教学论教育硕士课程满意度的调查与分析 [J]. 物理通报，2011（6）：77—81.

仅有两篇硕士论文分别研究了物理师范生教学研究能力发展与教学科研能力的培养。（表4-1）

表4-1 物理师范生教学研究能力培养与发展的研究

序号	作者	题目	单位	时间（年）
1	李正福	高师物理师范生教育教学研究能力发展的个案研究	首都师范大学	2008
2	钟秋爽	高师物理专业免费师范生教学科研能力培养研究	东北师范大学	2010

第一篇论文在我的硕士生导师邢红军教授的指导下完成。邢红军老师长期关注物理教师的专业发展，尤其强调物理教师教学研究能力养成。2002~2014年，他先后指导3名研究生采用专家干预的方式，以教师发表物理教学论文为标志，开展物理教学研究能力形成与发展的教育质性研究，取得了良好的效果。

《高师物理师范生教育教学研究能力发展的个案研究》开展于2007~2008年，研究对象选择了6名物理师范生。研究结束时，研究者"我"与被研究对象共发表物理教育研究论文10篇。[①] 这为我国物理师范生的培养工作做出了新的探索。

第二篇论文是以东北师范大学2008级免费师范生共82人为研究对象，采用文献法和问卷调查法对师范生的教学科研能力现状所做的调查研究，为免费物理师范生的培养提供了参照。

三、物理课程与教学论研究生教学研究能力形成与发展的研究

经CNKI检索，有关物理课程与教学论研究生能力发展的质性研究仅有一篇，为四川师范大学2010级课程与教学论（物理）专业研究生周山河的硕士学位论文《新课程背景下一个物理教学论研究生向中学物理教师角色转变的成长经历与思考》，以叙述法将作者自己从一名教育类研究生向教师角色转变的学习和成长历程完整呈现，通过反思教师角色转变过程中遇到的教育观念落后和教育实践经验匮乏这两大困难，总结出其中的方法与经验。[②]

论文从被研究者自身的视角，讲述了从最初曲解教师角色，然后参与"国培计划"转变教育理念，接着苦练教学技能、提升实验教学能力、参加教育实习等，最终在全国大学生物理教学技能大赛获得一等奖，并毕业成功签约重庆市国家级重点中学的一系列经历，淋漓尽致的讲述了自己成功实现教师角色转变的过程，其中还涉及了"平抛运动""自由落体运动""牛顿第三定律""大气压强"等教学设计的

[①] 李正福. 高师物理师范生教育教学研究能力发展的个案研究［D］. 北京：首都师范大学，2008.
[②] 周山河. 新课程背景下一个物理教学论研究生向中学物理教师角色转变的成长经历与思考［D］. 成都：四川师范大学，2013.

过程，内容详尽细致，文章最后部分也对整个教师角色转变过程进行了较为深刻的反思，提出了一些有益的方法与途径。

上述这篇论文主要围绕的是物理课程与教学论研究生的教师角色转变，而以该专业研究生教学研究能力形成为题的发展研究还尚未见到，因此能够供参考的资料十分有限。

四、物理教师教学研究能力形成与发展的研究

以"物理教师"并含"能力"为篇名，经 CNKI 检索，有自 1982—2015 年论文 123 篇，以"物理"并含"教师专业发展"为篇名，自 2005—2014 年论文 28 篇。其中有如表 4-2 论文 7 篇研究了与教师教学研究能力有关的内容。

表 4-2 物理教师教学研究能力的研究

序号	作者	题 目	期刊/单位	时间（年）
1	杨双伟	对北京地区中学物理教师教科研能力的调研	《首都师范大学学报》（自然科学版）	2003
2	温 勇	研究型教师的成长与发展——中小学教师专业发展研究	曲阜师范大学	2004
3	王瑞毡	中学物理教师教育教学研究能力形成的个案研究	首都师范大学	2004
4	斯坎德尔·吾斯曼	关于培养中学物理教师科研能力的探讨	《新疆教育学院学报》	2004
5	胡晓娟	中学物理教师教育科研能力结构及养成	浙江师范大学	2006
6	宋 洋	普通高中物理教师教学科研能力的现状分析与提高策略	东北师范大学	2008
7	王慧君	中学物理教师教学研究发展现状的实证分析	《课程·教材·教法》	2013

以上研究采用问卷调查、访谈、文献等方法对我国中学物理教师的教学研究能力作了较为全面系统的研究。胡晓娟的《中学物理教师教育科研能力结构及养成》认为，中学物理教师教育科研能力结构的关键要素主要有逻辑推理能力、研究方案设计能力、问题定向能力、语言表达能力、资料的收集和处理能力、创新能力等[1]；王慧君的《中学物理教师教学研究发展现状的实证分析》从"研究的态度和认识""研究素养""环境支持""参与教学研究情况""教师教学研究成效"五个维度描绘了我国中学物理教师的教学研究发展现状[2]；宋洋的《普通高中物理教师教学科研能力的现状分析与提高策略》对物理教师的选题论证能力、研究设计能力、研究操作能力、研究成果的撰写能力四个方面进行了调查[3]。

其中，王瑞毡的《中学物理教师教育教学研究能力形成的个案研究》于 2002～

---

[1] 胡晓娟.中学物理教师教育科研能力结构及养成［D］.金华：浙江师范大学，2006.
[2] 王慧君.中学物理教师教学研究发展现状的实证分析［J］.课程·教材·教法，2013（8）：88—94.
[3] 宋洋.普通高中物理教师教学科研能力的现状分析与提高策略［D］.长春：东北师范大学，2008.

2004年在邢红军教授的指导下，对两位处于"高原"状态的中学物理教师进行的长达一年半的质性研究，通过资料的收集与分析，以"高原现象的形成""对自身高原现象的意识""高原现象的突破"三个阶段为主题，归纳总结出了影响中学物理教师教育教学研究能力形成的主要因素和一个研究型教师在研究能力形成中应具备的核心品质，研究最终收到了良好的效果，研究者"我"与被研究者J和L共发表9篇学术论文。[①]

在以往多次对物理师范生和物理教师教育教学研究能力形成与发展研究的基础上，我的导师邢红军教授于2011～2014年进一步开展了对中学物理教师团队的研究。研究的对象是北京市未名中学物理教研组教师团队，采用教育行动研究方法，在两年多时间内，深入物理教研组，查明了物理组成员的概况以及组织内外的诸多问题，并最终使物理组教师的教育教学研究能力获得了一定程度的发展，共发表26篇学术论文。[②]

综上所述，我国中学物理教师教育教学研究能力的研究时间跨度还比较短，再加上该类研究的具体性和复杂性，导致这方面研究的资料尚不丰富，相关的理论研究相对匮乏，研究的角度与形式也较为浅显单一，而研究内容上又显现出系统性的缺乏。

就本研究涉及的物理课程与教学论研究生而言，其身份特点与学科特点都是已有研究所未能体现的。正因为此类研究具有很强的实践特征，本研究试图在理论上能够有更深度的思考，这也是本研究采用教育质性研究方法的原因之一。

五、理论准备

（一）物理课程与教学论研究生专业发展的"发展态"理论

我的导师邢红军教授在教育教学与教师培养的大量理论与实践工作基础上，系统建构了教师专业发展的"发展态"理论[③]，该理论也同样适用于物理课程与教学论研究生的发展。

基于协同学理论可以将物理课程与教学论研究生的发展表征为学科发展态、学科教学发展态和教育发展态三种状态。每个发展态都有具体的内涵、特殊的表现以及发展的要求，这将为物理课程与教学论研究生专业发展的真正实现奠定坚实的理论基础。

基于协同学的物理课程与教学论研究生发展理论模型，物理课程与教学论研究生发展被描绘为一个由研究生与其学习教学过程中的诸多因素构成的结构。在此基础上，导师的有效干预、研究生的心理动机以及扎实的训练就构成了促进物理课程与教学论研究生发展演化的路径。

---

① 见《高中物理教师专业发展》第四章。
② 见本书第五章。
③ 见本书第一章第二节。

（二）学科教学论文作为衡量物理课程与教学论研究生发展水平的标志

学科教学自身具有专业性和实践性的特点，体现着教师对教育的理解深度以及学科教学知识（PCK）的水准。几十年来，学科教育凝聚了几代学科教师的专业智慧，并在此基础上形成了学术共同体，确立了专业标准与专业认同，其中尤为突出的是建立了各学科教学期刊，这些期刊长期以来贴近一线教学并保持专业化的审稿标准，从而成为衡量学科课程与教学论研究生发展的重要尺度。[1]

六、核心概念界定

（一）教学研究能力

教学研究能力是指学科教师或学科课程与教学论研究生能够对本学科的教学工作具有发现学科教学问题、研究学科教学问题，并能撰写达到学科教学研究共同体认同的质量标准的学科教学论文。

第三节 研究设计

一、研究方案

针对本研究涉及的问题，采用教育质性研究的方法，制定研究方案如图4-1所示。

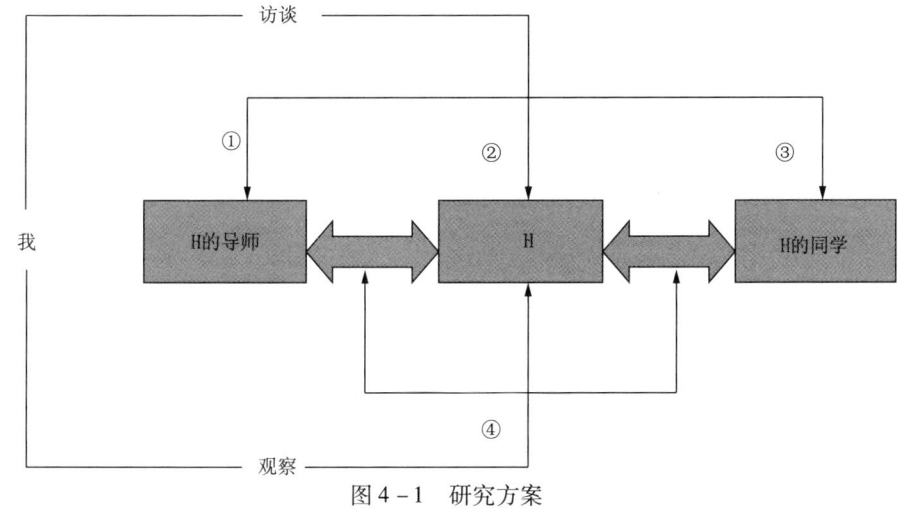

图4-1 研究方案

---

[1] 见本书第一章第三节。

根据研究伦理，对相关研究者、研究对象以及相关单位以下都采用了化名。如图所示，本节的研究主要沿着四条路线展开。

研究路线①、②、③：以深度访谈研究对象 H 的导师、H 本人以及 H 的同学的方式，直接开展研究。

研究路线④：观察研究对象 H 的日常学习及其与导师和学生的交流，随时记录并及时反思。

二、研究对象的选取

2012 年 9 月，我顺利考取首都师范大学的研究生，并有幸成为邢红军教授的学生。此时，已经跟随邢红军老师学习一年时间的 H 则刚刚升入研究生二年级，尽管研究生阶段的学习刚刚过去一年，但是 H 却已经凸显出与其他同学的不同。最直接的表现就是在论文上，一年级结束时，其他同学还没有人完成论文的写作，而 H 在研究生二年级开学时交到邢红军老师手里的论文初稿已有三篇。之后的发展也十分顺利，2012 年 12 月，H 跟随邢红军老师学习还不满一年半，他就以第一作者在权威核心期刊《课程·教材·教法》上发表了论文。并且，H 于研究生二年级就获得了国家奖学金荣誉，该奖学金评比每学年由首都师范大学举办一次，获奖率仅为物理系每届研究生人数的 7%，物理系每届学生 55 人左右，因此每年国家奖学金获得者为 4 人，申请该项奖学金需要通过多项审核程序：导师推荐、物理系评审委员会差额评定、学校研究生国家奖学金评审领导小组审核等。

如前所述，邢红军教授开展以教育教学研究能力为主题的教育质性研究已有多年。研究涉及了物理师范生、中学物理教师以及中学物理教研组教师团队，而以物理课程与教学论研究生为对象的研究在此前还未曾展开。在教师教育研究蓬勃发展的背景下，加之各方面有利条件，H 顺理成章地成为进一步开展研究的最佳对象。

三、研究方法

针对本研究所聚焦的问题、研究对象的特点以及研究本身的实践性等诸多特征，选用教育质性研究的方法显然最为切合。当今已经有了很多选用教育叙事研究、行动研究以及生活体验研究等质性方法的研究。其中教育行动研究已并不是一个新话题，其具有为行动而研究、对行动的研究、在行动中研究、由行动者研究等特点，以解决实践中的问题为首要目标。

质的方法是以研究者本人作为研究工具，采用多种资料收集方法，通过与研究对象互动等方式对其行为和意义建构获得解释性理解。它能够在微观层面对个别事物进行细致、动态的描述和分析，从而发现问题或提出新的看问题的角度。研究者对事物的复杂性和过程性进行长期、深入、细致入微的调查，从被研究者的角度理解他们的行为及其意义解释。因此，这种研究方法更易于解释问题的深层原因。

四、研究资料的收集与整理

研究过程中收集的研究资料有如下几种，并进行了相应的分析整理。

（一）访谈记录

在访谈过程中，遵循研究伦理，在获取访谈对象许可的前提下，我尽可能地获取录音资料。最后统一转换为文字稿进行了系统的分析。共获得研究对象的导师、研究对象本人以及与研究对象接触紧密的6名同学的访谈记录。

（二）研究对象的论文、笔记等

研究过程中，搜集到研究对象在三年研究生期间发表的所有论文，共计29篇，第一作者或独著18篇（表4-3），非第一作者11篇（表4-4）。其中，有权威核心期刊1篇（第一作者），核心期刊8篇（第一作者3篇）。从论文发表的期刊类型上，涵盖了中学物理教学界"六大期刊"以及教育类权威核心期刊。从论文的研究内容上看，则集中于中学物理教学。不论是发表论文的数量还是质量，都在同类专业研究生中相当出众。

经研究对象本人同意，我还获得了他在研究生阶段撰写的部分论文稿件（包括论文修改稿）及其部分笔记等，对这些资料的分析可以更为深入的把握研究对象专业能力的发展。

在研究过程中，笔者也通过观察研究对象的日常学习及其与导师和同学的交流，随时记录灵感并及时反思，从而获得一些研究资料。

表4-3 第一作者或独著论文

序号	题 目	期 刊	刊期
1	物理教材引入科学史的新观点	《课程·教材·教法》	2012（12）
2	物理学科启发式教学的内涵与运用	《教育导刊》	2013（8）
3	中国物理变式教学研究：传统与发展	《教育导刊》	2014（2）
4	"匀变速直线运动位移与时间关系"教学的思考	《教学月刊》（中学版）	2013（5）
5	剖析超重与失重"判据"引发的教学疑难问题	《中学物理教学参考》	2013（7）
6	例谈物理教学中STSE议题的设计原则	《物理教学》	2013（2）
7	由一道"北约"物理题的三种解法看自主招生备考	《物理教学》	2013（12）
8	对"运动的独立性"与"力的独立作用原理"的再认识——兼论"平抛运动"教学的逻辑	《物理通报》	2013（7）
9	对密度教学中前概念与比值定义法的再认识	《物理通报》	2014（2）
10	探析整体法与隔离法背后的思维内涵——兼论物理方法与思维方法教学相结合	《湖南中学物理》	2013（5）
11	浮力增量公式的推导与应用	《湖南中学物理》	2013（9）

续表

序号	题目	期刊	刊期
12	对楞次定律物理意义与教学实验的再认识	《课程教学研究》	2013（7）
13	牛顿第三定律教材编写存在的三个疑难问题	《课程教学研究》	2014（1）
14	对力的分解"依据"与"力的作用效果"的再认识	《物理教学探讨》	2014（1）
15	论物理教师的阅读素养	《中国教师》	2013（10）
16	革命老区高师物理师范生物理学习困难的调查研究——以豫南地区某高师院校为例	《首都师范大学学报》（自然科学版）	2014（2）
17	我国物理科学方法隐性教育的传统与超越	《教育理论与实践》	2014（6）
18	"牛顿第零定律"与"牛顿第四定律"述评	《首都师范大学学报》（自然科学版）	2014（10）

表4-4 非第一作者论文

序号	题目	期刊	刊期
1	物理高端备课：构建U-S合作的桥梁——以"生活中的圆周运动"为例	《教育科学研究》	2013（12）
2	压强概念教学的高端备课	《中学物理教学参考》	2013（10）
3	初中物理教学中易混淆的科学方法辨析	《中学物理教学参考》	2013（10）
4	密度概念教学的高端备课	《教学月刊·中学版》（教学参考）	2013（8）
5	创造教育：文化与传统视域下的反思与对策	《课程·教材·教法》	2014（5）
6	教师教育学院：学科教学知识中国化的实践范本	《现代大学教育》	2013（10）
7	科学方法纳入《课程标准》：基础教育课程改革的重大理论问题	《教育科学研究》	2013（7）
8	楞次定律教学的高端备课	《中学物理教学参考》	2013（4）
9	力的分解——一节新授课的高端备课	《物理教师》	2013（6）
10	由三组"正误对照"谈物理图像题的教学与备考	《湖南中学物理》	2013（11）
11	我国首次太空授课的物理教学问题	《首都师范大学学报》（自然科学版）	2014（8）

第四节 研究过程与分析

一、进入现场

2011年，H考入首都师范大学物理系，攻读物理课程与教学论专业。研究者"我"于2012年考入首都师范大学物理系，与H攻读同一专业，并一同师从邢红军教授。

(一) 并非初识的"初识"

按照常理,与 H 的初识应当在我考入首都师范大学并开始研究生学习之后。然而,这却并不是我与他的第一次相识,相反,我们的结识可以追溯到 2011 年 3 月,那时他与我同是 X 师范学院物理电子工程学院攻读本科物理学专业的学生。H 是 2007 级,我是 2008 级。即将升入大三的我打算本科毕业后继续深造,考取研究生学历。从一名老师那里我听说了恰巧刚刚考取首都师范大学物理课程与教学论专业研究生的学长 H,通过一些询问,我得到了 H 的电话并联系上了他。听我短暂的介绍与问询之后,H 表示愿意与我交流考研经验,于是,我们约见在 X 师范学院学八餐厅前的广场。交流过程愉快而顺畅,我的注意力也都关注在询问考研事宜上,而对 H 的最初印象是,觉得这位学长"有问必答,很热心"。记得当时 H 还特地捧来一摞书,说是送给我的一些考研资料,不是很全了。但在我看来作为素不相识的人,那些资料真的不少。

之后,我踏上了备考研究生的道路,H 也在不久后从 X 师范学院毕业,并于 9 月去首都师范大学攻读研究生。在漫长的备考时间里,我有疑问时还会通过网络和电话请教 H,每次 H 也都知无不言,耐心回复。我庆幸自己遇到了这位乐于助人的学长。

2012 年 3 月,我终于也如愿考取首都师范大学的研究生,有幸与 H 师兄一同跟随邢老师学习。在物理系,供邢红军老师研究生平日学习的两个教研室分别位于三楼和四楼,三楼的供一年级学生使用,四楼则安排给二三年级,加之研究生一年级阶段有诸多课程要上,我在初入学的半学期里,与 H 的接触机会很少。尽管如此,我还是发现 H 在每次给我们讲解专业相关问题时,都十分耐心、详细。

(二) 一墙之隔的导师

H 与我的研究生导师邢红军教授都是首都师范大学课程与教学论博士生导师,在国内物理教学论专业领域享有盛誉。作为教育部首批"国培专家",邢红军教授长期从事物理教学论的教学与研究工作,先后在《教育研究》、《课程·教材·教法》等权威核心期刊发表论文 200 余篇。近三十年来先后发展出了物理科学方法显化教育、原始物理问题教学等理论体系。

邢红军老师的办公室与二三年级研究生的教研室相邻,因此,学生平时有问题要找邢红军老师交流十分方便,同样,邢红军老师对研究生平日的学习情况也容易了解。对 H 的良好发展开展研究也是邢红军老师基于充分的了解和肯定之后所做的决定。

(三) 一个专业两个教研室

邢红军老师的研究生分布在两个教研室的原因很简单:学生多。在我入学那年,邢红军老师的学术型研究生三届加起来就有12人，每届各4人。比H高一届的是4名师姐，与H同届的有两名女生，一名男生，这8名学生每人都配有一台电脑，再加上学习生活所需的专业书籍和用品，本来就不大的教研室也被挤得满满的。

到了二年级以后，研究生期间所选的课程就基本学完了，平日大部分时间他们都会来到教研室学习。虽然来自不同的地区、毕业于不同的大学，成为同门的他们经常在一起学习生活，相处的十分融洽，也时常讨论专业相关问题。我对H专业发展的研究所访谈的一部分对象便是这些同门中的几位，与他们的交流让我有了意外的收获，我的研究报告也将从对他们的访谈开始。

二、同门的不约而同

在H的同门当中，我首先选取的是与他接触相对最为紧密的3名同届（2011级）同学，分别是W、G和S。其次，在我攻读研究生二年级时，也与H在同一教研室学习，因此，我们这一届（2012级）同学与H的接触也非常紧密，根据情况，我选取了其中两名女生Z和Zh（也即H的师妹）进行访谈。研究过程当中，我又了解到比H高两届（2009级）的一名师兄Q在H的专业发展过程中也具有非常重要的影响，因此，我又联系到这位已经毕业的师兄，通过网络与他进行了交流。当然，访谈对象不能缺少的还有H本人以及导师邢红军老师。

列好访谈提纲，在分别征得访谈对象同意，并约好时间地点之后，我在不同时间对选取的6名H的同门进行了多次单独的深入访谈，竟得到了他们对H近乎一致的一些描述。

（一）爱看书、爱思考、文章多

我的访谈首先是从三位H的同届同学W、G和S开始的，这是考虑到他们与H接触的时间最长，通过他们，首先能够对H具有较为全面的了解，便于整体上的把握，从而，这也有利于之后访谈能够进行得更为深入。

关于H良好发展的原因，G开门见山。

"嗯……你师兄啊，主要就是很勤奋。他特爱看书，尤其是咱们这个专业的书，邢红军老师的各种书他肯定都看，其余就是邢红军老师的文章。并且我认为他是以邢红军老师为一个中心，然后辐射开再去看咱们这个专业其他老师的研究，他也了解的很多。其次呢，我认为他眼界很广，不光在咱们学校上课，在研几的时候呀，还坚持不懈地去外校上课，听外校老师的课。

此外，我认为你师兄特别善于思考，并且，我真觉得他面特别广。他在研一下学期把高中所有的课本都拿来研习了一遍，发现其中的一些问题。然后呢，其实也就是为自己做一个储备，在这些问题的基础上思考，写了很多文章。我认为哈，就这么多。他文笔特别好，可能也跟他平时的积累有关。"

G一开始就从整体上对H进行了评价："勤奋"、"爱看书"、"善于思考"，除了这些，我还想了解得更为细致，于是便想从研究生一年级的学习开始，详细询问。

（我：师姐跟 H 师兄研究生阶段从研一就开始接触，一起上课，那个时候师兄在专业上的表现是怎样的？跟他现在有区别吗？）

有。因为研一上课那会儿可以说是一个积累的过程，积累，比如说邢红军老师的科学方法、原始物理问题呀，这些方面都已经做的比较完备了。在研二的期间，一直到研三，在这个基础上你师兄又做出来了很多成果。其实说实话，研一大家都是一个积累的过程，到研二属于应用、出成果的一个阶段吧。

（我：嗯，在研一的时候大家都是积累的过程，你觉得一开始的积累他就跟大家是一样多的吗？还是……）

他比较多一些。因为，当时讨论问题的时候就会发现，他不只是在看邢红军老师所做的一些内容，可能还会把相关，就是比如说科学方法、原始物理问题之前谁做过、哪个老师也做过，他可能会把别人所做过的也会拿来都看一看、来学习，所以说你师兄的这个积累比较深，比较广，应该说，范围比较大一些。

（我：H 师兄研究生期间在专业方面变化最大的是什么？他的成长肯定有一些表现。）

专业方面的话，这种变化我倒没有察觉，这三年肯定就是跟着邢红军老师一起学习，然后做研究，在研二的时候他的这个变化，如果说变化的话就是在研二的时候的成果呈井喷趋势，特别多。

（我：就是达到了一个高峰？）

嗯，很多。

（我：你觉得他到了研二怎么能突然发这么多文章？）

那肯定就是研一的一个积累，比如他对教材，都看了一遍，找出其中的问题，然后集中处理，那会儿他的文章就是两篇两篇的往外出，就是这样的。

（我：就是之前的积累。）

嗯，很重要，读了很多的书，并且很系统。

G 在访谈中多次用到一个词语："积累"，她认为是不断的看书、学习和思考让 H 能够发表很多文章。这在另一位年龄稍长的同学 W 那里得到了更为具体的确认。

（我问 W：在教研室一起学习，他有什么特点吗？）

当然很有特点了。那时候就觉得他桌子上的书一天比一天多，他看书肯定是花费了大量的时间，也感觉是特别认真的人，通过他读书时候做的读书笔记呀、有时候和他交流一些问题呀，感觉他确实是一个特别爱思考、爱学习的人。

（为了进一步了解，我又问：咱们平时看书也会思考，那你觉得他看书思考跟别人有没有什么区别？）

对我自己而言，我觉得我看待问题就有点肤浅，我知道是什么问题了就解决了，但是 H 看问题感觉他总是一种批判的眼光，然后呢，或者说他有他自己的比较独到的一些见解，说出来总是能令我们信服。

（我：通过你平时的观察，他是基本上一天都在实验室学习是吗？）

对，我所观察到的他基本上没有其他的业余爱好，他的唯一的爱好就是读书，坐在那读书、学习。

W 的描述不仅确认了 G 的说法，并且更为极致，她甚至觉得 H 唯一的爱好就是读书和学习，这不禁让人觉得不可思议，但我并没有表现出惊讶，这是因为，在我与 H 师兄同在一个教研室学习时的所见也确如 W 师姐所说。

（我：研一期间你们一起上课，在上课的过程当中有没有发现什么表现让你印象深刻的？）

就是在公共课程看不出来有什么区别，但是尤其是在邢红军老师的教学论专业课程上，需要大家积极发言，从这一点上来看，可以发现 H 同学他有时候提出的问题还是像刚才所说的，都比较独到，然后观点也比较新颖，能够通过学习这篇文章，真正地说出自己的体会。

（我：从您的角度来看，H 同学他后来的发展怎么跟大家这么不同呢？）

首先从基础上说，后来的了解可以发现，他不光现在的学习比较扎实，这个扎实一方面原因是他在努力，另一方面其实就是他有很好的高中物理知识作为基础，他高中的时候参加过物理竞赛，可见他高中时的物理应该是非常棒的，也就是说他的基础物理知识是不欠缺的，然后大学物理应该也是学的非常棒的。现在我们学的物理课程与教学论方向，他在教育方面，在教学论方面能很好地和物理学知识结合起来。如果是只懂得教学论方面的知识，没有很坚实的物理学基础，他也不可能做出那么多非常好的文章。

这是这一个方面，再一个在时间上，我觉得一般的同学肯定学习时间是达不到的。他就是从早上到晚上，一般晚上几点教研室熄灯他是几点回去的，这期间一直在不停地读书，不停地写。从时间上来看他也比我们要多得多，特别刻苦努力，一直在思考，取得了他后来那么多进步吧。

（我：在你跟他接触的这三年里，你觉得他从研一刚入学，然后大家一起学习，经过这些过程，到现在他的整个的变化是怎样的？）

最主要的变化肯定就是在学业上了，这也完全可以从他这三年一直不断发表的文章上看出来。

从 G 和 W 的言语中能看出他们很佩服 H 在学习上的努力与刻苦，这一点用两位师妹 Z 和 Zh 的话来形容，师兄 H 是一个"学霸"，"他那么一大摞那么一大摞的（书），成图书馆儿了"。下面是另一位同学 S 以不同的视角对 H 进行的描述。

我跟他上过一些课，因为我研一时候有段时间没有来，我对他有印象，就是说开始长期交流主要是在研一的第二学期。首先，他是一个比较努力的人，而且他是一个找对了学习方法的人。他读的文献很多。他很重视文章的积累，一个是学科课程论，当然集中于物理课程，邢红军老师的文章，同时他也看一些哲学类的，研一的时候是这样。

第四章 卓越物理课程与教学论研究生发展的个案研究

研二我跟他在生活上的接触比较多。他是很热心的一个人，他在学术上比较严谨，他是学术很认真的一个人，他是一个有理想的人。人有两种，一种是理想化的，一种是功利化的。他绝对属于理想化的。他这种理想化就是他对学术的追求。他把发文章当成一种，应该不能说乐趣，应该是信仰。这些都是我觉得比较值得推崇的和赞许的东西。因为有人发文章就是为了毕业或评级，很功利的。他不是这样，他应该是我们四个之中得到了邢红军老师精髓的人，但美中不足的是，他的思维不是很活跃，就是我说的他有点"轴"，有一个特好的形容词来形容他，就是说"执拗"。当然执拗在一定程度上说也造就了他。

（我：中间你提到他得到了邢红军老师的精髓，你觉得邢红军老师对他的指导作用是非常的大是吗？）

邢红军老师对所有学生的指导作用都是很大的。但是我们说教学的过程是互动的。邢红军老师的教是一方面，自己的学是一方面。邢红军老师的教是50%，剩下自己的学我们有的人是20%，有的30%，他能达到40%或45%。

（我：你觉得他怎么能达到这种程度？）

第一我觉得他刻苦，他把大量的时间都花在文献的阅读上，他又有了一定知识积累、积淀，这个是很重要的。

（我：他为什么能比其他同学学的深？）

很大程度上他是有一种执着的精神。同是读研究生，但每一个人对研究生意义的界定是不一样的，有的人认为研究生是混一个学位出来，有的人认为研究生是要学一些东西，有的人认为研究生就应该研究，应该出一定的成果。当然对于研究生，每一个人心中的界定不一样，那我想产生的结果也不一样。因为这种东西除了智力上的因素之外，很大一定程度上取决于他学习的动机，也就是如何看待研究生的，我想他就是认为研究生一定要搞出成果，真正的做研究生。

S同学首先肯定了H学习努力刻苦，学术认真、严谨，但也毫不避讳地指出了他认为的H的不足：执拗，当然这一点还有待考证。在他的描述中，更加吸引我的是他谈到了H的学习动机单纯，并且执着，而且，在邢红军老师的教和H的学当中，他强调后者也非常重要。那么，H为何能够坚持不懈、勤奋刻苦的看书学习呢？

（二）内部动机

关于学习的动力，大家的观点普遍指向内部动机。

G：他这种动力肯定就是一种内在的、内部的动机，来分类的话，肯定是内部的动机。就是为了自身的成长、发展，不然的话我觉得也不可能做那么多的东西。

Z：我觉得主要是内在动力吧，主要的，可能内在动力占60%，我觉得一个人如果能把事情做好，并不是说你有多大的能力。就是如果你愿意干，一定能干好，所以我觉得他能这么持久去干这些事情一定是出于兴趣，他应该是对这个方面很感兴趣，而且我觉得师兄是一个特别爱钻研的人。就是他做什么事情他会说我不会，或者是我不懂。然后他要去看这本书，他要去学这个东西。即便他把这个书看了他也会说我不会，因为我看的书还不够……所以他是很具有谦虚精神的，他会问为什么，所以我觉得这样一个爱学习、爱问，又这么有内在动力的一个人必定会能学好的。

Zh：我觉得是他内心想学这个东西。

在谈到 H 发展的基础有哪些时，Zh 还说：

他读过大量的书籍，他在考研的过程中就比别人读的深。然后再加上他比较爱想问题，而且非常勤奋刻苦，能够踏踏实实的去读这些东西，我觉得这个心态也是很重要的。

你比如说我从研一来了就确定我要找工作，那可能学的差不多就行了。但你要是从研一来了就觉得我要读博，那你的目标不一样，在达到你的目标的过程中可能就不一样。

Zh 还提到了一些影响 H 发展的人：比如说邢红军老师啊，Q 师兄啊，这些肯定是在学术上帮过他的人，给过他指导的人，我觉得这些人应该起一个比较重要的作用吧。然后就是他自己确实想学。有的人你给他灌输很多东西他也不想学，他觉得无所谓。但师兄可能除了外界这些人对他的帮助以外，更多的是他自己。就是他想去学这个东西，并且他有兴趣学，他还有这个能力去学。他愿意去想这个事情，他有一双发现的眼睛，我觉得挺重要的。

在与 W 的一段访谈中我找到了她的观点："可能内部动机就是想从事我们这个专业的科研，以后就想把这个当他的职业规划吧。"已经毕业的师兄 Q 认为，"H 学习动机比较强烈，之前从 X 师范学院考来首都师范大学，比起一般省属师范大学的同学没有'出身'优势，更知道努力进取，更知道研究生求学的机会来之不易，从心里面更想拼搏一把"。而 G 在回答这个问题时却表示她很难说清楚。

（我：他的内部动机你说是为了自身的发展，这个还是有些笼统，能不能说的再具体一点？）

具体一点，什么意思？哪一方面？

（我：就是你说他是为了自身的成长发展使得他去不断地学习和读书。）

我真觉得如果不是内部的动机的话，也不可能三年一直这么坚持的看书。说实话有的时候那种理论的书我真觉得坐到那里看一天会很枯燥，但你师兄他都能这三年一直这么坚持着看书、学习，我真觉得如果不是内部动机的话肯定完不成，就是不能三年这么一直坚持下来。

（我：那这个内部的动机具体是什么你也不是很清楚？）

对，我只能给他归为内部动机。

最终，在对几位同门的访谈当中，我们没有得到促使 H 不断学习的确定动机，这也在我的预想之内，因为也许只有 H 本人才能回答。

（三）重要外因

访谈中，关于促进 H 发展的外因，同门都频繁提到两个人，邢红军老师和 Q 师兄。

（我：外在的有哪些动力？）

Z：我觉得是邢红军老师的指导，因为他跟邢红军老师在某些方面有一种一拍即合的感觉，就是一说什么事情他们两个就能聊很久，说明某些事上都能站在一个平台上聊天，而且一聊起来能够这么投入的，有时候甚至一聊聊一两个小时。而且他在论文上的一些收获，师兄不是已经发过了一篇《课程·教材·教法》，是教育类的权威核心期刊，所以这些给的一个外在回馈我觉得是激励他的一个外在的动力。综合起来我觉得外在的动力占40%。而且师兄喜欢戏剧，这个文化底蕴应该特别好。

W：我记得他曾经说过一句话，就是我当时问他为什么要考博，不工作。他说如果我想工作的话当时就直接选择 H 师范大学两年的专硕了（H 考研时考的 H 师范大学，有机会调剂该校专硕，最终选择了调剂到邢红军老师这里。），就不会来首都师范大学读这个三年的研究生，之所以来这儿，就是想进一步考取博士。他想考博我想也算一个外因吧，能算外因吧？可能内部动机就是想从事我们这个专业的科研，以后就想把这个当他的职业规划吧可以说是。所以想考博是一个动机。

再一个呢，就是和邢红军老师对他的，当然不光是对他，对我们也都有教导，只不过呢他更愿意和导师去交流，然后邢红军老师对他关注的也就比较多一些。他经常跑到邢红军老师的办公室，一聊就能聊上一两个小时，他特别愿意和他人去交流学术上的问题。

（我：你觉得邢红军老师在他的成长当中起到了什么影响？）

W：邢红军老师本身不光有物理学的教学经验，他又是心理学的博士，在教育学方面，尤其是教学论这一块做得非常的好，也是很有名的。我觉得邢红军老师的很多观点 H 也非常赞同的，一直把邢红军老师当做他的一个楷模吧。我觉得 H 以后就是向着邢红军老师这个方向去发展。邢红军老师对他起到的应该是一个非常好的言传身教的作用。

对此，G 也表示了相同的看法。

G：我觉得最大的因素应该是导师给他的影响，其他的因素还有什么方面吗？

（我：那你就谈谈这一点吧。）

G：这样的话我就觉得主要是邢红军老师的一些理论应该说做得比较扎实，你师兄呢应该也是比较认可的。再加上跟邢红军老师这一年，将近两年时间在做这个"物理高端备课"嘛，你师兄也是以这为契机做出了很多成果。还有就是邢红军老师做学问的态度，邢红军老师上课的这种方式我觉得不光给你师兄，给我们也带了来很大的一个影响。就是上课，真的我认为就是一种教学相长。

前两年的时候，老师带着我们上课，带着我们学。然后讨论问题，邢红军老师也跟我们一块儿讨论，引发我们思考。当然你师兄思考得比较深，比较深一些。再到后来我们一块儿做那个成果申请，这些方面老师写稿也会让我们帮他修改。所以我觉得邢红军老师对于H同学的发展是一个主要的关键因素。

我认为，研究生在三年的学习过程中，成长和发展的重要因素一定是有导师的悉心指导的，也确实应该是这样的，邢红军老师的指导在我们每一个研究生的发展当中都具有不可替代的作用。Q师兄在与我的交流中把H的良好发展归结为师生两方面的相互配合：

从邢红军老师指导角度，导师指导比较得力，体现在以下几个方面。

邢红军老师反复强调要入门，要有"理论思维"，对教学问题进行理论思考，而不是停留在经验总结，这种耳濡目染式的教导，对学生的学习路径和方法起到了很好的指导作用。

给学生改论文比较勤快，及时给予学生学习反馈。学生正是在一次次的与导师共同关注一篇论文的过程中，反复揣摩老师的意思，反思自己的不足，这样才能提高的。并且修改论文都是打印出来改，这个很重要，有了电脑之后，很多导师懒得打出来，在电脑上改论文，学生只需要点击一下"确认插入或删除"就行了，这样学生必然获益不大。

（关于邢红军老师给学生修改论文的作用，S也说：很重要，好文章用他的话说是"磨出来的"，因为你写过的东西让邢红军老师修改一遍，你可以发现邢红军老师跟你有什么不同，这个比较对写作的影响是很大的）。

适当给予学生压力。研究生往往刚入学没有专业学习意识，所以必要的压力督促他们学习。

Q师兄将邢红军老师对学生的指导概括得简洁而具体，而他本人也是大家言语中提到的一个外因。这位Q师兄到底对H产生了怎样的影响，我将在后面展开叙述。

（四）洞察力、好文笔

敏锐的洞察力和好文笔是发表高质量文章的两个必要条件，同门对于H这两方面的看法也很一致。

Zh：他的学术洞察力很强。可能在咱们看来，这个太空授课，看看热闹就得了，但是他就会从中发掘到有些东西我们可以写一写，可以做一做。我觉得这种洞察力很强。

（我：你觉得他为什么能够有这样的洞察力？）

Zh：我觉得应该就是他愿意去想这件事情，并且他是在一定的基础上去想，不是胡思乱想。

Z：可能很多人懒得去问为什么，师兄会去问为什么，而且问完之后还回去看很多书，最后师兄的写作能力特别棒，他能把这个东西（观点）再写出来。

S：首先你自己脑子里有一个理论基础，你要知道什么是对的，你才能辨别什么是错的，所以首先要读好文章。

G：这一点其实我觉得跟他的一个知识储备和他广泛的阅读量有关。他接触过这方面的内容，他肯定就对这方面想的、思考的就会比较多，还是跟他平时的积累有关。

关于文笔：

Z：师兄他跟我说过他练过书法，之前还拿出来让我看过。练书法的话首先要静，能沉得住气。所以我觉得他是能沉得住气的那种人，而且他喜欢戏剧，他还搞过物理竞赛。所以他应该是集中了文科和理科的一些特质。

Zh：我觉得这肯定跟他中学阶段的语文的学习是有关系的，而且研究生期间肯定更多的是培养他写文章的逻辑之类的东西。

S：第一多看，第二多写。

从同门的描述当中，我们再次看到了 H 喜爱读书、善于思考的特点，并且，他们也一致认为是否具有洞察力首先取决于你愿不愿意去想，有很多人懒得去想，再者就是需要有积累。

除此之外，H 的性格特点和爱好我认为也有必要稍作阐述以使他的形象更为丰满。并且，我也认为，与他人保持良好的人际关系、营造融洽的学习氛围也是 H 能够顺利发展的有利因素。

W：在跟同学相处上，H 是非常好相处的，特别乐于助人，尤其是对我们，不管是从生活方面还是学习、科研方面都是非常非常无私的，有什么问题从来不是说自己，比如说我有一个什么观点我自己独享，不想跟大家交流，他不是这样的。他总是乐于把知己的观点和大家分享，并且能够对其他同学的一些在论文写作上或者说在学习上，都能给予无私的帮助和有益的指导。然后在性格上吧，他确实是非常独立、非常沉稳的这么一个人。应该说性格非常好，和同学相处的非常好。

（我：师兄的兴趣不是很多？）

Zh：没有啊，我觉得很多啊。

（我：有哪些？）

Zh：比如说上网聊天，他有时候会刷微博，他还愿意去收集烟盒，我觉得这都可以算是他的小兴趣。

（我：你觉得这些兴趣对他有没有影响呢？）

Zh：比方说收集烟盒这个事情，他曾经说过，遇着一个新的烟盒的时候，他能知道我有没有这个烟盒。那么当他在搜集文献的时候，就会有意识地去找，这个文献我到底有没有，对我来说到底有没有价值。这个就从侧面能够反映出来是不是对他收集东西有选择性。

Q：（H）学习兴趣比较广泛，各个学科的知识相互碰撞，更容易激发学术志趣。善于向师兄师姐求教，这一点也很重要，往往导师跟刚入门的弟子水平悬殊太大，心理差距也大，所以向同门师兄师姐求教就尤为必要。

这里 Zh 在关于 H 的兴趣上与之前其他人的看法有些不同，她觉得 H 的兴趣并不少，尤其是收集烟盒。我了解到 H 是从小学开始收集烟盒的，并且一直没有放弃过。由此一个小小的兴趣可见 H 做事的持之以恒。

三、导师的见解

（一）三个主要方面

对于导师邢红军教授来说，他对 H 的卓越发展有着更深的感受。

我觉得可能 H 他第一个方面呢，准备比较充分。为什么呢？其实你看到，他 4 月份复试完之后，一直到开学，这几个月，大多的研究生，我不知道（是否是这样），这 3 个月都不再想 9 月入学以后干什么，那他（H）肯定充分地利用了这一段时间，因为他的 e‐mail，在他的博客上有①。

在这个里面，他详细谈了大概他在备考的时候，特别是考完以后，在复试阶段，可能看了我很多文章。然后他在那个信里谈了他的心得和体会，读了这篇文章，备考考研究生读纯的教育学心理学，他两者做了一个比较，我觉得这就是说他在备考的时候在前期有一个基础，就是准备，其实也不叫基础。

另外还有一个呢，就是他来了信以后，其实我也给他有一些建议，大概剩下的没有看到的也准备要看。大概他把我近些年来发表在《课程·教材·教法》上的十几篇文章、《教育研究》的文章、其他的一些文章可能都看一看。那么，因为他五月份六月份就毕业了，暑假期间呢，有大量的时间，如果他全日制都使用了的话，都顶了读研究生的一个学期，甚至一年的时间。因为你来读研的话还有很多公共课，英语呀、政治呀、专业课呀，还有这样的课。其实他在几个月里面可能更多的是看专业的文献，所以这个课程，我觉得他准备得非常好，因为提前了。所以有时候人说，但这话不一定特别合适，就是"机会只偏爱那些有准备的头脑"，就是我觉得他的准备显然是其他研究生、已经考上的研究生所不具备的，可能其他人考上了就大喜过望，沉浸在高兴当中，可能上了四年大学，也考上研究生了，好不容易应该放松放松，然后在暑假期间更多的就是放松身心了，甚至来了之后也可能会有，因为你要适应新的环境，适应新的学习呀，也会有很长一段时间，起码一两个月或者两三个月，学习方式啊、教学方式啊、校园环境啊，也有个适应的过程。那 H 这个过程要么是没有，要么很短，我觉得这是非常重要的。

之后，因为他有了这样一个学习的习惯也好，或者研究的习惯也好，来了以后

---

① H 的博客. 2011 年 8 月硕士研究生入学前发给邢红军教授的邮件一封 [EB/OL]．［2014－05－31/2015－5－30］http：//blog. sina. com. cn/s/blog_ 6953b7f1010117u5. html, 2014－05－31/2015－5－30.

第四章 卓越物理课程与教学论研究生发展的个案研究

他在学习当中，尤其在专业课学习当中，其实是有针对性的、有准备的。比如说，因为我们在讲物理教学论和物理学习心理学的时候，虽然我们也会讲一些其他的包括教材上的东西，但是更多的可能是围绕我做的工作来上课。那么这个工作呢，显然这些东西他读的都不止一遍了，那么他再听这个课的时候和你们在听这个课的时候就不一样了。就是你临时抱佛脚的来听课，事先走马观花看一眼，而不像他可能读过几遍了。那么他在读的过程当中，他对这个文章观点的理解和我在讲的时候我对这个文章的一个观点诠释，肯定和他有差异的。那么在这个差异当中呢，他就把这个东西读上了，在学习的过程当中，他吸收得更准确、更深入，然后呢，更容易迁移。我觉得这是第二个，也是在第一个基础之上的。这就反映出，因为研究生就要研究嘛，首先你就要吃透，吃不透的话，走马观花的来学那个东西都会有很大的问题。我们在答辩的过程中也看到，有研究生在最后时物理学的基本特征是什么还不知道呢。所以你可以想象他看文献差到什么程度，或者基本不看文献。所以我觉得看文献这个东西是非常重要的，就是这两个方面是高度相关的。一个是看文献，在看文献的基础上听老师来讲课，那么决定了他能吸收多少，能迁移多少。

前期的准备进而促进了后面的学习过程，这恰恰呼应了同门W和G所说的H在上课时与其他人不同的表现。

然后第三个方面的，我觉得可能也就是他的文笔比较好。这个在我们学习物理教学论，我觉得可能严格说来有两点，也可以粗略来说有两点。第一个就是你的文笔要好，就是你要会写文章，会写文章就是会研究的。那么第二个我觉得就是，当然也是非常重要的，会讲课。因为，作为我们过去所说的教学法，粗浅地说，或者通俗地说，什么叫物理教学法、物理教学论呢？就是教别人如何把课上好的一门学问。当然你们在研究的过程当中没有太多的关联，我就把这个东西稍微扩展开来一点说，就是两条，第一个会写文章，第二个会讲课。当然你们在这个（研究生）过程当中是学习，你们可能不需要现在到中学去上课，但是这第一个方面，会写文章，很大程度上是你也听课了，你也学了很多理论，这个都是内化的过程，那么我们在讲课的过程当中可能也谈到，你做研究其实就是个外化的过程，但是这个外化的过程一个非常重要的东西就是它要借助一个载体，就是你的文笔。你的文笔要好，只有你的文笔好，才能把你的观点、把你的思想和你的想法、把你所学的理论糅合起来，把它很好地表达出来。我觉得这一点呢，H的文笔比一般的研究生要好。在我以往所带的研究生里面，我觉得有几个文笔较好的，最早的有×××，他的那个《中学物理教师教育教学研究能力发展培养的个案研究》论文写得我觉得还是很不错。后面还有一个xx，文笔也还不错，嗯，也还不错，那下面可能就是H。H我觉得文笔好，这个可能两方面吧，一方面呢是不是还是基础比较好，第二个可能就是训练。

（我：多练多写。）

嗯，其实还要有反馈。为什么我说让你们在写文章的过程当中，把你们写的每一篇"（物理）高端备课"也好，或者其他的也好，以往的那个从第一稿到第八稿、第九稿，为什么说让你们把那个都保存起来？最后发表的那个放到最后，把它装订起来，然后再弄一个硬皮，为什么呢？其实也是一个反馈。就是在这个过程当中，你再看这个东西的时候，老师为什么这个结构要调？前后为什么要调？为什么这一大段要删掉？乃至一个非常小的地方，一个词，两个字是吧？或者甚至一个字，老师为什么做改变，就是你一定要揣摩这个东西，然后吸收这个东西，你不揣摩不吸收这个东西，可能你写了第一篇文章、写了第二篇文章，等到你写第三篇、第四篇文章的时候你还在重犯那样的错误。所以我也看到有的研究生也存在这样的情况，就是你看到他写到第三篇、第四篇文章和他写的第一篇文章不能说没有进步，进步很小。H的文章呢，我觉得就是总的来说是那种低级的错误没有，比如说逻辑不通啊，语序不通啊，这个没有。当然不能说他的文章写的尽善尽美，那这个不能苛求他。我是从一个非常规范的角度，我们讲究在写论文的时候就是一定要充分的表达，非常到位的表达，非常中肯的表达。我觉得H在这方面还有提升的空间。

H的文笔同样得到了邢红军老师的肯定，我也认为，在我所接触的几届同门中H的文笔是最好的，在平时写文章的过程中遇到问题，我们常常请教H师兄，都能得到满意的答案。

(二) 洞察力：一种"巨涨落"

关于H能够写文章做研究，邢红军老师说：

在这方面呢，说明他还是有一定的天赋，对问题具有敏感性，然后能够加以选题。他的第二篇文章，《课程·教材·教法》其实也是他自己选的题目……它属于大文章，8000字的文章，那个可能说改了有七八稿，但是就是说，我觉得他还是很上路的，就是我提了修改意见之后，他基本上能够按照我的修改意见来改，然后一稿一稿的就能够往前前进。可能都和他以往的基础，听课、看文献，然后是文笔好，他是有多个因素交织综合作用到一块表现出来的。那么我刚才谈到其实他对问题具有敏感性，像小文章他现在就很敏感啦，你看现在他发表了那么多文章，有些小文章基本上是对我们已经发表的——比如说"密度的高端备课"啊、然后还有"楞次定律的高端备课"啊[1]——他在这个基础上都能够再有些自己的看法，再写一些[2]，能够就着这个东西往外再分一些枝杈来做，我觉得也是很好的。

(我：为什么他能够有这种敏感性?)

我觉得这还是一个积累。我们过去说叫厚积薄发，你没有那么多积累，怎么能生长出来一些新的东西呢？所谓"有这个想法"，因为想法它不是凭空来的，它一定是，就是从协同学的角度来说，它是一个"涨落"。你可能有很多涨落，但是只

---

[1] 见邢红军教授著作《初中物理高端备课》、《高中物理高端备课》。
[2] 参见胡扬洋，乔通."触摸"密度——教学中比值定义法的动因与逻辑［J］. 湖南中学物理，2014 (12)：41-43. 胡扬洋. 对密度教学中前概念与比值定义法的再认识［J］. 物理通报，2014 (02)：118—121. 胡扬洋. 对楞次定律物理意义与教学实验的再认识［J］. 课程教学研究，2013 (7)：80—82.

有那种"巨涨落",我们说才能改变这个系统的性质。那每当有一个论文的题目出来的时候,其实这就是一个巨涨落。你也不可否认他可能有很多想法,包括我自己在内,经常也会有很多想法,但是有些想法想一想可能发展不下去了,然后就算了,这个东西是不能写的,那这个我们就不叫巨涨落,叫小涨落,或者微涨落。但凡你有一个很好的这样一个论文的题目的时候,那这个就形成了一个巨涨落,那这种巨涨落怎么来的呢?显然一定是厚积薄发的。所以你没有看那么多,而且不光是要看,你浮光掠影地看那些是一种看,可是你非常深入地看也是一种看,这两者完全是不一样的,所以我经常说你们有时候在读文献的时候,你不要一目十行地那样看。你一定要把一篇文章看到什么呀?看到就像你自己写的一样。这篇文章总共有几个部分,每一个部分有几段,这几段之间它是一个什么关系、它有什么观点、它用了什么论据、它内用了什么理论、它内在的逻辑关系到底是什么?你只有学到这种程度的时候,那么,这样看的文献你才能够厚积薄发,然后才能弄出来,是这样的。

(三)学与教

在文献的学习上,邢红军老师强调了质与量的重要性之外,也讲述了H学习与其他同学的不同。

研究方面,我觉得他还有一个比较好一点的特点,就是他有的时候也很注意和老师交流和沟通,我觉得这也是学习非常重要的一个方面。他在写作的过程当中,常常不光是我给他改,他有时候可能还会,比如说做一些讨论,我觉得这可能也是不断进步的一个非常重要的方面。

问:就是他有时候有了观点之后来跟您进行交流。

对对对,是。

(我:在这个过程当中也……)

对,他要倾听我的想法是什么,对吧?他要问我他的想法是对还是不对,这个也是非常重要的一个,嗯,非常重要的。因为我们中国古代的学习理论,"博学之,审问之,慎思之,明辨之,笃行之"其中就有这个过程。那么实际上你想一想,H学习发展的历程大概和那几点都比较符合的,慎思、明辨、笃行,你们的行不就是写文章吗?博学就是你们自己看文献、听老师讲课。

(我:那个明辨的过程就是跟您讨论。)

问!也包括了问。

(我:就是有一些问题可能经过讨论才能更深入。)

对,其实这个东西就是我在《课程·教材·教法》上那篇谈到创造教育的文章[1],里面有三个观点:第一个观点就是中国的学生好强不好奇;第二个观点,中

---

[1] 邢红军,张喜荣,胡扬洋.创造教育:文化与传统视域下的反思与对策[J].课程.教材.教法,2014(3):18—23.

国教育的习题里面有问题，那么现在就说到第三个观点，中国的学生好学不好问。中国的学生非常不好的一点就是不愿意问，怕出丑，怕暴露自己的无知，那显然这一点我觉得 H 做得就比较好一点。

邢红军老师用协同学理论对 H 的洞察力做了透彻的解释，解开了我一直想要探明的问题。与老师讨论时敢于发问，与同门交流时毫不保留、谦虚低调，我想这就是让 H 能够不断进步的优秀品质。

（我：老师您觉得他研究生期间专业方面变化最大的是什么？）

其实，专业变化最大的是从原来不会写文章到会写文章。因为对他来说，显然我觉得中学物理里面"六大期刊"的文章他不需要我再指导了。从自己选题，自己写作，自己投稿，这个流程都不需要。他现在可能没有达到大文章方面，比如说《课程·教材·教法》呀，可能像这样一些题材，水平还没有达到，当然他独立完成这个要求可能高了点，那这个可能有很多博士期间应该能达到这样的水平，自己在《课程·教材·教法》《教育研究》，像这些上面发文章，我觉得可能是这样，这个标志就是这些。就是我们平常说的从"教书匠"到"研究者"，最大的变化就是这样，因为他本科的时候没有文章。

（我：而且师兄能够发展这么快，变化这么大，在访谈其他人的时候也都提到，跟遇到了您，也恰巧在做高端备课，这样的外因有关。）

嗯，是啊……这没有什么可避讳的，因为怎么说呢，学生在读研期间，导师的指导作用是非常重要的。也可以说是外在的一个，从协同学的角度来说，一个外界的干预的变量，这当然是非常重要的。首先老师要有这样的水平，要站到足够的高度，然后才能指导学生。你想，如果说导师都没有发表过《教育研究》、《课程·教材·教法》，自己可能磕磕绊绊的发一篇两篇的文章，那再指导学生，我觉得会有问题的。我也不回避这一点，不坦诚的说我觉得会虚伪。我觉得这确实也是他成长当中的非常重要的因素。

过去人们常说名师出高徒，当然这里面还跟导师负责不负责有关，导师的水平可能也很高，但是你要负责，所以我有时候会说，其实在培养研究生的时候，哪有什么诀窍啊，就是要干笨活嘛，就是你要帮学生改文章嘛，一篇两篇的改，然后改的满篇红，就是要这样啊，就是你这个过程必须要经过。

说到为学生修改文章，我认为邢红军老师的确做得相当扎实。研究生基本从二年级开始练习写论文，每人一篇加起来就是近十篇，每一篇邢红军老师都是亲自修改，手把手教，每篇至少要改五至六遍，多则十几遍。只有经过这样不厌其烦、连番的打磨，我们才能真正学会如何写出一篇规范的论文，从中体会到做学问的真谛。

H 在他毕业论文的致谢部分这样说道：

三年来跟随邢红军老师学习与研究的历程令我终生难忘。邢红军老师是我物理教学论的启蒙者和引路人，在邢红军老师那里，我第一次体验到了学术的魅力和创造的乐趣。此时我由衷地感到，自己对邢红军老师的谢意与钦敬已不能用几段致谢来表达，唯想起一句古文：

微斯人，吾谁与归！？

（四）邢红军老师的感慨

关于学习动力的问题我也对邢红军老师进行了询问。

（我：老师您觉得 H 能这样持续不断学习的原因是什么？）

我觉得可能还是兴趣。

（我：他的这个兴趣一直都是他最重要的动力吗？）

那肯定的。

可能是谈到 H 师兄学习的坚持让邢红军老师想到一些事，他说出了自己对学生的一些建议、一些期望、一些感慨。

我觉得你们现在研二、研三，也没有什么课要上了，应该一天有 2/3 的时间在看文献、看书。你结果只用 1/3 的时间，甚至 1/3 的时间都不到，那你学的肯定不一样。其实在研究生期间怎样处理好学业和其他事务性工作之间的关系，我觉得也是非常重要的。可能很多研究生对自己要求不严格，学到什么程度就算什么程度，就是没有目标。当然，也要和有些人的能力相结合起来，更多的可能还是他对物理教学论的热爱。其实像他这种情况我觉得不是第一个，在他前面 Q 也是这样。以往 Q 在这上学的时候，星期六星期天我没事就会过来，过来一看那屋（邢红军老师研究生所在教室）亮灯，我找你们有什么事的话，有两个人有 Q，有一个人也就是 Q，所以 Q 最后不就考上博士了吗？

我觉得这可能是一种态度，一种人生的态度。即使你是一名中学老师，你怎样才能在当中做到出类拔萃？我觉得，你也可以说随遇而安，你也可以说是随风飘逐，就是做到哪算哪，没有说那种我一定要做好，我一定要出人头地，人生活得很精彩，没有这种信念我觉得，其实这个东西我觉得跟男孩和女孩也没有太大关系，当然我有时候也是有点失望，当然是不是也可能是时间太短啊，有时候我也在想是不是不需要这么长时间啊。当然我们不能要求每一个学生都像 H 一样读三年发 29 篇文章，这个主要还是自己的问题。

邢红军老师也这样评价 H：

总的来说，他还是很努力、很投入，他和 Q 有很多相像的地方，对这个东西很感兴趣。悟性也比较好，就是不足的话我觉得灵活性可能还有待提高。

最后，邢红军老师仍然表达了对近几届研究生专业发展的充分肯定，并再次强调了发表文章的重要性。

最近你们这几届总的发展情况我个人认为是非常好的，或者说是在我当研究生导师十几年来最好的，每个人都有核心期刊，从发展的角度都是非常好的。当然这中间有个体差异，这很正常，因为每个人的基础不一样，努力程度不一样，悟性不一样，包括兴趣爱好都不一样，这个整齐划一的或者一刀切的评价也是不对的。

总而言之，我觉得在研究生的培养过程当中，尤其是我们物理教学论的写文章，我认为是非常重要的。这个过程是一个综合性的过程，这个训练，包括知识的训练、方法的训练、思维的训练、能力的训练、逻辑的训练，都是非常重要的，前两天不也写过一篇文章叫《"卓越物理教师"培养的实践研究》[①]，说你们这两届八个人发表了四十多篇文章，每个人第一作者的都有核心期刊的文章出现，这样的情况可以说很多中学物理的高级教师都达不到这样的水平。当然，到中学以后的教学水平到底是什么样那再看以后的发展了。我们从研究的这一块来说已经很不错了。包括他们已经毕业的那几个，我相信他们都能自己找题目，独立地开展物理教学研究是没有问题的，我觉得这是非常好的。

我们这个地方更多地考虑物理教学的本质规律，主要以物理"高端备课"为核心。但这个也是非常重要的，课程标准和教材之间缺了个东西，物理"高端备课"更深远的意义在这，我们做出了一个榜样、表率、范式，有颠覆性的教材设计的创新。

令人欣喜的是，在我完成本论文之前，与H同届已毕业的3位同学W、G和S都各自独立发表了包括核心期刊在内的论文。

四、H声情并茂的自述

与H的交流仿佛就像是在听他向我讲述一个故事，只不过故事的主角就是他自己。这个故事很长，还是从要解决的核心问题开始。

（一）兴趣

（我：师兄你能一直不断看书学习的动力是什么？）

起点我感觉是高中毕业的那个暑假。感觉看书的确有乐趣，并且我也是通过读书实现了人生观、价值观的非常重要的转变。读书不只是很有用，很有意思，并且能够让你接触到一些很新的东西，能时常接触到一些新的信息、新的想法，就是让自己感觉有新鲜感。主要是想让自己随时接触到一些新的东西，是这个动力我觉得。

（我：但是专业方面的动力可能就不会有其他书那么大。）

那可能还是我比较喜欢这个东西。

（我：而且会不会是越看、越研究就越感觉有兴趣，就越促进你学习？）

应该是的、应该是的，嗯。就是说这个专业为什么是你的专业而不是别人的专业，就是你学得比别人好，那么这种优势你就感觉要不断地来确证它，不断地来增加这种优势。

（我：你在复试之后就读了邢红军老师的文章？）

---

① 见本书第一章第一节。

第四章 卓越物理课程与教学论研究生发展的个案研究

我确定要调剂邢红军老师的时候，晚上马上就去找了邢红军老师的文章去读，结果一读啊！（H讲到这里很激动）啧，才感觉，啧……嗯，非常对自己胃口。

（我：然后就一下子感觉特别好。）

对，关键是邢红军老师的观点、方向。

（我：激发了你的兴趣。）

对，激发了兴趣是一个，再一个就感觉自己非来这上不可，来这上是非常好的，甚至都有点患得患失了。一直到报到之前都在读邢红军老师的文章，来报道以前还给邢红军老师写了一封邮件：暑假阅读文献的心得。

本身对读书的喜爱，加之读到十分"对胃口"的邢红军老师的文章，H对物理课程与教学论专业产生了极大的兴趣。也是兴趣驱使H在专业学习中不断向前。

（我：师兄谈一谈自己学习的方法吧。）

我觉得可能没有什么固定的方法，我还是凭兴趣，就是凭兴趣来驱动。比如哪一块有疑惑，我就去看哪一块，我感觉哪一块比较感兴趣，或者说我自己比较缺乏，我就看哪一块。可能我主要的兴趣吧，就是学咱们这个专业，尤其是跟着邢红军老师学，学他这个东西，我是感觉很有动力、很有兴趣的。

在研一期间吧，那些纯教育理论的就不说了，物理教学论这个领域而言呢，我首先把邢红军老师的论文，中国知网上能够下载下来的我把它全部下载下来，我全部都看了一遍，可能有的还不止一遍，看的是主要观点。然后呢，对咱们这个领域的一些不同的名家、名校学者他们的文章进行了整理和阅读。比如说B师范大学搞咱们这个专业的是谁，然后其他学校是谁，知道的我就去看一看。还有一个呢，就是说研一阶段也看了一些杂书。

研一阶段还有一个非常重要的工作，关于初高中物理课程基本内容的一个比较系统的梳理。虽然已经学了一些教学理论，但是缺乏教学经验，还是感觉有些心虚，再一个就是对教材上的内容不了解，是自己一个很大的短板，所以说我就开始一个梳理。两个部分，第一个部分是对咱们物理教学论这个领域内比较老的一些资料的整理，比如说许国梁先生的《中学物理教学法》，那个可能较少掺杂一些比较时髦的理论，都是非常实在地、非常切实地在分析中学物理教学中的一些问题，那个书我买到之后就认真看了，并且做了批注。还有就是张同恂先生他写的《初中物理教材的分析与研究》，一本非常薄的小册子，我偶然得到的，我一看感觉非常的好，那本书我也非常仔细地看了。感觉就是看这些老先生们写的东西对物理教学论找到了一点感觉。包括乔（际平）先生的东西，他的《物理学习心理学》。包括阎金铎先生的，我在图书馆找到了他最早的《中学物理教材教法》那个书，价值也很高。就是说通过各种渠道吧，了解到咱们这个领域传统以来真正的名家是谁，对他们做的东西会有一个判断，哪些真正感觉有价值，那么你会把它认真地看一看，并且作为一个资料来保存。然后我比较感谢的是咱们的师兄Q，现在X大学读博，与他的交流也促成了我找到了一些资料，很多资料都是他传给我的。

然后还有一个部分是我在研一的暑假，在咱们楼底下那个教研室系统的阅读了五个版本的高中物理教材，并做了笔记，对比五个版本的高中物理教材。那个工作一做完，我感觉自己对高中物理的教材中的基本内容不怵了。这里还有一个工作，就是邢红军老师让我们这一届的四个人做一个综述，综述国内某师范大学的物理教学论团队他们的工作，这个也是我作为召集人，把东西下载下来分配给他们几个，我们一人综述了一个专题，写了一个10页的综述交给了邢红军老师，那个也是对自己阅读文献能力的考验。

由兴趣而起，也因兴趣而坚持。但我也觉得是物理课程与教学论这门专业太丰富了，它融合了教育学、心理学理论，又扎根于实践的土壤，它让具有发现的眼睛又具备学术能力的人都想在这片领域不断探索！

（二）打开知识之门的Q师兄

前面同门的讲述中提到的Q师兄比H高两届，现在X大学读博。他对H的研究生学习过程中相比于其他同门有更多的影响。

Q师兄对我的帮助一个是学术方面，印了很多资料让我看，另一个是在精神上的，研一阶段跟我聊了很多东西，在精神方面给我很大鼓励，包括考博期间，甚至现在。

说最具体的，在咱们专业方面，我感觉Q赶上了一个跟咱们不太一样的时段，就是说他那一届，邢红军老师的相关理论面临一个收口之前的阶段。一到我们这一届，邢红军老师的相关理论面临一个在内部的完善，或者说整体上更进一步的发展。之前可能这个框架还在不断的生长。那么Q他处在那个历史阶段呢，就是把邢红军老师以前的东西，包括乔先生的东西他可能都看了很多，并且以科学方法这个主题为契机，他看了很多科学哲学的东西，甚至他对哲学这个东西也很感兴趣。我觉得与他聊就是一个非常便捷的学习方式，他个人也比较有智慧，我感觉Q给我打开了很多领域的知识之门，能够让自己看待咱们这个领域的问题能够有一个新的视野，感觉瞬间就会更高一点点，我觉得这个是非常难得的。

他也给我共享了一些资源，包括一些视频。我感觉我接触了Q，与他的交流、谈话就构成了我接触很多领域知识的一个契机。

除了导师，H在专业上得到的最大帮助可能就是来自Q，他很幸运，有这样一位帮他打开知识之门的师兄。同样，有H这样总是尽最大努力帮助师弟师妹的师兄，我亦深感幸运。

（三）邢红军老师与洞察力

谈到写文章的洞察力如何形成时，H的回答有些出乎我的意料。

这有多方面的因素，跟邢红军老师学习我觉得是一个非常重要的因素。邢红军老师他本来的洞察力、敏感性，也就是学术上的，就非常强，我学到一些吧。邢红军老师的这些东西的话也可能是研一研二阶段，学的比较多，感觉主要在研一研二阶段。

（我：具体一点，是他上课讲到……）

这个东西是耳濡目染。在平时的接触中感受到老师的方法和思路，还包括平时帮邢红军老师做文章、讨论问题，邢红军老师他的思路就给我很大的影响。邢红军老师是一种非常实在、非常实际的思路。

（我：老师说他自己指导研究生就是用很笨的方法，就是给研究生改文章，就是一稿一稿地改，不这么做的话是没法做到让研究生提高。那师兄是不是大概跟这个是一个意思，就是考虑的是比较实的东西？）

对！对！这个是我觉得"实"这个东西是比较重要的。可能人吧，都会有一些不切实际的想法，那么你这个想法一碰到邢红军老师，与邢红军老师的思想一发生碰撞，你就会意识到自己哪些想法是不切实的，哪些想法是切实的。就是你能感觉到邢红军老师他的想法非常之实际，非常非常非常之实际。所以说邢红军老师这种注重实际的思想可能是他洞察力、敏感性的一个来源或体现。再比如说邢红军老师给你改文章，你这样写了一句，他会跟你说你这个东西不确切、不中肯、不到位，那么他所追求的中肯、到位都是他实际的一个表现。

（我：我理解到的就是我说的不够具体。）

对，可能就是这个意思，你也可以理解为不具体。

（我：这个可以影响你的洞察力呀？）

对，我觉得这个很重要。

（我：那怎么才能看到这个事情比较具体的东西呢？）

这个可能就是跟邢红军老师学习一个很重要的方面。再一个也与其他方面的学习有关系，就是说你要关注事实，然后关注咱们社会现象，你也要思考造成这个社会现象的原因是什么，你也要不断地去思考去追问。

跟邢红军老师学习是一个重要的方面，主要是在学术方面，并且也能迁移到其他方面。跟邢红军老师学习，他在学术上可能我觉得比较重要的，就是破除迷信，破除一切迷信。看书而不唯书，就是要从书本里走出来，直接面对咱们要处理的事情本身，就是咱们到底要完成一件什么事情，要把事情做成。我与邢红军老师也谈到过这个话题，就是说大家都感到邢红军老师写的文章很有看头，感觉写得很好，理论性也非常强，那么邢红军老师是理论强吗？或者说邢红军老师主要是理论强吗？我的判断是"不是"，邢红军老师是实践强，其次才是理论强，就是邢红军老师知道物理教学这些事情该怎么做，并且他也切切实实地做过。首先他是一个实践家，其次才是一个理论家，是这样的。

可能连邢红军老师自己都没有想到，H的洞察力竟然源于长时间跟随他学习的耳濡目染。邢红军老师平时的言传身教和学术气息深深影响了H。我不仅感慨，教与学竟能在不到三年的时间里达到这样的境界。

对于邢红军老师在学术上对自己的影响，H还单独做了一些阐述。

邢红军老师对我的发展是非常重要，或者说至关重要的。首先是给了我信心，也就是物理教学论可以这样言说、可以这样搞。

第二，是教我破除迷信。破除了对新课改理念的迷信，以及对其他一切学术的迷信，也可以说是一种批判性思维的养成。

第三，就是具体的层面：邢红军老师他的学术成果也就是我学习的知识，构成了我物理教学论学习的基础知识和基本框架。

与邢红军老师平时的交流：

第一是个人文章的写作过程中与邢红军老师的交流。这个过程可以说是深刻体验邢红军老师学术思维方式、写作方式的过程。也可以说是与邢红军老师进行思路磨合的过程，当然，更多的是我去适应邢红军老师。

第二，就是在一些学术问题上与邢红军老师平时的交流。这个过程让我得以窥探邢红军老师最为原始的学术思维过程。

第三，是就一些非学术问题上与邢红军老师的交流，这个过程让我又更进一步地了解到了邢红军老师整体的思维方式、行动方式。因此可以说，与邢红军老师平时的交流中，邢红军老师完全做到了言传身教、口传心授。既有有言之教、也有不言之教。

我跟邢红军老师学的，主要就是我觉得如果总结一句话的话，就是在邢红军老师这里学会破除迷信。然后一切服务于把事情做成功，一切服务于实践，不唯上、不唯书，只唯实。我觉得这是邢红军老师最大的影响。如果说你了解有这么一种态度的话，你就能够知道，做事情可以凭自己的感觉、通过自己的直觉来做，你会用一种非常率性的、非常本色的、袒露出你自己本色的来做事情，但是对其他的观点也有一个正确的评价和判断。

（我：再聊一聊相比于这个更低一点层次的，比如老师在专业方面的指导，上课……）

讲课的话，邢红军老师的讲课很有他的特点。如果抓住一个最重要的方面来说，就是邢红军老师给你讲课不是在抠这个文字，而是在跟你分享他的心得和人生经验。邢红军老师在讲大学教学技能的时候我去听了，他在上面就跟那些老师说，好像他没准备这个词，后来带出来了，有感而发，就是你讲课的时候是要让学生感觉到你这个老师在与学生分享人生经验。

我觉得邢红军老师上课也的确做到了这一点。围绕文章出发，我怎么想起来做这篇文章的，做这篇文章经历了什么，文章背后有什么故事，都给学生倾囊相授，这个是邢红军老师上课非常能令人收获比较多的地方。

再一个是写文章，邢红军老师的观点给我一个非常重要的认识是就是说写文章一定要有结构。我就把它概括为一个"框架意识"，邢红军老师追求文章的结构对仗、工整会非常严格，甚至字数都要一样，并且每一段都要均衡，就是他对文章结构的追求非常之细致。如果没有邢红军老师这么一个点拨的话，那么我对论文的认识不会到这个程度，不会到这个层次。可能我不由自主就会写多，可能写到这了就不想删掉，邢红军老师给你这样一改的话，或者说你遵从他这个思路的话，你对论文会有一种新的认识。论文就是这种东西，你要写得工整，其他观点放到其他文章里再说，就是说一次只严密的表达一个观点，或者说写成一篇文章，邢红军老师的这种修改方式促使你对论文有一个非常重要的认识。

我在论文写作学习的过程中也与邢红军老师有过很多交流，能够深感老师很多观点的独辟蹊径和一针见血，也会常常感慨邢红军老师在文章修改上十分细致入微。大到一个段落，小到一字一词一个标点。我们每个学生的论文都是打印出来由老师亲手修改，论文里有的划横线被删去，有的画箭头做添加，有的画圈被替换；有时因为批注太多还要用不同颜色的笔再做标记；有时用感叹号体现重要性；有时又用大问号表示阐述逻辑有问题。总之，老师都以尽量达到最准确的论述为最终目的。

即便是这样，我认为还远不及 H，邢红军老师对待学术专业严谨的态度和做学问过程中紧密联系实际的风格对 H 的学习影响极为深刻，以致能使他"窥探邢红军老师最为原始的学术思维过程"。这样的影响只有在其与邢红军老师的交流中形成，言传身教、口传心授，微妙的变化在每一次思想火花的碰撞中不知不觉发生。

（四）好文笔与考研英语

当我们都认为 H 的好文笔一定是因为看得多、写得多时，H 竟然说他的好文笔离不开考研英语。

我也喜欢看一些杂书，小时候就喜欢看那些杂书、报纸呀、杂志啊，大学阶段也什么都看，到阅览室里什么报我感兴趣的都翻一翻，甚至《中国旅游报》都翻一翻。然后各种杂志也都翻一翻看一看。有网络之后也很喜欢上网，我也不打游戏，看各种的新闻啊、消息呀、奇闻异事，现在看起来可能比较平常了，有微博嘛。以前有博客的时候，我印象非常深刻，2005 年是中国博客年，我在 2005 年就申请了一个博客，然后你会看到很多个人化的文字，不是那种媒体的报道，就喜欢在首页上看我感兴趣的。后来我也写一些东西，转载一些东西，但是写的都是一些流水账，那个时候好像肚子里面还没有什么东西，就感觉自己想表达些什么，但是表达不好，但是没什么可表达的，都还一直坚持着，坚持着弄。现在我也在继续写博客[①]。

然后呢，就是到高中毕业之后，我定下一个目标，我想做一做读书笔记。我感觉高中初中阶段很多书都没有看，甚至一些所谓中学生必读的、小学生必读的名著都没有看过，都是在一门心思的准备考试，所以我就觉得应该读一读书。所以高中毕业的那个暑假我就把家里面感兴趣的书我都读了一下，然后也试着做一做读书笔记。既然做的话我就做下去，第一本、第二本、第三本……一直坚持到现在。后来这个读书笔记就简化为我的一个札记，我有什么想法，或者说今天有什么事情都在

[①] 参见 H 的新浪博客：http://blog.sina.com.cn/charmingxinyang.

上面写一写、记一记。这个读书坚持写札记和以前的写博客，给了我一个初步的训练，我觉得是这样。

但是我觉得真正能够把自己所谓的文笔给训练出来、或者说转化出来还是考研阶段。考研阶段因为要背诵考研英语，要准备作文，我就想怎么准备呢？那无非就是通常的一些准备方式，去背几个专题、范文，那背什么范文呢？市面上那么多的范文我背哪一个呢？我就怀疑会不会和别人雷同啊？我就在网上搜有没有什么备考经验，我就看到有人说：去背雅思作文！还推荐了一本书，叫什么书我忘了，那本书现在我还有，考博期间我还背了一下。雅思作文，我就拿过来背了几篇。哎哟，我感觉的确，那上面的作文，就是它用英文的长句子表达得非常有逻辑性，并且承载的信息很多，句式富于变化，并且它前面还讲解了怎样写一篇英语的雅思作文，给我的启发非常大。

那几篇作文挺难背的，那个时候由于考"教育学基础综合"，要背的东西很多，三门都要背，英语、政治、专业课，脑子也没有那么多了，所以英语这个我就每天早上读，把它读得烂熟，也就基本上背下来了。读，然后默写，我在上面花的功夫不少，背了背我还学着写，所以说有考研备考英语的经历。后来又接触到了邢红军老师的论文，感觉这个文风非常之犀利，非常之有他的特色。然后呢，让邢红军老师训练了几下之后，我就找到了自己的感觉。就是在汲取邢红军老师文风的基础上，用英语雅思作文那种表达特色，汲取它的一种表达方式和特色，去组织一些比较长的句子，或者能承载信息更多的一些句子，再注意一些他的逻辑性，然后经过这么一个训练和转化，我觉得就把我写文章的感觉找到了，再加上我以前还有一些积累，就把我写论文的感觉给转化出来了。

（我：中西结合？）

可以这样说吧。

（我：英文的长句子都能驾驭得了，那想写点什么的话，语言组织就更驾轻就熟了吧？）

的确是，的确是有那种感觉。

（我：就感觉一个很复杂的内容能给它说明白了。）

对对对。我翻过本科期间写的作业，还有后来写的东西，感觉明显是不一样的，以前写的特别差，之后就好很多。

（五）一些深切体会和重要认识

H对物理课程与教学论具有浓厚兴趣的前提就是他对物理学科很感兴趣，这也是他急于向我说明的一点。

我感觉为什么会喜欢物理这门学科呢，我的初中和高中物理老师影响特别的大，我感觉他们教得特别好，并且很有特色，特别好，就是教给我对物理学的一些基本的认识，对我影响非常的大。甚至现在研究一些东西，做一些物理题还是他们以前那些非常重要的思路。尤其是在高中阶段，我还参加了物理竞赛，竞赛的辅导也是我们那个物理老师给辅导的,我觉得这样一个基础对我以后从事物理教学论这门学科的研究和学习有一个非常重要的基础性的作用。

我觉得还有一个方面就是通过中学阶段的物理学习吧,让我物理这门学科学的比较好,就给我奠定了一个非常重要的信心。我这人比较偏科,就喜欢物理和数学,还有语文,也挺喜欢,其他学科都不怎么喜欢。那么还好啊,高考考上了 X 师范学院,选的也是物理学专业,物理学专业是自己喜欢的专业吧。那个时候我报志愿,第一志愿没有报,第二志愿二本专业报的就是 X 师院,然后还有几个学校都是物理学专业,不服从调剂。当时就想考不上就复读了,结果一不小心还考上了,然后就在 X 师范学院继续学习物理学专业。我在 X 师范学院期间的学习,我考试没有抄袭的,包括平时的作业我也是自己独立完成,没有抄袭,哪怕是我不会,我看着答案,也要用我的思路把它梳理一遍再把它写上,并且作业是没有遗漏的。到毕业时候,我的作业攒了这么高(用手比画着大约20cm的样子)。我都想把它拿回家的,但是最后感觉,哎呀太沉了,把它卖了。所以说我觉得在本科期间,对四大力学也好,普通物理也好,包括高等数学、数理方法、线性代数这些物理学基础课,起码是让我现在对大学物理上的一些东西不怵,起码不怵它。虽然现在有些生疏了,但是看见了我不怵它。这些东西我知道我是曾经推算过一遍的。

现在回顾起来,其实经历了一个非常机械的学习过程。我回忆起来自己教学经验不是那么丰富,的确教学经验没有那么丰富。直接就考上研究生来上研究生了。那么,可能我觉得自己的一个很重要的就是学习经历比较丰富。我当过优等生,当过偏科生,也当过后进生,也"逆袭"过。回顾一下自己的学习历程,可以说我感觉自己经历过那种——拿咱们心理学上的话说——就是非常高水平的有意义学习,也经历过非常机械的机械学习,主要是大学阶段,不能说全部都是,但是我觉得机械学习的成分比较大。所以说我非常深切的体验过机械学习是什么感觉,有意义学习是什么感觉。

并且,由于那个时候高中阶段也当课代表吧。当课代表,物理学的不错,还参加竞赛,也与很多同学们进行过交流,他们有什么不会的题也问我。我就感觉,第一我很有成就感,再一个呢,也通过帮助他们,感觉到了他们在物理教学的哪一个地方遇到了困难。并且,这个学习经历也告诉我一件事情,就是让我深刻地感受到物理这门学科,如果学不好,对学生今后的发展,造成的影响是多大。我想不仅是自信心上的,而且还有切切实实的发展道路上的。比如说物理学不好可能一些好的专业,可能就无法选择。所以说,通过这个给我一个非常重要的认识,就是要促进,怎么说呢,让中国的学生学物理学的快一点、好一点。

大学阶段,我觉得除了在专业上的影响,就是一个学习环境的影响。咱们是一个学校的,感觉 X 师范学院,老师和同学们都是非常扎实、非常努力的、非常刻苦的。同学们普遍都来自 H 省的农村地区,那么与他们的交流我就发现,他们可能学物理的困难性更大,但是他们还是非常刻苦地完成了大学阶段的学习过程。所以说,跟他们的接触过程给我的一个更深刻的感受,就是让我看到了 H 省,包括或者中国更广大的农村地区那里的学生,他们的学习状态是怎样的。他们可能大部分没有我那个时候的比较好的物理老师的指导,或者说他们的教学条件有限,有的据说是复习了三年还是两年。还有说高三的时候,班里一百多号人,坐在一个小礼堂里,老师讲课都要拿话筒,在那样非常艰苦的条件下进行学习。所以说我觉得可能今后研究怎么把物理教好,也是让我的大学同学那样的人能够把物理学得更好,可能是一些情感因素给我的一个激励。

通过这段访谈,我认为,应该说从中学到大学的物理学习经历让 H 感到我国物理教育对一代人的影响是多么重要。并且,这些人不是别人,就是自己的初中同学、高中同学、大学同学。看到他们有的因为物理学科的弱势而不得已绕开一些具有发展前途的好专业,有的因为中学阶段基础不是很好而进一步影响到大学阶段的学习。这些切身经历引发了 H 更深的思索。我想这也是促使他想要研究中学物理教育教学的重要动力之一。

五、H 的后续发展

就在 H 即将毕业的 2014 年,他又顺利考取了首都师范大学教育学院课程与教学论专业邢红军老师的博士研究生,研究方向为科学教育。在我完成本研究之时,H 又陆续以第一作者发表了 15 篇论文,其中核心期刊 9 篇,如下表 4-5。

表 4-5 H 攻读博士研究生至今发表的第一作者论文

序号	题目	期刊	刊期
1	高中物理电磁场教学中"试探法"的盲点与要点——兼论科学本质观教育的合理途径	《教学与管理》（核心期刊）	2015（4）
2	拔河比赛问题的物理因果与胜负因果	《物理教师》（核心期刊）	2015（1）
3	超越重点难点：我国物理教材编写思想的传统与发展	《教师教育学报》（人大报刊复印资料全文转载）	2014（6）
4	物理教材分析：传统与展望	《教育导刊》	2014（11）
5	中美太空授课的比较教学论研究	《上海教育科研》（核心期刊，CSSCI 扩展版）	2014（11）
6	"触摸"密度——教学中比值定义法的动因与逻辑	《湖南中学物理》	2014（12）
7	由"机械能守恒定律"的物理意义与物理图像说开去	《物理教学探讨》	2014（11）
8	初高中物理"摩擦力"教材编写的改进建议	《物理教学》	2015（3）
9	从"'前'科学概念"到"'前科学'概念"：中国物理前概念教学思想的流变与反思	《课程教学研究》	2015（3）
10	我国科学方法教学思想的理论审思与发展进路	《教师教育学报》	2015（3）
11	初中欧姆定律教学中的控制变量法与比值定义法——兼论用复比定理证明多变量乘积组合关系	《物理教师》（核心期刊）	2015（4）
12	论中学教师融通性的学科知识	《教育理论与实践》（核心期刊，CSSCI 扩展版）	2015（7）

续表

序号	题目	期刊	刊期
13	走向具身：物理教学心理学思想的传统与发展	《教育导刊》	2015（4）
14	显化科学方法的高中物理教材编写研究——以"向心加速度"为例	《中学物理教学参考》（核心期刊）	2015（5）
15	我国物理概念与规律教学思想的传承与超越	《教育科学研究》（核心期刊，CSSCI扩展版）	已录用

六、研究者我的发展

在研究生3年的学习过程中，邢红军老师和以H为代表的同门兄弟姐妹对我的影响最为重要。

研究生一年级期间，我们在邢红军老师的带领下，对物理课程与教学论专业知识进行了系统性学习。"三论基础教育课程改革方向迷失的危险之旅"首先颠覆了我从中学以来对基础教育改革的盲目信奉，让我惊醒原来我们的基础教育课程改革还有那么多问题。"原始物理问题"和"科学方法"引发了我由衷的共鸣。"教学的主客体关系"让我对教学过程中师生的关系变化有了理性的认识。"因材施教"则打破以往认识，对"材"进行了新的定义……这些知识让我不仅对教育的宏观有所把握，也对教育的微观更加明确。

第二年的论文写作学习让我的物理教育教学研究得到了真真切切的发展。2012年前后，邢红军老师开始着手"物理高端备课"的研究工作。于是，我的论文写作历程也就此开始。在接到邢红军老师分配的课题"功的原理"一节教学的高端备课后，我就首先与H师兄进行了交流，之后我仔细阅读并揣摩了《密度概念教学的高端备课》《楞次定律教学的高端备课》等文章的结构、视角和特点，从中吸取经验。通过搜索、记录，并一一比较人教版、北师版、沪科版、粤教版等版本教材，我写出了并不完整的第一篇初稿。拿着"初稿"，我又去请教H师兄（邢红军老师指示我们的论文先让H师兄帮忙修改），那时他已经协助邢红军老师完成过多篇论文，写作经验非常丰富。看了我的文章，他指出了存在的一些问题，并帮我重新拟定标题。他还建议我搜索所有中国知网上有关"功的原理"教学的文章，筛选出有价值的下载并浏览，目的主要有两点，一是做研究就要首先对已有的研究有充分了解，在阅读的过程中才会有所收获。二是，他也提议我可以查阅《初中物理教材的分析和研究》《中学物理教材教法》《中学物理教学法》等书籍中的相关内容。经过充分阅读文献资料，我重新拟定文章的结构框架并开始写作。这期间，还遇到很多疑惑，我又多次找到H师兄，与其进行了较长时间的深入讨论，又参考了《物理教育心理学》《物理学史教程》等资料，从而顺利完成了一篇完整的论文，交由邢红军老师进一步修改。

与H师兄讨论学习的过程令我印象深刻，也受益匪浅。他在跟我分享自己的写作经验时毫不保留,他的遣词造句也常常能给我很大启发。如果说我们一开始与邢红军老师交流可能会有些拘谨,那么,与 H 师兄的沟通就十分放松,而与 H 师兄的沟通事实上就是连接之后与邢红军老师更好沟通的间接纽带,这更快的促进了我们进入论文写作的语境和状态。后来,在我研究生三年级的时候,也帮助一位师妹修改了论文,体验了一番"指导"的滋味,但却并不像我想象的容易。只有具有足够充分的专业基础和研究能力,才有可能对其他人的研究进行评价和指导。经过这一过程,我也更真切地体会到邢红军老师和 H 师兄专业知识的深厚渊博与研究眼光的敏感犀利。

从刚开始的无从下手,到大量查阅各种文献,与 H 师兄讨论交流,再将想法观点外化成书面文字,然后又经过邢红军老师一遍遍敲打雕琢,我的物理教学论文写作过程就像蚕蛹破茧一般,其中的每一次细小磨砺都需要自己付出最大的努力。截至 2015 年 3 月,我在攻读研究生期间完成论文情况如表 4-6 与表 4-7。

表 4-6　我在攻读研究生期间完成的第一作者论文

序号	题　　目	期刊或著作	刊期
1	功的原理:一节初中物理规律课的高端备课	《中学物理教学参考》(核心期刊)	2014（1）
2	"液体压强"的高端备课	《中学物理》	2015（1）
3	太空授课背景下"液体表面张力教学的问题与设计"	《物理教学探讨》	2014（9）
4	"力的合成"的高端备课	收录于《高中物理高端备课》	2014（9）

表 4-7　我在攻读研究生期间发表的非第一作者论文

序号	题　　目	期　刊	刊期
1	教学学术的视野:我国教师教育的发展路向	《教育科学研究》(核心期刊)	2015（2）
2	"大气压强"的高端备课	《中学物理教学参考》(核心期刊)	2014（11）
3	中美太空授课的比较教学论研究	《上海教育科研》(核心期刊,CSSCI 扩展版)	2014（11）
4	一道光学原始物理问题的讨论	《物理教师》(核心期刊)	2014（5）
5	国际 STS-EL 教育的六种取向述评	《物理之友》	2014（8）
6	初中物理"物体内能改变"的高端备课	《物理教学探讨》	2013（12）
7	北京市中学教师专业发展水平的实证研究及其启示——基于北京江苏两省市的比较	《教育学术月刊》(核心期刊)	2014（6）
8	初中欧姆定律教学中的控制变量法与比值定义法——兼论用复比定理证明多变量乘积组合关系	《物理教师》(核心期刊)	2015（4）

第五节 研究结论与综合讨论

一、研究结论

总结研究物理课程与教学论研究生 H 卓越发展历程与结果，共得出如下四点结论：

（1）强烈持久的动机是 H 卓越发展的重要动力。
（2）导师高屋建瓴的指导是 H 卓越发展的重要条件。
（3）深厚广博的知识是 H 卓越发展的必要条件。
（4）充分扎实的训练是 H 卓越发展的重要因素。

（一）强烈持久的动机是 H 卓越发展的重要动力

人们常会因一时兴起而做一些事情，但也往往因为只是一时兴起而迅速放弃。但 H 却对物理课程与教学论始终保有着强烈的兴趣，甚至可以说是热爱。这份热爱体现于他三年时间里的沉心静气和不断求知的锲而不舍。也唯有热爱，才能形成如此稳定持久并且纯粹的动机。初读邢红军老师的文章，H 就迅速产生了强烈的兴趣，他用"非常对自己胃口"来形容当时的感受。对专业的浓厚兴趣与热爱驱使 H 主动求知、探索和实践，同时也不断地从中收获愉快的体验。

（二）导师高屋建瓴的指导是 H 卓越发展的重要因素

邢红军老师高屋建瓴的指导是 H 研究生卓越发展过程中至关重要的一部分。在物理课程与教学论的学术殿堂，邢红军老师是 H 的启蒙者和引路人。阅读邢红军老师的论文，H 初识物理课程与教学论；聆听邢红军老师授课，H 学习物理课程与教学论；跟随邢红军老师做研究，H 思考物理课程与教学论。从理论基础学习到写作研究指导，再到批判性眼光的养成与读书、做研究所秉承的"不唯上、不唯书，只唯实"理念的形成，甚至写作文笔、犀利文风的练就，都与邢红军老师有着密不可分的联系。

（三）深厚广博的知识是 H 卓越发展的必要条件

师父领进门，修行在个人。导师的指导是一方面，用心的学习是另一方面。在研究生课程的学习上，H 就往往比其他同学花费更多的精力，并且，在邢红军老师指导的专业知识范围之外，H 还十分注意积累其他与专业相关的知识，大量广泛阅读各类文献书籍[①]，包括物理教学论类、物理学史类、物理教学问题类、心理学·

[①] 参加 H 的博客文章：《物理教学论学习推荐书目》. http://blog.sina.com.cn/s/blog_6953b7f10102vboi.html.

逻辑学类、教育学类、哲学·科学哲学类，等等。正是足够的努力和专业知识的不断积累使得 H 能够更加良好快速的发展。

（四）充分扎实的训练是 H 卓越发展的必经之路

能够发表包含 1 篇权威核心和 8 篇核心在内的 29 篇期刊论文，H 大量充分的扎实训练是必要因素。治学要经过"博学之，审问之，慎思之，明辨之，笃行之"，在学习广博知识的基础上，通过与邢红军老师更多的交流，H 解开学习过程中产生的各种疑问，再经过反复思考和询问最终达到明辨，从而能够实现研究论文的写作。久而久之，H 也就能够学会自主研究和写作。

二、综合讨论

物理课程与教学论研究生 H 在教学研究能力方面得到了十分良好地发展，对他卓越发展研究的深层原因，我做出如下几点反思。

（一）主动积累知识、思考问题与练习写作是必要条件

没有土壤，种子就不会发芽，有了丰厚的土壤，幼苗才能够长成大树。没有足够知识的积累，就不会有新的想法产生。总结 H 研究生阶段的学习，让人感受最深的是他的学习态度。不管兴趣是否比他浓厚，不论动机是否比他强烈，与他接触过的人都佩服他学习的坚持和全身心地投入努力。

主动积累专业知识并积极思考各种问题，在不断地学习和思考当中，新颖的想法、独到的观点才可能会随之产生。纵观世界历代学者，大都是通过勤奋刻苦的学习而有所成就。多读书、多学习、多思考，不断地从书籍当中汲取知识是做研究、写文章的重要源泉，积极思考是写出好文章的必要条件。多练习、多交流、多总结，通过练习写文章，能够认识到自身看待和分析问题方面的不足，修改文章则是在不断发现自己写作上的不足，及时总结经验则能够有效纠正自己的不足。总之，只有不断地学习积累和思考，才有可能收获丰厚的成果。

（二）高水平专业导师有力的指导不可或缺

物理课程与教学论研究生的主要专业学习成果体现在学术论文，他们教学研究能力的发展也通过学术论文的写作来提升。

只有进行大量扎实的工作，才能真正促进物理课程与教学论研究生的专业发展。所谓"扎实的工作"就是指导师不仅要有指导的意愿，而且要有指导的能力。具体而言，就是需要导师愿意并有能力对物理课程与教学论研究生的研究进行字斟句酌的修改，其实质是与他们进行深度互动，这不仅耗费精力、亦颇见功力。通过与指导教师进行对话、争论乃至辩论，在思维的交流与碰撞中闪现出物理教育教学研究

能力发展的智慧"火花"。①

在论文写作过程里,导师给予研究生的每一次修改与提点都能有效促进研究生专业的进步。H的导师邢红军老师坚持每篇文章的每一稿修改都亲力亲为,稿件上满篇的红色标记都体现着老师的字斟句酌与学术精神。因此,物理课程与教学论研究生H卓越的专业发展离不开导师的有力指导。

(三)物理课程与教学论研究生H的发展经验具有可迁移性

由于主动积累知识、积极思考以及专业的指导并非本研究对象单一个体所能够具有的条件,因而他的发展经验具有可迁移性。也就是说,不但是物理课程与教学论研究生,甚至是中学物理教师在教学研究方面也具有卓越发展的可能。

一般认为,中学物理教师的发展仅限于熟练的课堂教学技能或简单的教学总结与反思,做研究是高等院校教师的日常工作或特高级教师才能达到的水平。然而,通过本研究对一名优秀物理课程与教学论研究生教育教学研究能力发展的总结,我们认为,中学物理教师必须转变这种观念,正确认识物理教学研究、认识到物理教学研究的意义与价值,并积极主动地付诸行动,不论是物理课程与教学论专业研究生还是普通中学物理教师都具有研究中学物理教学并在中学物理教育类期刊发表高水平文章的可能。

第六节 建议与反思

在本研究即将收尾之时,我仍不禁想要问究竟是什么原因促使H这样的个案出现?他何以在短短3年时间内发表如此多的论文?邢红军老师对研究生的指导何以如此有效?这些都给予我们怎样的启示?最后,本节通过研究,为物理课程与教学论研究生以及中学物理教师的发展提出以下几点建议。

一、物理课程与教学论研究生要明确个体专业发展的思路与方向

高等师范院校物理课程与教学论专业主要以培养高层次物理教育专业人才为目标,因此,明确了以成为中学物理教师为职业目标的物理课程与教学论专业研究生首先应当正确认识专业学习的重要性,并以端正的态度对待专业学习。

对卓越物理课程与教学论研究生H的研究启示我们,学习动机是良好发展的重要动力。作为主观因素,研究生发展动机的形成是其他所有客观因素能够发挥作用

---

① 见本书第一章第二节。

的前提条件。依据协同学理论，发展动机作为序参量，对物理课程与教学论研究生的专业发展具有重要作用，浓厚、持久的心理动机会对他们的专业发展起到根本性的推动作用。

然而，专业重要性认识的不足加之多种暂时性诱惑的吸引往往容易造成一些研究生轻视专业知识学习与学术研究，荒废了来之不易的宝贵学习资源与时间。因而，作为物理课程与教学论专业研究生，首先应当明确的就是自身专业发展的思路与方向。认定了物理教育教学研究的发展目标，研究生就自然能够以目标为驱动，端正学习态度，落实学习计划，逐渐形成良好的学习习惯。通过体验收获的愉悦也能够进一步促进研究生的专业学习步入正轨。

除了要明确认识专业知识的重要性，物理课程与教学论研究生还要对该专业的学习具有足够深刻的认识。教学研究能力的形成与提升并非短时间内就可以做到的易事，首先要对专业知识进行认真仔细的学习和研读，打下扎实的基础。如前所述，专业知识的学习和积累是研究生发展的重要基础，没有基础的铺垫，未能得到相应的专业发展，物理课程与教学论研究生的培养也就失去了意义。与此同时，研究生还需要广泛涉猎其他相关专业知识，并在高水平教师的专业指导下，亲身体验做研究的过程才能得到教学研究能力的真正提高。

二、促进物理课程与教学论研究生培养体系的优化

2010年，我国颁布实施《国家中长期教育改革和发展规划纲要》，明确把"培养拔尖创新人才"提到重要战略地位。教育部于2010年开始在部分高校试点实施卓越教师培养计划。2012年，教育部组织高师院校积极申报"卓越教师培养体制改革试点项目方案"。2014年9月18日，为贯彻落实习近平总书记教师节重要讲话精神，教育部决定全面启动实施卓越教师培养计划。大力提高教师培养质量成为我国教师教育改革发展最核心最紧迫的任务。

然而，作为培养和输送高层次中学物理教育人才的高等师范院校物理课程与教学论硕士研究生培养体系仍然存有多种问题。如前所述，课程设置上，必要度高开课率低、必要度低开课率高、必要度高满意度低的现象较为普遍。物理课程与教学论研究生的专业素质也存在论文写作能力较弱、创新能力亟待提高等问题。结合已有的卓越物理课程与教学论研究生H发展的研究结论，我们认为，在课程设置上，应适当减少必要度低的课程，增加必要度高的课程；在课程教学上，应着力提高教学内容的质量，尤其是必要度较高的课程，例如论文写作指导课程、物理学史课程等。

经过对课程与教学论研究生H的发展研究，我们愈加认识到研究生培养体系对于研究生发展的重要作用。除了主观方面对专业的热爱，H的卓越发展也得益于培养他成长的优良环境条件。首都师范大学于1983年首批获得物理教学论硕士授予权，历史久远，底蕴深厚。乔际平先生作为我国老一辈物理教学论学科的开

创者，既是教育实践家，也是国内物理教学论领域的大家，他毕生的工作为首都师范大学物理教学论学科发展奠定了宽厚扎实的基础。在此基础上，首都师范大学邢红军教授作为 H 的研究生导师，在我国物理教育领域享有盛誉，已经在物理教学论这片沃土耕耘三十余年仍笔耕不辍，2013 年至今共发表第一作者或独著论文 23 篇（表 4-8），其中，核心期刊论文 18 篇，CSSCI 论文 5 篇，权威核心期刊论文 3 篇。

表 4-8 邢红军教授 2013 年至今发表的第一作者或独著论文

序号	题目	期刊	刊期
1	"卓越物理教师"培养的实践探索	《物理教师》（核心）	2015（4）
2	教师专业发展演化：理论模型与实践探索	《课程教学研究》	2015（1）
3	教学学术的视野：我国教师教育的发展路向	《教育科学研究》（核心）	2015（2）
4	初中"电压"教学的重新审视	《物理通报》	2015（1）
5	初中原始物理问题测量工具：编制与研究	《课程·教材·教法》（权威核心）（CSSCI）	2015（2）
6	北京市中学教师专业发展水平的实证研究及其启示——基于北京江苏两省市的比较	《教育学术月刊》（核心）	2014（6）
7	创造教育：文化与传统视域下的反思与对策	《课程·教材·教法》（权威核心）（CSSCI）	2014（5）
8	思维品质问卷的编制研究	《教育科学研究》（核心）	2014（5）
9	我国首次太空授课的物理教学问题研究	《首都师范大学学报》（自然科学版）	2014（4）
10	补齐基础教育改革的"短板"	《人民教育》（核心）	2014（8）
11	"机械能守恒定律"的高端备课	《课程教学研究》	2014（9）
12	高等师范院校理科师范生培养质量的实证研究与启示——基于东芝杯教学技能创新大赛排名与全国高校综合实力排名的比较研究	《教师教育论坛》	2014（10）
13	"大气压强"高端备课	《中学物理教学参考》（核心）	2014（11）
14	压强概念教学的高端备课	《中学物理教学参考》（核心）	2013（10）
15	"平抛运动"教学的高端备课	《物理教师》（核心）	2014（6）
16	初中物理"欧姆定律"的高端备课	《物理教师》（核心）	2014（10）
17	科学方法纳入《课程标准》：基础教育课程改革的重大理论问题	《教育科学研究》（核心）	2013（7）
18	教学：大学教育的第一使命	《大学教育科学》（核心）（CSSCI）	2013（3）
19	物理教学促进中学生思维品质的发展研究	《课程·教材·教法》（权威核心）（CSSCI）	2013（7）

续表

序号	题　目	期　刊	刊期
20	教师教育学院：学科教学知识中国化的实践范本	《现代大学教育》（核心）（CSSCI）	2013（5）
21	一节新授课的高端备课——力的分解	《物理教师》（核心）	2013（6）
22	楞次定律教学的高端备课	《中学物理教学参考》（核心）	2013（4）
23	密度概念教学的高端备课	《教学月刊·中学版》（核心）	2013（8）

虽然已是功成名就，但邢红军老师并未因此而成为辗转于各种讲座的"空中飞人"，他依然是那位常常坐在物理系教法实验室潜心研究、努力工作在物理教育研究第一线的邢红军老师，是学生们经常可以找到的邢红军老师。

在培养物理课程与教学论研究生的过程中，研究生导师的学术能力与学术素养是影响研究生发展的直接因素，导师的一言一行对于研究生就如同父母对于孩子的教育，我们很难想象一名基本见不到导师的研究生能够得到怎样的专业发展。本研究所选取的对象 H 在他毕业论文致谢当中的那句"微斯人，吾谁与归!？"也从研究生自身的角度说明了导师的指导确实对物理课程与教学论研究生的发展起着至关重要的作用。

三、中学物理教师教学研究观念的深刻转变

从"教书匠"到"研究者"，教师专业发展对当代教师提出了更高的要求。然而，当前许多中学物理教师不仅仍然处于"教书匠"的状态，而且对于成为"研究者"持可望而不可即的心态。主要原因就在于，许多中学物理教师还没有对教学研究及其在教师专业发展当中具有的重要作用形成正确、深刻的认识。事实上，中学物理教学研究不仅体现了教师教学与研究的能力和水平，更是教师专业发展的有利促进剂。

在一项我们以学科教学论文作为衡量教师专业发展水平标志的实证研究当中，通过统计并对比北京、江苏两地中学教师发表于九个主要中学学科教学期刊的论文数量，得到了苏、京两地中学教师人均发表论文数量比值为 2.22 的显著差异，其中，物理学科汇总的比值达到 2.70。[①] 这让我们可以更为具体的看到，北京中学物理教师，甚至是我国广大普通中学物理教师的教学研究能力发展存在着很大的潜在空间。

高水平物理教育专家的指导以及与教师同行的交流切磋同样是中学物理教师教学研究能力发展的重要部分。在对卓越物理课程与教学论研究生 H 的发展进行深入

---

① 见本书第一章第三节。

研究的过程中，我们发现，导师的指导、H与导师的沟通、H与同门的交流等构成了促使其发展的各种因素，它们在H专业学习与发展的系统中互动协同，产生效应。因此，在中学物理教师教学研究能力发展的过程中，营造良好的学术交流氛围也相当重要。在邢红军老师所带领的研究生团队中，同门学生之间有的是坦诚的交流讨论和资料的无私分享，共同进步是他们每一个人的目标，正是积极向上的学习氛围为各种因素的存在创造了有利的条件。

因而，中学物理教师应当首先转变教学研究能力提高遥不可及的观念，然后在此基础上，以良好的心态积极付出行动才能够更好地实现自身的教师专业发展。

四、中学物理教师在职进修体系的改革与发展

在教育部推动全面实施卓越教师培养计划的背景下，中学物理教师从"教书匠"到"研究者"也必将成为今后中学物理教师的发展趋势之一。

虽然当前许多中学物理教师还没有完成从"教书匠"到"研究者"的转化，但是大多数教师都还对教学研究能力的提高抱有需求与渴望。也就是说中学物理教师缺少发展的机会，具体而言，就是缺少提升教学研究知识的学习与得到相关能力培训的平台。

在现实中，许多教师经过多年教学，掌握了大量的知识，获取了很多经验，却不能有效提升自己的专业水平，大量教师难以突破"高原现象"的瓶颈。原因就在于他们长期处于封闭状态。此时，就需要给予教师充分的专业指导。依据协同学理论，在具有能力的指导教师指引下的训练工作，就是要使教师的大脑远离平衡态，进而向临界区域过渡，最终实现在高一级发展态上的自我组织。研究对象H之所以能够顺利地从被组织状态过渡到自组织状态（也即是从需要导师指导撰写研究论文到可以自主选题写作投稿），就是他的发展系统中有导师实时的有效干预。只有通过专家的干预，教师的认知系统才能向临界区域过渡，才能有可能促使各个子系统完成量变并最终达到质变，真正促进教师专业发展。

然而，当前虽然存在各种教师进修的形式，但格局大都限于学校内部、学校之间以及教研部门，系统开放性的不足也造成了中学物理教师不能更好地接触高校物理教学资源，尤其是物理课程与教学论的前沿研究成果，这就导致一方面先进的教学理念无法真正得到施展，另一方面中学物理教师也很难得到充分并且自由的专业进修和提升。

五、研究的不足与需要进一步研究的问题

虽然本研究持续近两年，然而仍有诸多问题。归结起来，本研究的主要不足包括：

1. 由于研究问题涉及多方面因素，为了能够较为全面并系统的展示这些主要因素及其相互作用，导致了研究在H发表论文的具体写作过程部分呈现不足，未能将

H 的每一篇论文写作与修改细节进行详细展现。

2. 完整的个案应从多方面收集资料。由于研究时间和精力的限制，我的资料更多的源于对相关对象的访谈与观察，因而收集研究资料的角度可能不够全面。

3. 访谈法对访谈者的要求较为严格。访谈者的态度、语气和问句都可能影响到访谈对象的回答。由于对质的研究这种研究方法缺乏实践操作经验，我在实施访谈的过程中也难免会存在一些问题。

4. 研究本身所具有的重要意义使得我同时也感受到当中的责任。为了能够尽量体现质性研究的质感，使被访谈者的表述尽量以原汁原味的状态呈现，我在研究资料的分析过程中采用了较为整体性的处理方式，这也导致了部分资料划分不够细致的结果。

需要进一步研究的问题包括：

（1）促使研究对象 H 卓越发展的因素与机制的深入研究。

（2）H 博士研究生发展的追踪研究。

（3）物理课程与教学论研究生培养与发展的有效途径与策略。

第五章 中学物理教研组教师团队教学研究能力发展的行动研究

第一节 引 言

这是一次令人五味杂陈的研究历程。既曾令人满怀期待，也曾令人备感失落；既让人踏实异常，也让人莫名空虚；有时信心百倍，有时却又深感无力。总之，可以说是一次头绪万千、矛盾纷呈、挫折不断、收获颇丰的研究。以下就从本次研究的背景谈起。

一、研究背景

（一）课改 10 年

本次研究开始时（2013 年元月），我国发端于 2002 年的新一轮基础教育课程改革已逾 10 年（2002—2012），到研究结束时的 2014 年，高中阶段的课改亦满十秋（2004—2014）。自 2011 年以来，对"课改十年"的反思研究渐成热点。2011—2012 年，我的导师邢红军教授以《中国基础教育课程改革：方向迷失的危险之旅》为题，连发 3 篇长文，对我国本次课改中的诸多问题展开了堪称痛切的批评。2013 年，更有论者以《奔走在迷津中的课程改革》[①] 为题展开阐发。这些都可视为课改中争鸣的延续。

这一延续中变化的重要表现在于论者学术背景的变化，一些拥有物理学、心理学、教育学等学科背景的学者开始发出独特的声音，这种学术背景的多元与具体，使得近来的争论更多地超越了"纯"教育学的局限，而触及到学科教学、教学心理等课程改革中的核心问题。

对以上学术争论，教育部领导并非置若罔闻，而是表现出特别的关注与重视。据教育部人士透露：教育部主管基础教育的有关领导，"对课改中的一些争鸣文章，

---

① 吴刚. 奔走在迷津中的课程改革 [J]. 北京大学教育评论. 2013（3）：20—50

特别是最近的《中国基础教育课程改革：方向迷失的危险之旅》等重要论文，都是第一时间拿到，并非常认真的阅读，把专门从事教学课改研究的人召集去，专门逐段逐段的来推敲、来学习、来研读。"①

然而，在课改前期曾主张"大破大立""重起炉灶""概念重建""三大转型"的课改专家，在这一时期的争鸣中却销声匿迹、言语噤声。且官方对于课改成败的评价始终处于模糊状态。虽然有论者声言"改革步入深水区"、"课程改革再出发"，但是课程改革的一些动向却显示出积极中的被动、主动中的消极等诸多复杂、矛盾的情势。近来，课改领导层也发出了声音。有课改主要参与的专家声言：高中课改方案"完美无缺"②。而也有教育部有关人士表示：对于课改10年中的诸多争议，"教育部明确了课程改革的基本方向是正确的，成效是明显的，并作出了必须高度重视，采取有力措施，坚定不移地推动课程改革向纵深发展的决定。2010年，教育部加快了修订、审议课程标准的进程，并在2013年底颁布了修订后的课程标准。"③对此，截至研究完成时，笔者依然没有结束对课程改革出路的思考。

（二）改革中的教师

本次课程改革对我国教育生态的冲击与震荡都不能不说是前所未有的深刻。无论是观念领域还是实践领域，改革的复杂性与矛盾性都另既有的研究成果难以驾驭。而正是这些纠结使得教师在诸多争论中都被推至风口浪尖。2005年，本次课改专家工作组长在一次学术会议上透露，当时教育部正在制订教师教育课程改革的时间表，并同时声称："按照新标准，现在的绝大多数老师都不合格。"④ 这一事件曾一度引起了教育舆情的振动。然而有学者则语重心长地强调，要"相信教师、依靠教师"⑤。无论如何，教师在课程改革中的重要作用与地位已得到普遍的、即使是口头上的重视。

2011年10月，教育部《教师教育课程标准（试行）》经历7年研究历程，终于正式颁发。然而对其中中学职前教师教育课程的设置，然而对其中中学职前教师教育课程的设置，邢红军教授以物理学科教育研究者的角度指出：

这样一种国家层面的中学职前教师教育课程设置，明白无误地反映出对于教师

---

① 付宜红. 2012河北省义务教育新课程标准培训［EB/OL］.（2013-03-14）http：//v.youku.com/v_show/id_XNDE5NTMwMDQ0.html.

② 沈伟，曲琳. 我国普通高中课程改革的反思与展望——杭州师范大学张华教授访谈［J］. 全球教育展望. 2012（12）：3—14.

③ 付宜红. 准确把握新的义务教育课程标准——新的义务教育课程标准的价值与解读［J］. 中国民族教育. 2012（3）：19—22.

④ 臧文丽. 现在的多数教师都不合格？基层教师喊冤［EB/OL］.［2005-11-1］http：//edu.people.com.cn/GB/1055/3817127.html.

⑤ 王策三. 对"新课程理念"介入课程改革的基本认识——"穿新鞋走老路"议论引发的思考［J］. 教育科学研究，2012（2）：5—15.

教育学科教育课程重要性的无知。……以这个观点来审视，不难发现，上述中学职前教师教育课程设置的研究是一种典型的"不负责任的研究"，原因在于，该课程标准缺乏学科教育研究的基础。……冒昧地问一句：中学学科教学方法课程呢？中学学科教学技能课程呢？这些课程是中学职前教师教育课程的必备课程，如果连这些常识性的道理都不知道，是不是显得太业余了？这样的中学学科教育与活动指导课程难道能培养出合格的中学教师吗？笔者以为，恐怕上帝来了都不会相信。①

邢教授的论述是精辟的。教师教育与专业发展中，学科性、学科教学研究的缺失的确是难以回避的问题。

（三）"教育大计，教师为本"

2009年，第25个教师节来临前夕，时任总理的温家宝同志来到北京市某中学调研。他在进行座谈、讲话、慰问之外，还旁听了学校5节课程，并以总理的身份进行了评课。10月11日，新华社发表了题为《教育大计·教师为本》的总理讲话实录。虽然总理对地理课中国区域划分的评论引起了争议，但是仍阻挡不了该校铭记总理"殷切希望"的热情与动力。

无论如何，聚焦改革、聚焦发展、聚焦学校、聚焦教师、聚焦学科，都成为了我们的关注取向。

二、研究问题

我的导师邢红军教授一直以来关注物理教师的专业发展，尤其强调物理教师教学研究能力养成，并曾采用专家干预的方式，以教师发表物理教学论文为标志，先后两次指导两名研究生开展物理教学研究能力形成与发展的教育质性研究。都取得了良好的收效。

王瑞毡的一项为期两年的研究（2002—2004）涉及两位处于"高原"状态的中学物理教师，研究结束时研究者和被研究者共发表9篇论文。②（如表5-1所示，其中J、L是教师，"我"是研究者。）

李正福的一项研究选择6名物理师范生进行为期1年（2007—2008）的教育教学研究能力发展研究，研究结束时，研究对象和研究者共发表了10篇物理教育研究论文。③（如表5-2，文昭、熙晨、季妍、欣安、松然是师范生，"我"是研究者）

以上两项研究贯穿于课程改革10年之中，分别涉及物理教师的职前与职后，并且获得了良好的效果。进一步，我们的关注点就自然地由物理教师个体拓展到了物理教师团队。

---

① 邢红军. 三论中国基础教育课程改革：方向迷失的危险之旅［J］. 教育科学研究，2012（10）：5—23.
② 参见《高中物理教师专业发展》一书第四章。
③ 李正福. 高师物理师范生教育教学研究能力发展的个案研究［D］. 北京：首都师范大学，2008.

表 5-1　研究者与被研究者发表论文的情况

	发表论文名称	期刊名称	刊期
J	《运用"改错卡"提高学习效率》	《中学物理》	2003（8）
	《一道物理题引起的争论》	《物理教学探讨》	2004（5）
L	《汽车转弯最高限速的讨论》	《中学物理》	2003（7）
	《伊拉克战事报道中的对话声音为何出现间隔——一堂探究性学习活动课》	《物理教师》	2004（3）
	《"一百年前"应改为"两百年前"》	《中学物理教学参考》	2004（1-2）
	《殊途同归理变清》	《中学生学习报》	2004-05-10
我	《由一道物理试题引发的认知心理分析》	《中学物理》	2003（6）
	《对自行车刹车时稳定性问题的讨论》	《物理教学探讨》	2003（9）
	《高中生物理归纳能力水平的差异研究》	《物理通报》	2003（11）

表 5-2　合作期间师范生们和我发表论文的情况

作者顺序			论文名称	期刊名称与刊期
第一	第二	第三		
我	文昭	熙晨	P=F/S：控制变量法还是比值定义法	物理教师，2007（6）
文昭	我		自制"气体压强微观意义的模拟"演示装置	实验教学与仪器，2007（7-8）
文昭	季妍	欣安	分子力小实验的改进	中学物理教学参考，2008（1-2）
我			摩擦力实验研究及启示	中学物理教学参考，2007（3）
我			原始物理问题研究的回顾与前瞻	大学物理（教育专刊），2008（1）
我	欣安	季妍	拉离平板实验的创新与探索	物理实验，2007（12）
	我		一个有趣的电学小实验	物理教学，2007（3）
		我	用力传感器研究碰撞过程中的相互作用力	物理通报，2007（11）
	松然		汝铁硼磁铁在演示实验中的应用	物理教师，2006（5）
松然			对增透膜增透原理的进一步解释	中学物理教学参考，2007（7）

2011 年开始，我的导师邢红军教授与北京某中学以协议方式结成合作关系，对该校物理教研组教师团队开展长期的教学研究能力培训。同时，我作为邢教授的研究生于 2011 年入学，硕士论文遂被定位"中学物理教研组教师团队教学研究能力发展的行动研究"。在邢教授与该校的合作过程中，我全程记录这一历程，同时担当邢红军老师的助手，并深入中学一线的"田野"，开展教育质性研究，试图回答以下问题：

（1）中学一线生态中的物理教师教学研究能力发展遇到的困难有哪些？

（2）中学一线生态中的物理教师的教学研究能力如果能够形成，其原因与机制是什么？

（3）中学物理教研组织的内外关系结构与发展模式（或特点）是怎样的？

三、研究意义

本研究拥有良好的保障条件，聚焦于中学物理教师这一高专业性的群体，并选取中学物理"教研组"这一具有特色的教师组织，以团队为对象展开研究，使其凸显了诸多重要意义。归结起来，主要包括如下方面：

1. 切实提高研究对象物理教学研究能力；
2. 使研究者"我"获得深入中学物理教学一线、深度了解学校情境下物理教师的生活方式与专业发展经验；
3. 揭示物理教师个体在一线真实环境中专业发展的特征；
4. 为中学物理教研组织建设提供思路；
5. 促使物理教师专业发展的理论与实践切实由个体化走向团队化。

第二节 文献综述与理论准备

一、教师专业发展的理论研究

认真梳理关于教师专业发展的研究不难发现，有关教师专业发展的内涵、阶段、途径、素质结构等问题构成了中外研究者关注的热点，其中，关于教师专业发展的"阶段论"与"途径论"则成为这些问题的核心。

20世纪60年代末，美国学者富勒（Fuller, F.）最早基于"关注内容"框架，提出了教师专业发展的四阶段理论，分别为任教前关注阶段、早期求生阶段、关注教学情境阶段与关注学生阶段。后续的"阶段论"大都根植于富勒的这一研究，例如伯顿的三阶段论、伯林纳的五阶段论以及司德菲的五阶段论等。其后，我国学者也基于不同的理论框架或研究方法，提出了多种两阶段、三阶段、四阶段，甚至五阶段的理论。其中，叶澜、白益民提出的"自我更新取向"的五阶段理论是有代表性的一种，主要内容包括：非关注阶段、虚拟关注阶段、生存关注阶段、任务关注阶段和自我关注阶段。[①]

总体而论，虽然教师专业发展的阶段学说在舶来理论译介与本土经验总结两种源头的协同影响与冲击下显示了别样繁荣的现状，但这种繁荣并不足以掩盖背后的困境。正如有学者指出的那样："多数研究关注对教师职业状况的总体外显水平的描述，而对个体主动发展变化的内在机制阐释的不多，对影响教师成长的因素以及

---

① 李宝峰，谭贞. 教师专业发展导论［M］. 哈尔滨：黑龙江教育出版社，2009：58—62.

如何针对不同个体促进其成长的有效策略缺乏系统研究。"[1] 更有论者直言"国内教师专业发展问题研究还比较多地停留在经验总结与概念澄清阶段"[2]。事实上，现有关于"阶段论"研究的薄弱之处就在于停留于经验的描摹，并满足于其他理论对教师专业发展问题的演绎外推。由此，势必导致教师专业发展阶段研究由于缺失内在问题意识而徘徊不前。这些多来源的理论学说很难说是确切可行的，也很难说契合了教师专业发展的特殊专业要求。

笔者认为，传统的"阶段论"囿于理论基础以及范式本身的局限性，已不足以深入刻画教师专业发展过程有层次性的本质与规律，更无法为有效促进发展提供足够有力的理论解释与辩护。正如有学者所说，"（现有研究）所得研究结论多是基于群体规范与社会外界标准，提出的阶段划分理论偏向于教师实际所经历或表现出来的发展情形的描述，即是一种'实然的描述'，而'应然的描述'则相对很少。"[3]并且值得指出的是，由于自富勒肇始的各种阶段论，在有意无意间都采用了生涯发展或时间序列的研究思路，即以年龄为主要参数和常模对教师职业发展过程划分阶段[4]。这就导致了该种对教师专业特点随着时间变化的强调很容易将教师专业发展视为一个自然发生的生理成熟过程。依此进一步推理，教师专业发展中的质变就被认定为了必然的事件，整个教师专业发展也就成为了一个"熬资历"的过程，这一推论会从根本上消解任何为促进教师专业发展的外界干预的合法性与合理性。既然是熬资历，那么任何进修、接受教师教育的行为都将成为"揠苗助长"，而"论资排辈"也就成为理所当然。其错误的原因在于，各种"阶段论"只描述了行为和现象，未能深入内在机制；只在现象上打转，未能触及深刻的内容和本质；只看到线性的积累，而未见层次间难以逾越的质变。

此外，阶段论的局限还在于无法刻画每个教师专业能力之间的差异，因为在这一视角下，专业水平的高低无非是入职早晚罢了。而实际中却是有些教师一生无论经历几个"阶段"，都有可能仅停留于一个层次而未能突破。刚入职的教师不一定是低专业层次，从业时间长的教师也未必代表更高的专业化。而对具体学科而言，某一门学科教学的高专业性显然无法等价另一门学科的专业性。可见，传统的教师专业发展"阶段论"与现实之间还有较远的距离。

在理论内部，阶段论的局限性使得"新手型教师""专家型教师"等衍生概念也模糊化了，并联合起来使"教师专业发展"概念本身有被架空之虞。在研究方法层面，缺少理论思维的实践研究必然存在盲目性，而从其他理论演绎而来的各种"标准"，事实上都是外在的标准，无法构成体现"专业"内涵的内在依据。这些情

---

[1] 赵玉环. 我国教师专业发展阶段研究：20 年回顾与前瞻[J]. 吕梁教育学院学报，2012（1）：8—11.
[2] 季诚钧，陈于清. 我国教师专业发展研究综述[J]. 课程·教材·教法，2004（12）：68—71.
[3] 赵玉环. 我国教师专业发展阶段研究：20 年回顾与前瞻[J]. 吕梁教育学院学报. 2012（1），8—11.
[4] 肖丽萍. 国内外教师专业发展述评[J]. 中国教育学刊，2002（5）：57—60.

况都使得传统的"阶段论"缺乏信效度。

关于促进教师专业发展的途径,学者们围绕各种模式、方式等范畴展开了研究。有学者提出了熟练型实践者、研究型实践者、反思型实践者等多种促进教师专业发展的"范式"。也有论者总结了 DPS 学校、高校为本的教师教育、校本培训、微格教学等国外教师专业发展的五种"模式"。还有学者则提出了集体备课、同课异构、教研共同体等源于本土的方式方法。然而,同样由于教师发展阶段内涵的模糊与薄弱,使得各种促进教师专业发展的途径研究缺失了坚实的依据与明确的针对性,更多地流于一种无意识的泛泛而谈。由此,自然无法预测并保证良好的实施效果。而在此基础上提出的各种模式、策略等都由于缺少针对性而无法做到对教师的"因材施教"。总之,教师专业发展内涵的不明必将成为发展途径研究解不开的"死结"。

综上可见,不明确教师专业发展的深刻内涵,也就无法根本上使得我国教师专业发展纳入科学的轨道,更何论发展的自觉与自信。也正如有学者指出的那样:"弄清教师的'专业发展'内涵、规律及其过程机制,是研究'教师专业'发展的理论前提,并将影响其现实运作模式的科学性和实效性。"[①] 所以,如何立足已有研究成果,并在汲取正反两方面的经验基础上,构筑具有实践力并真正体现专业性的教师专业发展理论体系,就成了我国教师专业发展理论研究的迫切任务。

二、物理教师专业发展的相关研究

2014 年 4 月,以"物理"并含"教师专业发展"为篇名,经 CNKI 中国期刊全文数据库检索,共查得 1979~2014 年相关文献 24 篇,其中期刊论文 18 篇,硕士论文 6 篇。研究内容主要分布于物理教师专业发展的区域调查研究、物理教师专业发展的途径与策略研究等方面。

对物理教师专业发展的内涵,刘光兵(2007)认为,"中学物理教师的专业发展是指中学物理教师通过各种物理教育专业训练,获得从事中学物理教学所必需的物理教育专业的物理知识、物理教学技能,不断提高物理教育素养,逐渐达到专业成熟的过程,也就是从一个'普通人'变成'中学物理教师'的专业发展过程"。他为提出了物理教师专业发展的阶段性、一体性、开放性特征[②]。

学者关注较多的是物理教师专业发展的途径与策略。刘光兵(2007)将中学物理教师专业提升途径概括为:学习途径;进行教学反思,撰写教学案例;系统化实施新课程,推进中学物理教师专业水平提升。孙海滨、刘婷婷、张玉富(2009,

---

① 刘万海. 教师专业发展:内涵、问题与趋向 [J]. 教育探索, 2003 (12): 103—105.
② 刘光兵. 中学物理教师专业发展研究 [D]. 苏州:苏州大学, 2007: 11.

2011）阐述了教育行动研究[①]、教育叙事研究[②]作为物理教师专业发展的途径。

对物理教师专业发展的策略，孙海滨、刘婷婷（2010）提出：加强自我学习，为物理教师专业发展提供原动力；加强课堂教学实践，发展物理教师的实践智慧；打造校本物理研修平台，提升物理教师群体专业发展水平；强化师傅指导，通过传帮带促进青年物理教师快速成长；充分发挥专家的引领作用，最大限度促进物理教师专业成长[③]。

王绍杰的硕士论文《中学物理特级教师专业发展的叙事研究》采用教育叙事研究方法展开。就入职前的准备阶段、入职初的适应阶段、入职后的成熟阶段、成熟后的发展阶段分析了"物理特级教师专业发展规律"。他认为影响物理特级教师专业发展的因素主要包括内部因素和外部因素。内部因素包括：良好的职业道德情感、学习基础、自身素质、终身学习和不懈的思考、反思；外部因素主要包括：研究教学的氛围、教科研活动、有利于教师专业发展的评价机制、适度的压力和竞争[④]。

总体而论，物理教师专业发展的相关研究并不繁荣。突出表现为理论研究不够深入与扎实、基本处于借鉴一般教师专业发展的"阶段论"水平。理论研究缺乏物理学科特征，且大样本的实证研究与质性研究仍然缺乏。

三、物理教师教学研究能力形成与发展研究

经 CNKI 检索，在 1979—2014 年，对中学物理教师教育教学研究的历史与现状研究在以下 3 篇相关硕博士论文中体现的较为全面（表 5 - 3）。

表 5 - 3　中学物理教师教育教学研究的历史与现状研究

序号	作者	题目	单位	时间（年）
1	王慧君	中学教师物理教学科研发展特点及影响因素研究	西南大学	2009
2	李兰	中学物理教师教育科研现状研究	湖南师范大学	2011
3	王俊民	新课改以来我国中学物理教学科研内容及其变化趋势研究——基于 CNKI 文献研究	西南大学	2012

以上研究采用历史研究与调查研究的方式，对厘清我国物理教学研究的发展脉络与当前走向做了坚实的探索。在宏观、历史与横断意义上为进一步的研究提供了参照。

对物理教师个体的教学研究能力发展主要见于我师姐王瑞毡与师兄李正福的研

[①] 孙海滨，张玉富. 教育行动研究——物理教师专业发展的有效途径［J］. 湖南中学物理，2009（2）：1—4.
[②] 孙海滨，刘婷婷，王玉平. 教育叙事研究：物理教师专业发展的新途径［J］. 物理教师，2011（11）：4—6.
[③] 孙海滨，刘婷婷. 高中物理教师专业发展策略探析［J］. 教育与教学研究. 2010（8）：15—18.
[④] 王绍杰. 中学物理特级教师专业发展的叙事研究［D］. 长春：东北师范大学，2007.

究（表 5-4）。

表 5-4　中学物理教师个体教学研究能力发展研究

序号	作者	题　目	单位	刊期
1	王瑞毡	中学物理教师教育教学研究能力形成的个案研究	首都师范大学	2004
2	李正福	高师物理师范生教育教学研究能力发展的个案研究	首都师范大学	2008

如本章 1.2 部分所述，两项研究都取得了良好的结果。其中，王瑞毡的研究结论显示，影响中学物理教师教育教学研究能力形成的主要因素包括：自身的素质、有效的指导和帮助、进取创新的个性、教育观念；中学物理教师形成教育教学研究能力的核心品质是经验加批判反思，这也是教师研究能力提高的最佳途径。

李正福在研究结论中将高师物理师范生教育教学研究能力的发展划分为组织前状态、被组织状态、临界状态和自组织状态。而方法是高师物理师范生教育教学研究能力发展的序参量。他认为这种前导教育是切实可行、行之有效的。该研究对深化物理教师教学研究发展机制的理论研究具有深刻启示。

四、教师团队与学校教研组织研究

目前关于教师团队的研究主要基于管理学、教育管理学、发展心理学的视角，亦不乏教育质性研究的方法。有个别研究还基于学校年级组和学科组的制度视角。物理学科教师团队的深入研究则还未涌现。

关于我国教研组织研究方面，虽然学校教研组研究一直以来不断积累，然而我国"三级教研组织"（省、市[县]、校）受到系统、有意识的关注与研究则是近年来的事。诸多研究者认为教研组织是具有中国特色的组织或现象（丛立新[①]，2011；陈桂生[②]，2014）。2011 年，北京师范大学丛立新教授名为《沉默的权威——中国基础教育教研组织》的论著出版，该耗时近五年的研究采用质性研究的方法，对我国教研组织的基本建制、历史与现状、基本职能、学校教研组等诸多方面，结合大量访谈与实物资料进行了生动的论述。正值笔者研究期间的 2013 年 7—9 月，《中国教师》杂志连续多期开设"中国教研系列访谈"专栏，提出了关于教研组织的诸多热点话题。

学校教研组织的研究内容积累更多，研究视角主要包括教育学原理、教育管理、学科课程与教学论、教育技术学、教育政策学、教育经济与管理、公共管理、体育人文社会学、比较教育、学前教育等。其中，校本教研、教师专业发展、教师团队、教研组等概念之间排列组合式的关系都有研究涉及。

在学校教研组的历史与比较方面，刘群英（2007）在其硕士论文《我国中小学

[①] 丛立新. 沉默的权威——中国基础教育教研组织 [M]. 北京：北京师范大学出版社，2011：119.
[②] 陈桂生，刘群英，胡惠闵. 关于"教研组问题"的对话 [J]. 上海教育科研. 2014（3）：56—59.

教研组研究——从历史发展的角度》中进行了较为详细的研究[1]。胡艳（2011）对新中国17年中小学教研组的职能与性质进行了初步探讨[2]。李莉[3]（2004）、杨超[4]（2006）则以比较研究的视角，将我国学校教研组与美国教师同伴指导制度做出了分析。

在研究方法层面，调查研究、质性研究的方法都被大量采用。研究范围则以个案研究为主。

就研究内容而言，由于学校教研组被分为"学科组"与"年级组"，其间存在的一些矛盾问题已被一些研究者关注。柯登地（2002）从学校管理与教育思想两方面梳理了年级组与教研组"两组模式"的时代背景，并区分了初级、中级、高级三种"两组"管理结构[5]。在学科组与年级组的矛盾冲突方面，胡惠闵（2005）认为，在面对教师专业发展时，教研组与年级引发的问题有：教研组制度的管理取向问题、体现教师专业发展思想问题以及现有组织的单一性问题[6]。周彬（2005）则认为年级组与教研组的冲突与论争主要包括：学校基层行政管理权之争、对教师业务引导方向之争、非正式组织利益之争。他认为应通过加强年级组与教研组之间的信息沟通与共享、强化备课组的自治能力，实现年级组与教研组的互助与合作[7]。白磊（2007）则以教育管理与决策的视角系统论述了年级组与教研组的冲突与整合问题[8]。

总体而言，对学校教研组的研究至今尚未提出比较明确的研究主题与研究内容。在该领域，学界还处于梳理资料、增加感性认识阶段，突出地体现为研究视角的繁多。教育管理、教育社会学、课程与教学论等研究基础被混合使用，还尚未找到融合的、发展的，对教研组织展开深入研究的理论基础和话语体系，更没有提出教研组织研究的核心概念与问题。

对物理学科教研组的研究，陈琪（2012）的硕士论文研究了新课程改革下高中物理教师教研组建设的策略问题。其研究提出：增强教师的专业发展意识、重视教研组长的选拔与培养、组织教研组内、组间的合作与交流、开展多种形式的教研活动、加强教研组多方面的研究能力、重视物理教研组理论的学习等七项策略，并提出了后续有待研究的问题：突出教研组建设的学科特点、重视教研组的校本教研、健全

---

[1] 刘群英．我国中小学教研组研究——从历史发展的角度［D］．上海：华东师范大学，2007．
[2] 胡艳．新中国17年中小学教研组的职能与性质初探［J］．教师教育研究．2011（6）：50—55．
[3] 李莉．教研组制度与教师同伴指导制度之比较研究［J］．当代教育科学．2004（12）：44—45．
[4] 杨超．促进教师有效合作的研究——美国教师同伴指导和我国教师教研组活动的分析与比较［D］．上海：上海师范大学，2006．
[5] 柯登地．年级组与教研组并存管理模式初探［J］．教学与管理．2002（6）：18—21．
[6] 胡惠闵．教师专业发展背景下的学校教研组［J］．全球教育展望．2005（7）：21—25．
[7] 周彬．年级组与教研组的冲突与协作［J］．中小学管理．2005（7）：10—11．
[8] 白磊．学校基层教师组织研究——年级组与教研组的冲突与整合［D］．北京：首都师范大学，2007．

教研组的评价机制[①]。

五、我国关于校本教研的研究

我国当前对校本教研的研究内容十分复杂，内容涉及课例研究、深度课例研究、行动研究、教师专业发展研究、制度研究、文化研究、价值研究、中美比较研究等诸多方面。然而历史梳理与深度思考却是在研究期间才出现的事。

事实上，"校本教研"是我国2002年新课改中提倡的概念，然而近年来一些研究者对其表达了不同的认识。刘月霞（2014）认为："以校为本的教学研究制度是我们国家中小学教研工作的一个历史性变革。校本教研倡导将教学研究的重心下移到学校，以课程实施过程中教师所面对的各种具体问题为对象，以教师为研究主体，理论人员、专业人员共同参与研究教学问题。它强调在理论指导下的一种实践研究、一种行动研究，既注重解决实际问题，又注重经验的总结、理论的提升、规律的探索与教师专业的发展，可以说，它是保障我们国家新课程向纵深发展的新的推进策略。"[②] 然而丛立新（2011）在其关于我国教研组织的专著中却认为："'校本教研'与'集体备课'在相当程度上名虽异，实则同，舍其实之同而求其名之异，颇有几分'出口转内销'的味道。"[③] 因此，对校本教研开展具有实践性的、正本清源的研究仍有其必要。

六、文献综述的小结

由于该项研究的具体性与深入性，使得笔者不得不对以上诸多方面展开综述。然而综述的结果却并不令人满意。如前所述，教师专业发展的理论研究并不深入且有难以弥合的矛盾。此外，虽然有"教师群体专业发展"与"教师个体专业发展"的区分，但是在理论研究上却并未出现体现反映"群体"特征的理论成果。就本研究涉及的教研组物理教师而言，其组织特点与学科特点都是已有研究未能体现的。对教师团队与教研组织部分的综述则遇到了更多的困难，最主要的原因在于笔者缺乏教育社会学、教育管理学的知识，而有相当部分的研究是以管理学等视角展开的。

或许正是缘于此类研究极强的实践特征，也即教师专业发展、教研组织建设与运行、集体备课等实践都是在真实而复杂的教育情境下进行的，因此理论的深度思考自然在所难免。这也是本研究所致力于改变的目标之一，也是研究采取教育质性研究方法的原因之一。

---

① 陈琪. 新课程改革下高中物理教研组建设的策略研究 [D]. 赣州：赣南师范学院, 2012.
② 林静. 刘月霞：中国教研的新形势与新任务 [J]. 中国教师, 2014（1）：15—18.
③ 丛立新. 沉默的权威——中国基础教育教研组织 [M]. 北京：北京师范大学出版社, 2011：314—315.

七、理论准备

"理论准备"是指研究者对研究问题展开研究之前，围绕相关主题相对发散地进行的理论思考与学习。在教育质性研究的范式下，他们并不必然构成研究的"理论基础"，而仅作为研究者经历的理论思考经历以及可能持有的观念背景给予呈现。

（一）教师专业发展"发展态"理论[①]

正是缘于对教师专业发展理论的不满，在研究期间，我的导师邢红军教授基于自己长期的教育教学与教师培养的理论与实践，系统建构了教师专业发展的"发展态"理论。笔者全程经历了这一过程，并协助进行了论文的讨论与撰写。

（二）学科教学论文作为衡量教师专业发展水平的标志

同样在研究期间，我的导师邢红军教授进行了一项基于 CNKI 检索的、实证的京苏两省（市）教师专业发展水平的比较研究。我亦参与了这一过程。该研究的重要基础是以教师的教学研究论文为教师专业发展的衡量标志。[②]

八、核心概念界定

（一）教师专业发展

在教师专业发展的发展态理论基础上，教师专业发展就是教师的专业发展状态，即教师对教育教学工作的专业认知状态在学科发展态、学科教学发展态、教育发展态内部发生涨落或在发展态之间顺向发生转变的过程。

（二）教学研究能力

教学研究能力是指学科教师能够对任教学科的教学工作具有发现学科教学问题、研究学科教学问题、并能撰写达到学科教学研究共同体认同的质量标准的学科教学论文，即能在学科教学研究期刊发表研究论文的能力。

第三节　研究设计与过程

一、研究方案

针对本研究涉及的问题，采用教育质性研究的方法，制定研究方案如图 5-1 所示。

[①] 详见本书第一章第二节。
[②] 详见本书第一章第三节。

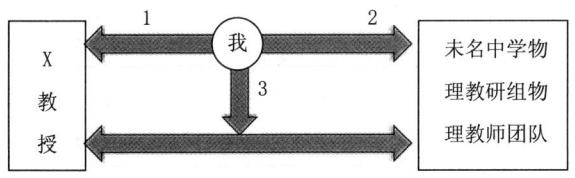

图 5-1 研究方案

根据研究伦理,对相关研究者、研究对象以及相关单位以下都采用了化名。如图所示,我的研究主要沿着三条路线展开。

研究路线1:理解X教授的观念与意图,协助X教授开展研究工作,并对X教授能动地发挥影响。

研究路线2:作为X教授意图的传递者和执行者对研究对象展开研究,并进行主动地修正与补充。

研究路线3:观察X教授对物理教研组的干预过程并作出判断与评价。

二、研究对象的选取

X教授与北京未名中学的合作研究协议签订于2011年4月,课题内容为"高水平物理教师团队教学研究能力形成与发展的个性化培养实践研究"。甲方为北京未名中学副校长王飞、物理教研组长安诚。乙方为燕京师范大学物理课程与教学论X教授。协议分别规定了包括资金支持在内的甲乙双方各自承担的权利与义务。作为X教授的研究生,这一合作框架是我研究得以开展的基本保障。

X教授是课程与教学论博士生导师,在国内物理教学论专业享有盛誉。作为教育部首批"国培专家",长期从事物理教学论的教学与研究工作。先后在《教育研究》《课程·教材·教法》等权威核心期刊发表论文130余篇。近十年指导的研究生平均每人发表论文3篇以上。近三十年来先后发展出了物理科学方法、原始物理问题等研究的理论体系。经与X教授的访谈了解到,为促进研究成果与教学实践的结合、检验与发展,并出于一直以来对物理教师教学研究能力的关注,X教授先后寻找了多所合作研究学校,最终与北京未名中学达成协议。

北京未名中学是北京北城区重点中学,含初中部与高中部。高中部为北京市示范性高中。2009年教师节前夕,一位中央首长来到该校,进行了听课、座谈与慰问活动并发表了重要讲话。该校一时间成为"明星校"。当年10月,该校校长在一次讲话中表示:"我想,我们要做的不仅仅是'明星',而应该成为名副其实的'名校'。"

校长将本次首长的讲话精神与1983年邓小平同志在北京景山学校的"三个面向"(教育要面向现代化、面向世界、面向未来)相提并论。他认为这次首长到未名中学来调研第一次提出了"三个中国":"教育既要面向未来、面向世界、面向现代化,与时俱进;又要办出具有中国特色、中国风格、中国气派的现代化教育。"他还说:"***(首长)的话也让我们明晰了学校的发展方向,那就是建设一所

'具有中国特色、中国风格、中国气派的现代化学校'。"并要"通过学习型学校的创建实现学校管理理念和管理方式的重要变革"。

另据了解,该校化学教研组已经同燕京师范大学进行了一项重要的合作研究,并获得了成效。因此,在以上政治背景与学校发展策略的大背景下,加之各方面有利条件,未名中学物理教研组与 X 教授的合作已是水到渠成了。此外,选取该研究对象不仅局限于契约的保障,其选择在上述政治背景下还凸显了一些特殊意义。

三、研究方法的选择与反思

(一) 教育质性研究的"质感"

本研究的实践性等诸多特征使教育质性研究方法的选用已是必然。而事实上,当今已经有了很多选用教育叙事研究、行动研究以及生活体验研究等质性方法的研究。其中教育行动研究已并不是一个新话题了,其具有为行动而研究、对行动的研究、在行动中研究、由行动者研究等特点,以解决实践中的问题为首要目标,与本研究有着天然的契合。

当今,以质的方法进行教育研究诚然对切合教育研究的本质、平衡教育研究的科学主义思潮起到了重要作用,然而多少还是令人感觉少些什么。对此,笔者认为,缺少的是对质性研究方法最大优势的理性洞察。而一种"生活史"的研究方法则启示我:质性研究最应体现的就是一种"质感",它既是研究者在研究中的一种意识,也是研究报告应给读者的一种感受。

这种"质感"首先应被理解为历史感。事实上,生活史研究方法强调的正是"生命持续性与延续性的特质,以及研究对象的背景与历史脉络,将生命故事置于历史脉络之中。"[①] 其中,对历史脉络与背景的强调正是其区别于其他质性研究方法的特征。这是其对质性研究方法的最大思想贡献。以往,其他质性研究方法往往由于缺失了历史观的关照与社会背景的联系,就容易使得研究对象与研究资料被理解为一种"个体建构"的、孤立的、偶然的事件,由此做出的判断与辩护也容易激进化与碎片化。总之,历史意识的缺乏使研究成果的感染力与影响力自然不强。

相较之下,生活史研究更趋向于"社会建构"的历史观与知识观。这一视角使研究者对研究对象与资料的解释、意义的理解能够更加富于历史的张力并有潜力造成一种在个体与社会之间的平衡。这使得施加给读者的感染力与震撼力都更加直接与强烈,某种程度上正像是一种"历史的艺术"与"艺术的历史"。这无疑对研究者捕捉、呈现信息的功夫提出了相当高的要求。而事实上,人们对生活史体现的这些特质并不陌生,诸多历史小说、传统戏剧都以丰富的杂学知识、生动的社会历史背景描绘在很大程度上给人以历史的质感,并都给人以历史的张力与震颤。

---

① 李超. 一位中学英语教师职业幸福感的生活史研究 [D]. 北京:首都师范大学,2013.

教育研究中，笔者在阅读老一辈物理教育学家乔际平先生论著的时候，读到他对20世纪80年代"题海战术"等物理教学状况与问题的描述与分析时，感到一种真切的历史感扑面而来，令我迅速断定这些文章是物理教育研究重要的历史文献[1]。而阅读耿申先生文集的时候，对薄弱校等问题的记述亦鲜明地体现了历史价值[2]。这种研究其历史价值与质感的凸显，从根本上缘于对教育真问题的敏感和有策略地关注。这使其对教育研究的发展贡献了历久弥新的重要资料。可以说，"有质感"是对研究者功力与研究成果价值的双重考验。这种研究应该在教育领域更多一些。正是在这个意义上，笔者认为，生活史作为一种研究思想与研究意识应被融汇于所有质性研究方法的运用之中。

在本研究中，中央首长对未名中学的访问背景是研究的生活史意识得以契合的一大关键，并且我也在研究中试图捕捉并彰显这种历史感与质感。

（二）研究工具的"质感"

对研究方法的另一项反思是针对研究工具。在以上思考的基础上，我对教育质性研究方法有了更加深刻的认识。我认为，区分教育质性研究的标志并非是干预与否，而是如果有干预的话，那么干预的工具也应该是质性的。事实上，质性研究正是以研究者本身作为研究工具的，那么，就应该给研究工具以质性的分析和确认。这也是在本文以"理论准备"代替"理论基础"的原因。

（三）研究工具"我"的知识背景

我生于1988年，中学时就喜欢物理，本科毕业于物理学师范专业。2011年考取燕京师范大学物理课程与教学论专业，师从X教授。我有物理学本科的专业背景，备考研究生时，由于需要考具有相当难度的全国统考"311教育学基础综合"，系统地自学了教育学原理、中外教育史、教育心理学、教育科研方法等课程。研究期间，我学完了普通物理专题研究、物理教学论、物理教育心理学、物理实验教学论、物理教育论文写作等研究生课程。

（四）研究工具"我"的教学研究能力背景

进入研究现场前，如表5-5所示，我已有两篇论文发表或录用。

表5-5 中学物理教师个体教学研究能力发展研究

序号	作者顺序	题 目	期 刊	刊期
1	我第一作者	物理教材引入科学史的新观点	《课程·教材·教法》	2012（12）
2	我第一作者	例谈物理教学中STSE议题的设计原则	《物理教学》	2012（2）

---

[1] 《乔际平教育思想文集》编委会. 乔际平教育思想文集[M]. 北京：首都师范大学出版社，2011.
[2] 耿申. 教育使命感悟[M]. 北京：北京体育大学出版社，2007.

以上在 X 教授指导下论文写作与发表的真实经历使我对物理教学研究的过程有了切身的体验，也对 X 教授的指导能力有了充分的确证与信服，并对其观点与思路有了相对深刻的理解。这都促使我有信心开展对未名中学物理教师团队的干预。

四、研究过程

我的研究于 2011 年 9 月开始，2014 年 5 月结束，所经历的研究过程如表 5-6 所示。

表 5-6 研究历程表

时间	地　　点	研究内容		
		研究对象	研究形式	研究历时
2011-2013	未名中学	物理组教师	讲座等干预形式	两年
2013-1-11	未名中学多媒体教室	X 教授、G 师姐、物理组部分教师	物理组集体教研	2 小时
2013-3-18	燕京师范大学物理系	第一次收到物理组教师的论文 12 篇并开始修改		
2013-4-25	未名中学多媒体教室	X 教授、物理组部分教师	物理组集体教研	2 小时
2013-7-8	未名中学教务处、安诚特级教师工作室	安诚、和梅	访谈	约半小时
2013-7-9	未名中学安诚特级教师工作室	安诚	访谈	58 分钟
	未名中学多媒体教室	付阳	访谈	35 分钟
	燕京师范大学物理系教法实验室	与 X 教授沟通		
2013-7-10	未名中学多媒体教室	许玉	访谈	31 分钟
	未名中学多媒体教室	黄小荣	访谈	23 分钟
	未名中学多媒体教室	焦海洋	访谈	27 分钟
	燕京师范大学物理系教法实验室	与 X 教授沟通		
2013-9-24	未名中学高二物理教研室	栗腾飞、佟彤、莫小英	访谈	61 分钟
	未名中学项目班教研室	佟彤	访谈	约 30 分钟
	未名中学物理实验室	付阳	访谈	37 分钟
	未名中学高一物理教研室	王小磊	访谈	约 30 分钟
	燕京师范大学物理系教法实验室	与 X 教授沟通		
	燕京师范大学物理教法实验室 2	收到栗腾飞老师 24 篇论文并开始修改		

续表

时间	地点	研究内容		
		研究对象	研究形式	研究历时
2013-9-25	未名中学会议室	仲国平	访谈	41 分钟
	未名中学会议室	洪岩	访谈	31 分钟
	未名中学会议室	于晶	访谈	32 分钟
	未名中学会议室	和梅	访谈	41 分钟
	未名中学安诚特级教师工作室	安诚	交流	约 30 分钟
	燕京师范大学物理系教法实验室	与 X 教授沟通		
2013-11-14	燕京师范大学物理系教法实验室	付阳老师论文投稿《湖南中学物理》		
2013-11-24	燕京师范大学物理系教法实验室 2	收到莫小英修改的栗腾飞老师论文并修改		
2013-12-2	燕京师范大学物理系教法实验室	付阳老师第一篇论文收到《湖南中学物理》录用通知		
2013-12-24	未名中学多媒体教室	X 教授、物理组部分教师	物理组集体教研	2 小时
	燕京师范大学物理系教法实验室	栗腾飞老师一篇论文被《湖南中学物理》录用 付阳老师第二篇论文投稿《物理教师》		
2014-1-2	未名中学校长会议室	王飞副校长	访谈	55 分钟
	燕京师范大学物理系教法实验室	与 X 教授沟通		
2014-2		栗腾飞、付阳老师论文见刊		

五、研究资料的搜集与整理

研究过程中搜集研究资料有如下几种，并进行了相应的分析整理。

(一) 访谈录音

在访谈过程中遵循研究伦理，在获取研究者许可的前提下，尽可能地获取录音资料，最后统一转换为文字稿进行了系统的分析。

(二) 教师论文

主要包括修改过程中的论文与未合格论文两种，对两者的分析都可以对教师的教学研究能力及其发展进行把握。

（三）光盘五张

内容为未名中学在内的全国高中"N校联盟"一次活动的五节讲课视频，包括未名中学一位物理教师讲授的一节。由此可从课堂的角度了解教师真实的教学水平。

（四）教研组活动资料："磁感应强度"教学设计一份

该节课作为获奖课程，在一次教研组的教研活动中进行了交流。

（五）未名中学论文集、学案集各一部

两部集子均印于2009年10月，是未名中学第八届教学工作会的报告与成果集，包括领导讲话。从中可反映该校发展理念与战略，以及整体教研理念与教研水平。

（六）《燕都教育》杂志两本

两本杂志分别为2009年普教版增刊与2010年8月号，均以未名中学作了专题报道。

由于本研究涉及的个体较多，研究资料的类型与数量也很多，并且整个研究过程本身也涉及对部分研究资料的持续分析与应用，可以说对资料分析、辨别的任务十分艰苦与繁重的。因此，笔者决定对资料的分析采取以教师个体为中心和以论文为中心相结合的思路，这在研究报告的撰写中也得到了体现。

第四节　进入现场

一、X教授的困惑

X教授的目标是：物理组教师在我们的指导下，最后都能发表物理教学研究的论文。然而事与愿违的是，眼看课题已进行一年多，仍然没有教师交来一篇论文，并且在与物理组教师交流的过程中，X教授的一些建议并不被他们接受。因此，教授非常困惑：他们为什么推不动？同时也表达了自己的困惑与无奈。尤其令他感到反差的是自己培养的研究生在同期已经发表了很好的论文。因此，X教授认为这不是自己水平的问题。未名中学的老师更有教学经验，反倒一篇也没有写出来，X教授认为应该给他们一些刺激与触动。有鉴于此，他决定下次活动"自己不再讲了"，让我与一位已工作的、同样发表了很多论文的F师姐（现任北京某中学物理教师）[①]

---

① 关于G老师的详细研究详见《初中物理教师专业发展》一书第三章。

去介绍经验。

二、初识物理组

我对未名中学物理教研组深入访谈，就开始于这巨大的困惑与一丝希望的交融之际。如表5-7所示，是我开始访谈前查得的物理组教师部分基本情况。（姓名与涉及的相关研究单位采用了化名）

表5-7 未名中学物理组部分教师基本信息

	姓名	性别	出生年月	学历	最高学历毕业院校	专业	参加工作时间	专业职称	评定时间
1	安诚	男	1961-10	大本	第一师范大学函授专升本班	物理	1981-7	中学高级（特级教师）	1999-7
2	和梅	女	1972-1	大本	河北师范大学	物理	1994-7	中学一级	2002-12
3	付阳	男	1975-7	大本	河北师范大学	物理	1997-7	中学一级	2002-6
4	许玉	女	1973-7	硕士	中国科学技术大学	管理科学	1995-7	中学一级	2010-6
5	黄小荣	女		大本				中学高级	
6	焦海洋	女	1976-4	大本	内蒙古师范大学	物理	2001-7	中学一级	2006-8
7	栗腾飞	男	1972-12	大本	东北师范大学	物理	1997-7	中学一级	2002-9
8	佟彤	女	1967-11	大本	河南师范大学	物理	1990-7	中学高级	2004-12
9	王小磊	女	1969-1	大本	燕京师范大学	物理	1992-7	中学高级	2005-6
10	仲国平	男	1972-9	大本	河北师范大学	物理	1997-7	中学高级	1997-7
11	洪岩	女	1982-3	硕士	第一师范大学	物理"4+2"	2007-7	未评聘	2007-7
12	于晶	女	1979-3	硕士在读	沈阳师范学院（本科）北京师范大学（教育硕士）	物理学科教学（物理）	2001-7	中学二级	2002-7
13	莫小英	女	1989	硕士	燕京师范大学（教育硕士）	学科教学（物理）	2012-9		
14	余春兰	女	1982	硕士	燕京师范大学	物理课程与教学论	2007-7	未评聘	2007-7

三、我在研究中角色的思考

进一步，我对自己在研究中的角色产生了思考。我认为，自己应该一方面帮助教授做好工作，另一方面帮助物理组教师解决一些论文写作中的问题。同时弥合X

教授与物理组教师沟通时可能有的错位。我认为，这一工作的顺利开展首先需要在访谈中获取物理组教师们的信任，即不能被他们误会为一个"告密者"或"捞一票就走"的人。然而，我也必须确保获取准确的信息并使 X 教授获知，以保他能做出及时、正确的应对措施以"因材施教"。并且可以说，我与 X 教授的利益是直接一致的，因为老师们如果最终没有良好的论文成果，我的硕士论文也就"很不好看"甚至无法毕业。由此可见，我扮演的角色具有非常的矛盾性与微妙性。因此，我仔细阅读了访谈研究的相关论述，谨慎地列出了访谈提纲，并思考了访谈时的策略。

第五节　干　预

一、X 教授的讲座

X 教授对未名中学物理教研组的培训课题是 2011 年 7 月开始的，截至 2013 年 1 月，X 教授主要对物理教研组就自己的研究成果开展了物理教学理论的培训。主要涉及以下内容[1]：

（1）原始物理问题教育理论。
（2）物理科学方法教育理论。
（3）教学过程的自组织转变理论。
（4）物理教学设计的理论与实例。

在我的访谈调查中显示，教师们对此评价是非常高的。但是纵然大家对讲座有众口一致的"好评"，但是为什么还会有"推不动"的现状呢？

二、江淮省特级教师访问团

X 教授的长期关注，以及在研究期间我们的一项统计调查表明，江淮省（化名）物理教师人均发表论文数量远高于北京等省市[2]，而该省的物理教学质量和教学研究水平在国内也是有口皆碑的。研究期间，为增进交流并对未名中学物理组教师产生触动，在 X 教授的有意促动下，江淮省物理特级教师访问团来到未名中学与物理组教师进行了交流。

交流中，未名中学的洪岩老师准备了一节公开课——高中物理"电势差"一节。然而，X 教授在评课环节直言不讳地指出了教学设计中的问题，认为这种公式推导的方法"如同打井，在一处未打出水就换一处再打"，这给学生的学习造成了困难。

---

[1] 详见"中学物理教师专业发展丛书"，北京：中国科学技术出版社，2015.
[2] 详见本书第一章第三节。

但是教授的这一意见却未被洪岩老师接受。对此，X 教授已非常困惑。为系统地解答这一问题，在他的口授下，就他关于本节教学设计的观点让我的同门写了一篇论文，经多次修改后发表于《物理教师》杂志①。

三、评课赛课

研究期间，X 教授还作为评委参加了在未名中学举办的包括该校在内的全国"N 校联盟"的"聚焦课堂"活动，进行了听课评课，亲身体验了在中学一线备受争议的"评课赛课"。

本次活动的主题是"力的分解"和"磁感应强度"，全国六所高中的教师分别讲授了这两节课。仲国平老师代表未名中学参加，准备了"磁感应强度"一节。后来了解到，这是他们精心准备的一节课，也是仲老师很有信心的一节课。后来，本节课还获得了北京市一次高规格赛课的一等奖，这也让他非常高兴。

然而，X 教授在评课环节也提出了不同的看法，认为应该用比值定义法得出磁感应强度的概念，而非教材与仲老师使用的"控制变量法"。这一具体观点亦不为仲老师接受。为系统表达这一观点，X 教授口授我的一位同门写作了一篇文章并发表②。

四、经验交流

我在未名中学的报告介绍了我学习的经历以及在 X 教授指导下写论文、改论文、投论文的过程，最后谈了自己对写论文、发论文这一工作价值的认识。老师们的反映总体是积极的。

我在初次听闻 X 教授的困惑时，就"推不动"问题产生了自己的思考。毕竟自己经历过从"不会写"到"会写"的过程。我认为，前期教授只去讲自己的研究成果的确是不够的，即使这些研究的实践性很强，也同他们自己写论文相隔很远。因此，我在我的报告中着重强调了自己读文献、读哪些文献的经历，以及对这一过程的认识。③ 当然，这也是 X 教授所要求的。

令我欣喜的是我的这一意图得到了物理组教师的重视，和梅老师主动要求 X 教授提供文献。在与教授商议此事的时候，我提出，对于中学老师，由于他们不像大学师生坐拥数据库、图书馆等文献资源，更何况他们不是研究型的教师，还没有积累资料的意识，他们可以一辈子手头就那几本书，因此给他们提供一些文献是有必要的。这一想法随即得到了 X 教授的认可。结束时，组长安诚老师嘱咐我把 PPT 留下供没来的老师学习一下。在座的和梅老师兼任教学主任在报告结束后当即提出，

---

① 王慧，宁成，邢红军."电势差"教学的高端备课 [J]．物理教师，2013（7）：26—27，30.

② 石尧，宁成，邢红军．以科学方法的逻辑展开"磁感应强度"概念教学的高端备课 [J]．湖南中学物理，2013（04）：1—3.

③ 详见《高中物理教师专业发展》第二章第一节。

把我阅读的相关论文与书籍复印给老师们，X教授当即同意。

F师姐则以一名实现转变的一线教师的身份介绍了自己的经验，主要内容包括他跟随X教授学习的历程，以及自己近来写作论文的过程与经验。期间，包括安诚老师在内的几位老师对她的一些具体的教学做法很感兴趣。X教授认为，F师姐作为一名一线教师，对他们的触动应该更大。

第六节 团　　队

一、教研组长

初识安诚老师是在我去未名中学做的第一次报告上。虽然是整个北城区屈指可数的物理特级教师之一，但他性格给我的印象却是非常温和的，甚至不是很热情。告别时候与我的握手并不认真，或许是初次见面时的拘束。

他是从河北省引进的特级教师，现任物理教研组的组长。截止项目开始前，我经CNKI检索查得，他已有很多论文发表。如表5-8所示。

表5-8　安诚老师之前发表论文情况

序号	作者顺序	题　目	期　刊	刊期
1	第二作者	天体的"一心三法"	《物理教学探讨》	2010（2）
2	独著	物理导学案的实践思考	《北京教育（普教版）》	2009（9）
3	独著	用U-I图像确定非线性电阻的工作点	《物理教师》	2008（2）
4	独著	速度方向变化快慢≠速度变化快慢	《数理天地（高中版）》	2003（1）
5	独著	一个物理模型图示的误导	《物理教师》	1999（10）
6	独著	一道例题错解的分析	《物理教师》	1998（9）

X教授认为，安诚老师在本次研究中独立发表论文应该不是什么问题。然而我有不同看法。从安老师2000~2011年的时间段来看，他并没有发表过更多文章，论文内容的深度也很有限。在访谈中，我才有机会对他进行深入的了解。

（一）对"高原期"的认识与超越

安老师作为引进教师无疑是优秀的，我着意询问了他如何看待教师专业发展的"高原期"问题，他用自己的经验与成长历程做出了回答。

（我：X老师也很困惑，为什么有的老师那么爱写，有的老师不爱写。）

这个一个是习惯问题，还有一个是重视不重视的问题。完全是考核的时候，有没有这个指标。有了更好，锦上添花了，没有也没有办法。

在高原期，差几步了，有的人就犯懒，不想走。从我个人来讲，我们组里可以说没有比我们岁数更大的了。但是从我个人来讲，我特别喜欢学一些新的东西。就拿我们每次教研活动来讲，他们就说没啥意思、跑题。我认为，去了以后，哪怕听一句话、一个题，跟我以前讲的不一样，感觉很新奇，就是最大的收获。每次讲课，像久旱逢甘雨、特别饥渴时候（得到了满足）……不是那个意思的。一个问题，你也分析、他也分析，分析出有什么不同来，很难做到。怎么才能有长进呢？我想呢，还得不断地学习。

在我的经验中，我就看到过很多超重失重的，我就借鉴一下。现在就发现有些人很懒惰，说实在话。他就把网上东西一"down"，别人怎么做我也怎么做。当然借鉴别人的不是什么坏事情，但是他自己创造的很少很少。这就涉及一个用心不用心的问题了。如同跑百米，我一用力，跑第一了，就不是高原期了，就比高原期还高一点了。是吧？不就有长进了吗？

所以要想解决高原期的问题，从老师个人来讲，不说远大的志向吧，最起码总得想干点事儿。这样的话，自己就有目标。我是想，你稀里糊涂地干，也是干，用心地干也是干。……这么多年我琢磨着得有点事干，这么待着呢，越待越懒。你干点活，才能不闲着，有点意思。当然有的人兴奋点不一样，你比如说有的老师喜欢炒炒股啦……当然一个人一个兴奋点吧，当然业余生活要丰富不能单调，是吧？但是呢，工作呢，也不能拖拖拉拉。

安诚老师说，自己与 X 教授是同一年代（1960 年代）的人。诚然，我能感到在他身上有那个年代的人的一份诚实、扎实和朴实，对学生与教学真挚的热爱。但是可能是由于学校环境的闭塞性，我感到他对时代的追赶显出了几分吃力。

（二）对教学研究的认识

当我问到"您认为为什么目前项目难以推动？"的问题时，安诚给出了相当令人释然的答案。

咱们做教育的本身就是一个慢工作，是吧？立竿见影必然难度就要大一些，是吧？这与攻克一个技术难题不一样，这是一个潜在的问题。老师们虽然现在没有成果，但是他一直做下去，就像一个科学家一样，他做了一生，可能一项成果也没有，那么他经历过了，那么他的失败就是他的经验。

对安诚老师对教学研究的作用，在访谈中是给以肯定的。他说：

实际上搞课题呢，就是你刚说这个问题。为什么有些老师他搞课题不感兴趣呢？他就是呢……这是个软任务。所以立竿见影这个不可能做到。但是你总搞科研的跟不搞科研的，这一时半会看不出来，时间长了以后，老师们的教学水平就看出来了。

我随即提出，下一步，能否就也让老师们把他已经研究清楚的东西整理整理，写成文章？这是我的考虑，希望让活动推进的更加顺利。安诚老师表示赞同：

可以的。就是根据每个人感兴趣的方面是吧？把素材整理一下，整理后肯定跟咱们的要求有距离的吧，然后呢，你也好，X 老师也好，帮助我们把这个润色一下，这样比较好。现在可以说素材很多很多，但是成文的话呢……有时候他觉得不当回事，自己感觉很简单不成问题，实际上对别人就有很强的借鉴作用。

我们需要理论指导，你们需要素材支撑、这样的话我们就和在一块了。就我们来讲最大的帮助，就是我们呢，素材很多，但是怎么上升到理论？咱们都知道，实践、认识、再实践、再认识，是吧？有一个循环拔高的过程。上升到理论，对老师的理论水平有很大提高的。老师的理论水平上去后，对教学还是有很大帮助的。

与安诚老师的接触虽然顺利，并且他对我后续的工作给予十分的支持，但是我还是觉得我在他身上挖掘出的内涵还不够——少了点什么。仔细思索起来，他先后两次谈道："现在可以说素材很多很多"，"老师们肚子里有东西，就是缺乏整理"这样的话，然而对这一判断，我心里是打鼓的。

(三) 对教研组的一点暗示

安诚老师是教研组组长，我当然希望听到他关于教研组的一些评论。但是直到和梅老师最后访谈完的时候，我才体会到安诚老师当时话语中隐含的信息。当时他说：

过去搞科研工作都是自己捉摸着来，单打独斗吧，现在有一个团队，好在哪呢，大家可以有一个平台，借用机会共同研究。那么，我们知道，人就怕交往，不交往亲戚也远了，常交往，朋友会变成更亲密的朋友。物理组，我们可以通过这个活动，频繁地搞这个活动以后，大家伙的思想就自然地往一块靠拢了。应该说，通过搞这个活动，我们物理组，最起码思想比较好统一。

（我：心比较齐了？）

哎，心比较齐了。就是说大家伙比较好处事。就拿教课来讲，不会有藏着压着，有好题我不给你用，给大家伙提供的资料都是大家伙都不想用的资料，垃圾资料、大路货。不是那种。就是说我们的东西都是比较精品的了。

比如说我带的高三，我没有必要说我的东西谁也不告诉，自己用，听我课的时候我不讲课做练习。我也不那么想这个问题。听课你随便听，资料呢，主要是我……主要是高三来讲，讨论了（之后），最后都是我执笔的。因为他们都是班主任，时间都比较紧张。这个资料主要是我来写的。写的时候我就把我的思想渗透出来，是吧？那么好东西，好资料我也不能说不给大伙用。我都写出来。所以现在大家都希望我带高三。都愿意跟我一块干。就是领着他们干他压力会小一点。让他们干可能压力会大一点。对我来讲就无所谓，我能干多少是多少。

从我来讲，我没有其他想法，这样的话，大家伙就把事情干好，干好了就有抓手。大家一起闲聊天也没什么意思，那么咱们有个主题，干什么呀？就是物理教研活动。有很多问题，最后呢，还是有个课题更好一点。……以前也搞教研，但是没有主题，搞到哪里是哪里，现在有了主题以后呢，就更名正言顺了，干活就有一个计划性了。干活就顺手，咱们农村讲话"不窝工"，是吧？这个效率更高一点。

说实话，当时对他所强调的"期望"和"不存在的问题"我心里都有些打鼓，因为之所以要"期望"，并且将"不存在的问题"描绘得那么生动，多半是因为这种情况发生过或正在发生。此外，他就很多问题表达了一些不满，甚至有些痛心疾首。看得出来，其实他也付出了很多，可是我怀疑他是否感到有些出力不讨好？因此才有一些情绪？我的这些怀疑在后面部分得到了印证。

二、实验奇才

付阳老师除了代课以外，还兼管实验室工作。我多次给他携带实验仪器与修改文章。他很喜欢实验，也比较开朗，对很多问题充满了兴趣。性格颇有些天真与"古灵精怪"的意思。有一次我和他谈起一个实验话题，他竟然中午吃饭的时候还在出神地想。与他交流令人感到愉快而轻松。在整个研究中我与他接触的最多，他的实验室几乎成了我到未名中学的"驿站"。

在访谈中了解到，他是从河北衡水一所中学与爱人一道调来北京的。以前没有发表过论文。他提交的论文写的是他对一个实验的改进，被 X 教授认为是唯一一个有希望"改出来"的。因此，我第一次与他交流，就带着 X 教授给他修改好的论文，当面给他提出建议与修改方法。

（一）对教学研究的看法

付老师明言"是纯理论的都不太感兴趣"，但是当我问："教学研究与教学实践是否真有相互促进作用？"的时候，他说：

这肯定是有的。因为你写出来的东西一定是你想了一些问题。最起码是你把一些东西想明白了之后你再讲出来的。跟你对这个东西大概了解再讲下来肯定是不一样的。就是说你要真的把这个问题想透了，和你照本宣科的讲下来肯定是不一样的。

对于自己的教学研究，他表示：

更多的我觉得是没有可写的。对于我来说，有时候冒出那么一点来，如果不及时整理，过去后就没了。到最后逼着你交一篇论文的话，你觉得没什么可写。有的人觉得这个东西太小了，写不成那么大的。觉得三两句就说完了，写不出来。

此外，更加可贵的是，他认为教学的确是有规律可循的，但同时也表达了自己内心的一些矛盾。我感到，他所矛盾的是，虽然经验告诉他教学存在规律，但是不按规律做的人也并非没有收到"好"的效果。

（二）以"正能量"看待"高原期"

令我尤其欣慰的，是付老师对高原现象的态度，他表示：

我觉得其实……关键是看一个人的追求的问题。他要总想探寻点什么的话，他肯定还会慢慢慢慢提高的。但是要就指着教书吃饭混日子，那肯定就这样了，没有发展了。所以主要还是看个人。可能就是六七年就疲劳了，但是我看还是在个人。

因为我发文章与不发文章可能影响不那么大。但是不同人不一样。……有所追求的应该不会吧。但是怎么说呢,有的评完高级了,四十多岁了,很有可能就缺乏动力了。

像他这样对物理教学中的一个方向乐此不疲的人,对高原期持有这种态度也是可以理解的了。

(三) 分数的制约

付老师言语中我还感到,当前教育大环境对分数的要求令他对科研的态度也显出了矛盾。

平常杂事太多了。每天你再应付,你的教学任务就忙不过来。在更多情况下他们还是考虑得少。更多的考虑是哪里有更新的题啦、咱们怎么让他们训练啦。因为他们毕竟还是要分的嘛。就像咱们老师教课,我启发的很多,或者怎么很多,可能最后下来我硬逼的老师,很厉害的,我留作业很多……可能做下来效果那个老师会更好。我觉得这是很现实的啊!因为最后评价标准,说句实在话……大家聚焦点还是在分数上。

他还谈到了"分数教育"造成的一些困惑:

现在老师们还是要分。刚才我在算分,考得不太好。其实最后成绩受很多因素的影响,其实领导就是看分。但是相关度到底多少,不好说。我就碰见过,有的老师他水平多高啊?其实这些题他都不会做,下边问别人,上面讲得特别好,学生听得特别好,所以这东西没法说(笑)。他能跟学生沟通,让学生特别相信,慢慢都OK了,学生都爱学这课。所以科研跟分不见得有什么(关系)。

后来的交流中,他对这个问题又谈论了很多,我才知道,他心中仍然有这样的矛盾与无奈。但他没有让这种矛盾发展为负面的情绪,是可贵之处。

三、"指望不上"的几位女老师

访谈中,尤其令我对研究前景悲观的是与几位女老师的交流,最终由衷发出了"指望不上"的叹息,但是并非是对她们的微词与谴责,而是能够理解她们的原委与苦累。

(一) 个性与成见

如表5-9所示,许玉老师之前发表过一篇文章,但是那是3年前的事了。并且之前他并没有交来论文。

表5-9 许玉老师之前发表论文情况

序号	作者顺序	题　　目	期　　刊	刊期
1	第一作者	天体的"一心三法"	《物理教学探讨》	2010(2)

我与她的交流是安诚老师事前联系好的，但是，当我在约定的时间与她联系时，她告诉我：非常不好意思，把这件事忘记了，已经回家。并有些不耐烦地问我是否可以电话访谈？我非常客气地表示理解，与她商定：还是再约时间为好。

在第二次约定的时间，次日早上 8 点，我们准时开始了交流。坦言之，她是我见过的物理组个性最强的老师。谈话开始后，我发觉她的应答有些空虚，因此我试图将话题往实了引。

（我：您有选题的意向吗？）

我在未来四年肯定要写东西，因为我未来还要评职称。具体题目有几个想法，但是呢，在付诸实施的过程中吧，还想想怎么做。肯定会要做一些这事。目的很单纯，（笑）有需求才会去做。因为……安老师肯定也会说，咱们教师群体层次比较多，有的老师高级都评完了，有的老师可能是一级评完了，离高级年头上还差很多。关键是没有特别强的激励的机制。大部分老师还是安于现状。像我可能未来四年肯定要写一点东西，目的也很单纯。可能是评完高级我也不写了，或者说我有几篇以后我也不写了。

我感到她还是没有将论文工作推进的态度和打算，遂坦白地说："咱们这个项目好像2014年就结束了，（许：对。）您看您有没有打算在项目期间出来一篇或者两篇？或者更多篇文章？"

嗯……尽量。因为你找到题目之后吧，你动笔之后吧，哎！你会觉得跟别人写的特别的雷同。最后你涉及不涉及抄袭啊？你怎么把别人的说法换成另外一种说法来进行说呀？所以这事也得挺慎重的。（我试图插话，被她打断）尤其是像这种学术杂志，你就得特别特别的慎重，我们要是在物理学会获个奖，那个相对来说还是比较简单的。

我终于发现，他对教学论文的写作有很大的成见与偏见，我有必要纠正这种认识，就对她解释说：如果您在写论文时候有技术上的不了解，可以跟我说，我们来解决。（许：没问题。）之后，我向她解释了论文写作的基本知识和方式，她有些高傲地表示感谢。之后，我主动向她询问联系方式。许老师则表示：她的邮箱一年两年都不开，再问她要 QQ，她说没有。事实上，之前我建立了 QQ 群，本来想把物理组的老师们都加进去开展交流，并通过这一平台分享资源，但是最终没能拉来一个老师。

我当然感到了她的个性，想通过进一步的交流，用间接地方式让她意识到教学研究是需要有真知灼见的。就问她：您感觉 X 老师的观点还算靠谱吗？她说：

因为百花齐放嘛，各种观点……不是说 X 老师的观点，一定是唯一的，包括一节课到底怎么讲，肯定是各有各的说法、各有各的想法。X 老师的想法在理论上还是挺好的，整个实操性也很强，但是可能还有更好的办法来讲这节课。方法挺好，但是不是唯一的。你是不是也这么觉得呀？所有的课都是这样，关键是授课者他有自己的想法，但是他的想法是否符合逻辑规律、认知规律，那不敢有保证。包括 X

老师他评的一节课,他肯定是自己有自己的想法,只是在某些操作上大家觉得不是那么合适。那肯定讲课的人就觉得特别好。(我试图插话,她提高音量。)

(我:我想再追问一句,您对 X 老师的观点,究竟怎么评价?)

你不能够……这个东西没有办法评价,尺有所长寸有所短嘛,还有就是百花齐放,现在这个教学手段这么多,教学的思想这么多,你能说完全说安老师就是对的,其他老师就是错的吗?X 老师的观点,肯定是没有问题的,那其他的观点也不一定一定有问题。

(我:X 老师后面关于课程改革的,你感觉怎么样?)

我觉得还是挺好的,跟我们的观点还是比较一致。因为现在基础教育改革也是百花齐放,关键是下面的老师就无所适从,从上一轮吧?新课改一开始就探究,什么都探究,有的东西实际上不太适合探究,就是那样。……

她就这个话题展开谈了很多,我对她说:"我冒昧地说一下,我觉得您这个观点就可以写一篇挺好的文章。"我这样说是试图鼓励她,给她以信心。而事实上,我的确认为这一观点也的确可以写成一篇论文。然而她却表示:

我这观点写出文章就会被人拍死的。

(我:哎——不会!X 老师发了 3 篇文章,不瞒您说,影响还是很大的。)

他的位置在那么,我们要写出这个文章绝对被拍死。

听到她这话,我十分惊讶!我想解除她这一可笑的顾虑,然而还是失败了。与她的交流还涉及一些问题,我都做了整理,最后按时结束了访谈。直到研究结束时,没有看到她交来的文章。

(二) 对教学论文的概念缺失

黄小荣老师之前交的是一篇关于信息技术的文章,标题与内容都比较空泛,我估计是一篇教研系统的评奖论文。访谈前查得,她在原单位也曾发表过一篇论文(表 5-10)。

表 5-10 黄小荣老师之前发表论文情况

序号	作者顺序	题 目	期刊	刊期
1	独著	一个题设条件引发的思考	《中学物理教学参考》	2011 (4)

与她的交流是坦诚的,看得出,她在教学上也是一个很干练很勤恳的人。但是她对教学论文却没有足够的了解。

我们的谈话从给她论文的修改建议开始,她说:"因为我们考试完,我刚在判卷,还没注意看。"简单交谈后,我感到她对物理教学研究的论文缺少概念,想知道她是否读过教学研究论文。在交谈后,我判断,她应该是没有看过。而事实上经过别的老师证明,学校是有这些杂志的,就说:"您需要下载什么文章可以跟我联系。"她向我表示感谢,之后似乎想找回点理由,就说:

我其实那会儿，年轻的时候也写。我当时也是因为一种需要，就写，写完后发表，然后呢，感觉还可以。比如说你想说的话能写出来。其实我还攒了一些。但是逐渐逐渐地，这几年过去我觉得它已经不够新了。你的想法你再去看别人，可能也有类似的。

她在谈话中介绍了教研系统论文的要求与写作方式：

就像交论文吧，实话实说，如果事前指明方向，我可能就按照那个方向去写。……最起码是我们要交哪一类的。你比如说区里会告诉你，交"习题教学"呀？什么"概念教学"呀？交这方面的论文，咱们只是说"交论文"。所以我们就"交论文"。所以没有方向性。

就是我之前交那篇论文，不是说咱们近期要在哪方面有所突破，那么我就在课堂上注意这些问题。比如说区里面提前一年发给你一个，要交概念教学的论文，那我可能就会在这个学期翻一翻、想一想，哪些地方我是怎么做的，会怎么去整理。

教研系统这样的要求对新教师及时地、有意识地总结经验，从而提高教学质量，应该是有必要、有价值的，但是这种"命题作文"的形式也的确容易空泛，并且质量的提升也有很大局限。之后，对X教授的工作，她提出了更加细致的要求：

像对于我，不妨拿几篇文章讲讲应该怎么写。说实话，我们就是讲课，写论文这方面是门外汉，虽然我也发表过论文（《中学物理教学参考》）。但是的确也是门外汉。因为可能刚好是我对那个东西特别有感触，特别想把这个东西说出来，那我就写了。可能跟你们的模式不一样。但是可能看出来真的是你的想法，那它就发表了。

（我：我感觉跟我们的还是一样的，的确，写论文还是要有真知灼见，这样才敢动笔。）

其实上一次X老师有一个地方我就特别有感触，上次是拿你的还是谁的一篇文章？（我：X老师的观点，他指导让我怎么写。）对！如果说这个东西一遍一遍，原先的初稿是什么？怎样的批语，第二版是什么？那我就能跟着他的思路去想。……

我觉得那种形式特别好，当时那种形式就感觉跟孩子辅导手把手似的。对这个孩子这张片子你出现什么问题了，你改，改完之后还哪哪出问题了，然后告诉你哪一个部分有问题、知识点哪错了。我觉得这样特别有效果。如果真要是说我想在论文上有所突破的话，那肯定是一个好效果。我是这么想的哈。

我虽然感到她的要求有些不对等，但是为维持良好的关系，还是对她做出了承诺："这个没有问题，您写完之后，发给我，我在那边改出来，下次我就带着文章过来。完全咱们可以做到这个。"并说，寒假暑假也是一个写文章的好时间，建议她把文章整理一下。她满口答应。

然而，之后也没有收到她的任何论文。黄小荣老师虽然发表过论文，但是当年的教学研究水平与现在的已经不可同日而语了。或许教研系统的论文对教师的专业发展也有价值，她习惯于写作这种"命题作文"，她缺少的是一种主动的姿态。

(三) 矛盾与纠结

在深入一线访谈的时候,我才发现实践与每个人特质的复杂性,复杂得很难用简单的话语概括。佟彤老师是从外地引进的高级教师,之前交来的文章署着原单位的名字,可能是在当时的评奖论文,连单位名字都没改。我查得她很早以前曾发表过一篇论文(表5-11)。

表5-11 佟彤老师之前发表论文情况

序号	作者顺序	题目	期刊	刊期
1	独著	浅谈依靠教学方法改革提高教学效益	《新乡教育学院学报》	2003(1)

我与她的交流来的非常突然。在我与栗腾飞老师访谈时,佟彤老师由于自己的时间有变,所以进来想与我提前约谈。在征得她的同意后,我继续与栗老师聊,她见我与栗老师聊得没有停下的意思,主动打断了我:

我……我这个还有事,我还得过去,我这样……我就有几句话,我想给说一下小伙子。你贵姓啊?(我:姓胡)你现在是这样……你现在目的是什么?就像栗老师刚才说的这些,没用,你也解决不了这些问题。给他说也没用啊!(栗:知道。)对不对?

她似乎很不耐烦,我明白她对我的工作还没有了解,但是为了避免她产生逆反心理,所以没有与她顶撞,想尽量地把话题引向具体与实在:

(我:不见得没用。这也是我硕士论文的工作,现在咱们这个项目收不了场,我也毕不了业。)

我明白你意思了,其实我急需的是什么?刚才他说的也是,我们其实没有时间,像我这个高一高三,跨着年级代课,天天那个题呀,你讲、你做给学生,现在老师面临的两个问题,第一个事讲课啊,就像我们开这些活动,什么X老师来给我们开那些活动,我觉得就是尽量别虚,就是说我怎么去处理这个问题,像给学生怎么处理这个知识点,对吧?肯定有好的处理方法,对吧?可能我们一生也遇不到,也不知道怎么……

(我:您还有多长时间?)

我就十分钟以后,我就跟你说几句话。我认为某些知识点怎么去处理?这就是一个老师特别需要的。讲课你看谁都会讲,但是有些处理问题的方法是不一样的,有些处理的特别好,就是这个东西特别难讲,但是人家举例子三言两语学生就明白了,有些就讲不明白。这个要想提高整体老师的素质,这个也是个关键。

另外呢就是学生的管理方面,其实这个可是个大问题呀!现在的学生是不好管理啦!你知道吧,你讲得再好,他不听。现在好多学生作业不爱做,他不愿意听课,就怎么去管理这些差生,这我觉得也是一个突破。

她说得很快,明显带着焦躁的情绪。我不想失去说话的机会,就打断她说:"佟老师,时间紧,您尽量说一说,然后也给我留一两分钟。"

我就这两个问题。完了。

（我：您第一个问题是时间不太充裕，是吗？）

就是刚才他说那个意思，就是我们学习的时间肯定少。主动学习的时间少。但是学校不是给我们创造了一个平台，但是这个活动尽量别虚。

（我：您感觉前期的活动有一些虚，是这意思吗？）

也不一定是虚……（我：咱直来直往。）还想要最需要的，就比如说，弄几个点，像电源电动势，像那个机械波，就给我们弄几个点，就这个学期哪怕就弄两点呢？三个点呢？这个咋讲呢？你们经常外边听课，是吧？那你们认为处理得比较好的东西，就拿来给我们……（被我打断）

（我：X老师前期是讲他的论文是吧？）

再一个你们让我们弄论文，（她语气更加烦躁。）说实在的，这个是能提高个人业务，可是，总体来说我们老师最需要的……那个东西吧……给学生讲课，这个，还是有点脱节。

（我：您觉得那个高端备课，怎么样？）

那也行，这些东西也需要，是吧？（看了一下栗腾飞老师。）也需要研究。但是我觉得就像这方面的……

（我：这个跟您说的还不是一回事？）

也算是一回事吧。

我感觉她不抬杠，还是讲道理的。她继续说：

就像这一类的问题，解决这类问题，就是经常解决这类实际的……就是我们的课题。就像你说的楞次定律呀、电源电动势呀、简谐运动呀、匀速圆周运动呀。像这些东西老师讲起来课可能就会感觉无从下手，讲的不是很……就像我们这教了几十年了，反正也抱着自己的一套方法，每年都那样教，但是我这个教法是不是最好的呀？是不是还有更好的方法，也是我们也不太清楚。就是这种你们能把这些东西推广给我们。这样我们老师的水平会……会更那个什么。

（我：上次不还给老师们印了一本那个东西吗？那个论文部分有一部分就是，您感觉那个东西怎么样？）

那个东西……我还没仔细看。你看了吧？（问栗腾飞。）（栗：我基本上我快看完了。）那咋样，你觉得咋样？（栗：它里头涉及很多理论知识，前面是具体问题，后面是理论知识。）（佟打断）

我就说说我们的需要吧。另一方面的需要就是学生管理。你这个可比这个还强。（我打断：这个说实在话……属于教育管理的范畴，X老师不是研究这个的。）那就算了，那就不说了。现在很多年轻老师上课，我觉得是管理问题。那就是学生不听，你讲得再好，学生不听。就这个问题怎么处理，其实这也是个问题呀，对不对。

我感到她的观点已经表达完了，就展开了回应："咱们这个项目，说得通俗一点，或者直白一点，它得收场，就需要老师发一篇、两篇或者更多篇论文，最终还是要落在论文上。这个东西虽然说……您说"虚"一点，但是归根结底他要这么收场。咱往好的方面想吧，可能就通过写论文，咱们老师也培养一个技能，是吧？再一个也真能提高点东西。再一个可能论文这个东西出来，它是一个实体的成果〔我敲桌子〕，对咱们项目和老师可能都有好处。所以，怎么说呢，我个人教学经验也有限，可能就是跟X老师学了点写论文的技巧啊什么的……就是做一个沟通人吧，帮老师们写一写改一改这个论文，尽量早出成果。您看还有什么需要改进的还有什么不足的地方吗？"我把想传达的信息都表达了，她回答说：

我没有……那时候教的论文都弄哪去了？（向栗腾飞笑），当时都一块交的，余春兰收的，是吧？到最后反馈回来了吗？

（我：您那个论文都反馈回来了，您看到了吗？）

我没有啊，放到哪去了？

（栗：我这儿有，我下载下来的，所有人都有。）

我那篇论文还真是自己写的呀……

（我：我看到了。我跟X老师商议了一下，非常谨慎的，也非常认真地，给了每个老师一些建议。）

她听说论文都反馈回来了，很感兴趣的样子。聊到这里，我觉得我似乎把她的观念聚焦到了核心问题上。但是她有事，先走了，我们约定11点后在她任教的"项目班"办公室继续聊。

我很想了解她这种纠结心情的原因，但是与她见面后，却令我非常失望。她并不配合，并拒绝录音。向我抱怨了任教"项目班"管理的一些问题，说这些学生中考的时候既不能让他们考得太低，也不能考得太高，因为如果考得太高就留不住了。还说，自己还有七八年就退休了，建议我应该多帮栗腾飞、付阳老师发论文才是。我向她询问是什么时候调过来的、并说我与她是同乡，然而她有戒心地说："问这个干什么？与这个有关系吗？"在我的执意下，她最后淡然地说，调来七八年了，而对我"攀老乡"的话语则没有更多深聊。之后我没有见她再交论文。她调来时就已经是高级教师，或许真的不需要这个了吧。

四、一对喜人的师徒

莫小英与我同时入读燕京师范大学，她读两年制的全日制教育硕士（物理），早于我一年毕业，2013年9月就职于她的母校未名中学物理组，自然成为了研究对象的一员。我们曾经一起上课，彼此了解很多。当我访谈到栗腾飞老师的时候，才知道栗腾飞老师是莫小英在未名中学时的老师，他们如今是一对师徒。

栗腾飞老师之前是发表过论文的，如表5-12。然而近年来则没有发表过。

表5-12 栗腾飞老师之前发表论文情况

序号	作者顺序	题目	期刊	刊期
1	独著	核反应堆与高中物理	《中学物理教学参考》	2005（3）

在上次 X 教授来做活动的时候，栗老师说，自己曾经写过很多论文，但是都没有投成功，想寻求一个解释，让心里"敞亮一点"。虽然 X 教授在现场没有过多评论，但是我们都意识到，他是一个很有潜力的"写家"，也是非常重要的研究对象。我与栗老师在他的办公室见面，旁边莫老师正在批改作业。因此，我索性对这对师徒一同进行了访谈。

（一）成长心路

访谈得知，栗老师也是从外校调来的，他向我吐露了他的成长心路。

说实话，我是一个很愿意上进的人。这么多年教学我也没有师傅，班主任什么都没有师傅，就是全靠自己。我哪有不明白的，我就问教研员。教研员有不明白的，我让教研员再联系专家，我再问。其实各个方面我钻的挺深的。我原先在郊区，在西山区。我单身，我每周六日从高一到高三的物理竞赛我全听、做，然后再教我的学生。我有什么不明白的我问我们学校的老师，他们都不会，谁不会都问我，我问我们区教研员他们也不会。我再问北城区教研员，他们也不会，他们帮我联系专家，我有好多我都是直接问专家。其实很多问题我钻得很深的。那些高考题呀竞赛题呀，拿过来一篇我马上就能做完，他们都不行。

（我：莫小英算是很幸运啊！［莫：对！］）

就是有很多问题我自己去钻，钻得很深，是这样。自己也写了好多的东西。但是写专业的教学论文方面确实是理论上还是很欠缺。因为没有人指点。但是相对来说我还是发表比较多的。每个学期我写出来的，至少是五六篇。在区里面老获奖，但是在全国发表的也就几篇。

我觉得，大概用半个学期的时间，去琢磨、去好好写的，只有我感觉分量非常重的，它才有可能发表。有的感觉也挺好的，也不比发表那些差，但是咱就缺少那方面的指导，那个理论的东西。

通过跟老师们相互学习可以使自己长进很快。为什么我刚才说的积累很重要？你只要有些想法，以前，前些年我专门有一个 Word 文档，哪节课或哪个部分，突然有个想法，我得查书，我得琢磨，把它琢磨明白了，我就觉得这是我增长的一个点。我赶紧把它记录下来。过一段时间我再把它整理一下，整理成我自己的东西，包括反思。这是你尽快成长的，最好的手段。就是新老师要学会积累和反思。

但是我原先在我们西山区嘛，就算是高产作家了。有时候我们教师在一块，所以我就想，学校也有一些教师的培训啊，让我去讲论文的写作。说实话，真说不出什么东西来，但是我唯一能给老师们说出来的，第一个我们自己要知道上进，去钻研这个专业的知识。第二个注意多积累。没事有点什么想法就先写下来。写下来之后，你平时没有时间，假期了把这些整理整理，看看能从一点突破，能写出来，哪怕是一个心得，哪怕是一个随笔，你慢慢慢慢积累。最后呢，你再找一些专业的书去看。看看再带上一些理论，然后再去发表。通过电子邮件这种方式就可以。给他们说过这方面。老师们也比较有启发，但是呢，我们理论的高度还是没有。只能跟他们说，我们是笨方法，我们怎么能够提高自己的业务水平。

栗老师着重谈了"积累""琢磨"的心得，尤其令人受益匪浅。

作为一个新老师，除了做这些之外，很关键的一点，就是需要去积累去琢磨。积累和反思是最重要的。如果你没有经验，你最好呢，能经常听听别的老师的课。

我觉得刚来到这，跟安老师接触啊，自己提高了很大一块。当然他跟我在一块，也学到了很多东西。包括电脑方面呀、画图方面呀，包括有些给学生讲题。有的学生找他问问题，突然这个题他不知道该怎么说了，或者他也有点麻烦吧，他就说："你问问栗老师"。我就给他学生讲。讲完之后他说："嗞——还是你聪明呀！我怎么没想到啊！"（笑）因为图像的问题，就是我给学生讲了，他受到启发了，他写了一篇论文还发表了，嘿嘿！然后就互相学习吧。当然我提高的更大一点。

尤其是有些问题你不知道该怎么讲更好一些的时候，我问安老师你什么时候讲到这里，星期几的时候，我去听听你的课呀？看你这块怎么讲的。（我：他同意？）他是组长嘛，他也是特级，他也没办法拒绝。再说底下老师去学，他没有理由不让你去学。其实有些地方他不一定比你讲得好，但是他总有比你高的地方。通过这个地方你能学习人家。

听罢此言，我感到栗老师在物理组的地位不一般。这一判断在之后的访谈中得到了确证。

（二）对论文的理解与筹划

栗腾飞老师对论文的态度与理解也令我感到非常欣喜。他谈到自己的写作经历时说：

另外论文那方面呢，说实话以前我也写了好多，但是真正发表的并不多。其实仔细看看，自己当时为什么写这些东西呢？相当于是给自己积累一些素材。不管是教学上、还是教育上，就是给自己积累一下，当时思考的很深刻，但是过去后忘了。再回过头看一看对自己也很有启发。后来慢慢慢慢积累多了就往外投稿，也有一些发表的，但是发表的并不多，但是原因是什么？看那些东西也确实是自己教学的一些经验呀？有些东西确实挺好，还是没有被发表。一个是可能自己懒一点，不是那么勤快。就是经常做一些修改呀，什么。还有就是从理论上来讲，我写的就是自己的一些感受、一些方法，就那些东西。没有更多的教育教学的理论在里面，这样的话可能在往外投的时候，一看可能这个高度就不够。

（我：上次反馈的论文，您感觉后面的评价是否中肯？）

我觉得挺好的，我看上面写得挺有水平的，我确实认真看了看。觉得确实有需要在理论方面看一看。只不过有时候从哪方面去着手，没有那么多时间去琢磨的。所以我就想让她（莫小英）先弄弄。我现在这边的事多得很。……

我感到他对论文的理解还有些误差，就纠正道："您说的理论，其实是像X老师说的……就事论事……加一些理论，也不能这么说，也不能强加。"他马上补充说：

有些地方你不知道该怎么样去描述。有这个想法，但是你不知道这个词你怎么去说。就差那一个词，你加上去之后，人家就觉得眼前一亮啊，挺新鲜啊，就这个。比较符合现在的情况。

这个意思就是 X 教授说的"中肯与否"、"到位与否"，不得不说，栗老师的体验是比较深刻的。对下一步的工作，他计划得非常乐观与仔细：

上次我弄的是一个教学设计，观点效应，其实挺有自己想法的，写了一下。我看你给写的说不太符合论文的格式，我也没有时间，我说让莫小英给看一看。

我刚才的意思是，说实话，像她这样的新人，需要有一定的成果，通过需要有一些在比较大型的刊物上发表论文，然后提高自己的地位呀、知名度，将来评职称都是很有用的。所以我是这么一个想法，我呢，教学也教了这么多年了，还是很有一些心得的，把我以前的东西拿出来，让她整理整理，最后呢，让她去写，不管她成熟不成熟。她先写出来，写出来之后呢，再跟你交流，你再帮着提提建议，稍微修改修改，然后让她再去修改。其实每个论文要写出来至少要修改四五遍。这样的话我是想让她把光电效应先写出来，写了之后呢发给你，给看看。（莫：我是十一这个假期肯定能完成。再请您跟 X 老师帮忙给看看，挖掘一下那个课堂内涵的框架。那个主干是有了，但是内涵创新点可能还缺少一点。）

看到他们如此积极的态度，我表示："您的文章可以发过来。"栗老师回答：

我打个包都发给你，但是我发的都是教学经验的。也有一些总结、一些想法。其实自己觉得挺好的，什么时候讲的这块自己就觉得挺好，我是想把那些先给你，然后呢她该写写，写完之后你给改一改。这样觉得差不多了，咱们就发表。发表之后呢，我再给她一篇，再跟她讨论，再弄一篇。通过这一年吧，我希望她能发表至少两到三篇吧。这样的话就每次以我们俩的名义，每篇两个作者应该没问题，（我：没问题。莫：三个作者也可以。）这样的话，她也可以提高一下地位呀、知名度。通过我的一些经验呢，通过写论文的方式，我就把我的经验给她。……我是这么想。这一学年也就是我们师徒配合吧。能够出那么两三篇。我觉得也就可以啦。（莫：到时候还得麻烦您，留个您电话。）

他对论文修改与发表的前景是乐观的，虽然他的认识也存在一些偏差，对发表论文的难度估计不足，但是我也被他激起了信心。

（三）得意弟子

访谈中，我有意谈到他们的师徒关系。栗老师直言：

她是我的得意弟子，当年我还是她物理老师，她是因为我才报的物理系。她的同班同学跟我说，她的未来理想就是做一个像我这样的物理老师，非常受学生欢迎。我是非常受学生欢迎的一个老师。

（我：我们曾一起做过心理测试，她的思维水平是我们这里水平最高的。）

但是她心理比较自卑，没有自信。需要我去慢慢地培养。她高考时候就是因为不自信嘛，心理不稳定，少考了七八十分呢。本来她应该能上第一师大，绝对没有问题的。后来就差了几分。她是他们班第一名。每次考试，物理满分120，你要不硬抠她的错的话，她就是满分。就是这样一种水平，每次考试就是满分，或者扣一分。扣那一分也是因为某个地方有些瑕疵吧，写的不那么完美。确实她挺虚心也挺好学的。比较听话。

比较好的是，因为我老带高三嘛，我说下学期我能去高一，你也在高一，这样的话我是你师傅，你就可以更快成长，这正好就如愿了嘛。然后我说第一节课，我就稍微往前赶一点，我比你快一节，以后每次课我都比你快一节，你先听我的再去讲。新老师当班主任，非常非常忙。她没有时间备课。她也不知道该怎么讲。我觉得我讲，你听，你听完之后你备课就非常简单。现在基本上就是这样一个过程，就是我讲课，她去听，听完以后她就按我的方法她再去讲。稍微再加上一点自己的东西，基本上就不用怎么变，现在她写的教案基本上就是我讲课的内容。其实这样挺好，为什么？你没有经验，你先把别人的东西拿过来。拿过来你觉得哪里不合适了，你根据你自己的学生稍加改动。这样的话你能更快的成长。因为她有这个条件。

（我：咱们一般是不是，新老师第一遍都是这样走的？）

也分师傅。有的师傅比较保守，他不愿让听。他顶多就是听听徒弟的课，给他指点指点说哪不对，像我这样的，随便去听的，没有。真的，有的老师你去听人家课，人家不高兴，人家上习题。真的，有很多老师很保守的。像我这样的没有。我从参加工作一直到这个学校来的头几年，我每学期至少要上几节公开课。而且任何老师，不管是领导，还是校长还是普通同事，不管是不是教物理的，任何人任何时间可以随时听我课，我都欢迎。而且有人听课我会讲的更激情一些，我让你看看我讲课水平怎么样。所以有一次我们朱校长去听我课嘛，突然有人告诉我，校长今天要听你课。我说来吧。让他听听我讲课水平怎么样。一个大校长一个副校长两人去听。听完之后就对我非常赞赏。从那之后，我教学方面的地位就确立了。领导非常认可，同事也很认可。学生评教评学对我都是 A，就没有打 B 的。都是满分，我是我们学校最高的。

或许，一个老师在一个单位"教学地位"的确立，都需要一个关键事件，栗老师对此深有体会，他明白自己的能力需要有一种平台和标志来展现。或许正是缘此，他才认为莫小英"需要这个"吧。不得不说，他的想法是非常积极且先进的。而他关于"有些师傅是很保守的"的介绍，则多少令我有些吃惊，因此也就更加赞赏这对师徒的关系。

（四）人生境界

栗老师事业上的成功还体现于他的一种人生境界上，这在物物理组教师中是绝无仅有的。

我是一个比较随和的人。不是说我一定要到特级呀一定怎么着。我没那想法。我就想我既然当老师我就把它当好。尽量让学生喜欢听我的课。我至少成为让学生都认可的、坦坦荡荡的老师。家长很满意，学生很认可，愿意上我的课。我就看到我的学生一个个成绩比较好，一个个出来了，每到教师节还能跟我发发短信呀。慰问慰问我，经常有学生来看我，谁一提起来，这个老师教得挺好。包括我毕业的学生，像她呀、王丹（音）呀，教体育的，有一次跟我打招呼，跟他同事说，这我们高中物理老师，教的可好了。人家在背后这么说你说明什么!?说明活的就值！活的就高兴！（提高音量）作为一个人，人家说你：这个人教的不咋地，我们那老师教得好。你听着就舒服，人活着是什么？活着就是一心情。人生苦短，就这几十年。你把你的精力投进去，学生能说你好，家长能说你好。

包括我最开始上班的一个学生家长，这都十多年快二十年了，我去4S店修车，碰见我特热情。跟我说完话，一转身就跟别人说："这是我儿子班主任，教物理的，教的可好了！"人家不管背地还是当面，人家就说你教得好。"这是我们学校最好的老师。"人家给你这么一个评价，说明什么，就是你得到人家的认可了。

一般而言，优秀人才的流动总是费尽周折，但是栗老师的调动却似乎非常顺利而愉快。

包括我当年我往这儿调，我是十月底关系转过来的。10月底我的所有的奖，什么论文奖、绩效啊，那些东西，其他老师是不给的。我的一直给我留着，包括基本工资，直到拿出档案，全给我结了。就是人缘混得不错，人家都认可你，觉得你在这你干得很好。即使你走了，人家也对你很有感情。我觉得一个人要是能混到这份上，也不容易。就是不管走到哪，大家都很欢迎你。不管是业务上，还是做人上。尽量的咱也不背后说人坏话。谁有什么事就尽量帮谁，这样的话，你帮助别人，别人也就帮助你。无形之中你就会得到一些好处。人家说无私的人是最自私的。就是你都帮助别人，别人也会帮助你。

（我：访谈前几个老师，不瞒您说，有点提不起劲来，甚至怀疑咱们这个项目能不能推下去。今天看到很大希望！）

莫：李老师是脚不离地，一直闲不住的人。就是非常上进，是很多人的偶像。

甚至对于版面费问题，他也颇为乐观。他说：

我觉得这应该不能成为负担，如果说这是大家一个公认的，就是还算比较有权威的刊物，这样对你自己也是有好处的。比如说我评职称啊，你有东西啊！你这个东西不是说你几百块钱就能买到的。你比如说你这一学年结束了，你发表几篇论文了？你什么都没有。你写上一笔，我每年都发表那么几篇论文。你有这个东西你就硬气。你要真不发表，你空着，你能不能让我过？人家能让你过吗？你有这个东西和没这个东西那绝对是不一样的。就看你怎么想。

（我：我只能这么说，如果大家都向您这个想法，咱们这个工作就好办了。）

对栗腾飞师徒的访谈是令我最愉快、最有信心的一次。其中有很多信息都值得解读与玩味。栗老师有自己的人生哲学，并且不吝惜地带上了自己这个得意门生为徒。然而，他的成长经历也的确有些辛苦了，其中折射出物理教师的职前与职后教育还有很多不到位之处。栗老师取得今天的成就，是自己钻研求教得来的，并且经历了从教多年的积累，我希望像栗老师这样的老师能够从物理师范教育中培养出来。而莫老师能有这样的从师机会，实在是一种幸运。回去后，栗老师当晚就发来了他的论文22篇，我当即开始了修改。

五、"说不来"

每次对老师们访谈后，我都在当晚与X教授交流情况。X教授在肯定我工作的同时，似乎觉得我还有一些东西没有发掘出来，但是他自己也很难概括。他表示，感觉北京老师身上有一种"说不来"，"他很自信，觉得自己可牛了，油盐不进。"在后来的访谈中，这种特质在几位老师身上得到了或多或少的体现。当然，我也发现了X教授这一印象背后更多的内容。

（一）一些自信

仲国平老师之前没有发表论文，他之前交来的论文是一篇非常详细的教案，详细地连教师的提问和学生可能的回答都写了出来，使得整篇教案颇像一篇"师生问答"。后来得知，这就是上次"聚焦课堂"活动他代表未名中学讲课的教学设计。我能看出教学设计非常细致，并且他也是本组的一员"干将"。与他的交流始于对X教授前期的工作上。他评论道：

写成那种规范论文，没经过这个训练。你拿一个范文？不行。你应该拿来个例子，你应该拿来个学案，说如何把这个学案写成一个论文呢。跟老师给学生讲题一样，你得这样，后来我照葫芦画瓢，会写了吧？这也是。你说写那个格式他没动过。就是没有经过讲例题那个过程，这也是。

我们现在是会写学案、教案，都行。你要把它写成论文的形式，需要用你们写论文的形式重新组织。就手把手的走一个。第二个我就很简单，照葫芦画瓢了。第一个葫芦没弄出来，所以那瓢就永远有不了。你讲一年，谁也不写。

你跟学生也是一样，你给他发个"片子"你去做去吧？你得给他讲个例题。你们都经过这个培训，就跟我们教学生，你得用这个表达，那有得分点……当然这是一路，一个思路。其实每个人的心理都是一样的，隔行如隔山，虽然都是教育系统，学案和论文也是隔行如隔山。你可能写论文写得很顺手，写个学案呢，你可能也得经过听听课呀什么的。

你比如说我们现在教中学，你要是让我教幼儿园去，我肯定也不顺手。不是说教完高中就立马教幼儿园去，不是一码事，看着人家怎么弄，哄孩子跟教高中生不是一个劲，这也是。只要按他的格式套。人们就是懒得越，所以你要真是想越，很容易越过去。很简单的事。

我认为，他对 X 教授辅导方式的建议部分是有道理的，但是，其中透露出他对教学研究论文理解还有偏差，他没有意识到论文是一种深入思考过程。他认为"就是懒得越"，而没有更加困难的地方，显得有些自以为是。我继续把话题引向深入：

（我：下一步，您对选题有何预期或打算？）

大家普遍的这个思想，我也是一个很普通的人，大家虽然对这个没什么动力，但是要是很容易写一个，也想发表发表。每个人都想发表。但是由于有这个坎，所以大家都不愿意去研究它。你要自己摸索，肯定很浪费时间。我有哪些观点……我可以抛出一些观点来，但是我不知道人家编辑怎么想的。

（我：当然这个观点越新颖或者越有深度越好，当然是这样。）

你比如说我上次我教的电磁感应强度那个，我感觉是一个比较突破的一个学案。但是如何把它写成论文……我想也能把它写成一个论文，因为它是一个由定性的变成一个很准确的定量的，包括它的仪器的角度，都可以写成一个论文，我有这个想法。如果写的话，我认为这两个都可以。期刊的编审肯定也有标准。那个标准，说句实话，我们不清楚。我如何表达了，如何让他看很符合规矩、也说清了，他能听明白。我觉得写论文也跟写八股文差不多，它有他的章法。

或许他说的是玩笑话，但是我感到他有架子放不下来，宁愿去妄自揣测也不愿去了解，或许可以用"思而不学"来形容吧。我询问他联系方式，他说邮箱都不用、QQ 也不上，遂作罢，我继续询问论文的事：

（我：上次论文的反馈建议您认为怎么样？）

我都没什么印象了。现在忙的呀，不可开交。还当着班主任。

（我：上次发的论文集感觉还对胃口吗？）

那个论文集挺对胃口的，你看着吧你知道怎么写。但是说实话，没有充足的时间细琢磨，上面实际上已经是写好的"例题"。如果一个人真是想发表论文，下工夫去读读它，琢磨琢磨他，是可以找出来的。

我向他介绍了论文集的"就事论事""就事论理""就理论理"三个部分，问他哪部分最好？他说：

我觉得就事论事、就理论理都无所谓，都可以。你就是感觉你目前的素材，符合哪个方向的适用哪个方向的。比如说刚才的一个实验，你把它理解成一个实验思想，那就能就理论理。其实就看你强到哪块。咱们就简单这样说，当然你就理论理，可以是教学理论，也可以是实验指导理论。其实适合炒的就炒，适合凉拌的就凉拌。

他的"架子"还是放不下来。我把付阳老师修改后的论文拿给他看，想对他有些触动，他看了说：

其实这样的照猫画虎有那么几回，就有感觉了。

（我：您以前有没有写过获奖论文？）

我想想，我记得以前写过的都发表了。肯定是很认真地写的。

（我：您发表在哪些期刊？）

没有期刊，大部分老师不会说国家那种期刊，就属于是"教育论坛"之类的这些。也是期刊，想不起来了。再一个我觉得啊，跟以前不是很合拍。以前你写什么论文符合当前的思想，他现在的思想一看都是以前的东西。对于我个人来说就如何把一节课的思想写成一篇论文。就像电磁感应，是自己正在困惑的一件事。

老师们手头有很多这个，不是说没有做过。他有很多可能的思想，这些思想可能没有做公开课，但是他心里留着呢，这一个突破了，可能后面五六个都不止。

我揣测，或许他曾发表的文章是教研系统内部的一些期刊或论文集，因为在CNKI上没有检索到他的文章。其实，对于老师们这些经验、"肚子里的货"，我真是既心疼，又惋惜。因为他们没有基于前人的研究，而仅是经验，这样的"水文"我看过太多。但是更不愿打击他们从教十几年的"信心"，并且或许也根本触动不了这种"信心"。于是，只好说点实际的：

（我：下一步您看能否把这些转化成纯文字叙述的？）

这个工作肯定可以做，这个工作肯定不能让你做。（笑）

在随后的交流中，我感到他对经验非常看重，论文的理解还有正确的概念，因此再次向他提起"就事论事、就事论理、就理论理"三个层次，然而他打断说：

一道题放在这儿就是就事论事，两道题三道题放在这儿就可以就事论理、就成一个规律了。形成一个规律，这个规律的方法能够迁移到其他的题当中，这就是就理论理了。没有就事论事，根本没有地基。

直到最后，他对教学论文还是停留在经验与具体的教学问题层面。后来，我参加的最后一次活动就是物理组集体学习他得奖的这节课。课上他比较高兴，表示会将论文改好后发给我，但是最终还是没有等到。

（二）一点虚荣

与洪岩老师访谈前，X教授嘱咐我要格外留意，因为她在这个群体中是特殊的。她是第一师范大学专门为培养教师开设的"4+2"硕士研究生毕业：物理学的本科专业，之后由教育学部配备两年硕士阶段的导师。她的导师是国内教学论界颇有名气的一位教授。

然而之前她交来的论文却有几段抄袭嫌疑，因此我没有给她更多评语。与X教授商议后，将查到的涉嫌被她抄袭的原件与她的稿子一起发还给了她。我有点害怕这是否会影响与她的交流访谈，然而令我高兴的是，她对我还是敞开了心扉。

一开始，我还是请她评论前期的工作，她说：

其实我觉得这活动挺好的。我认为他很多想法是特别好的。可能就有时候站的角度不一样，所以可能就像你说，推进起来会有些困难，就是他的想法我们都认为很好，但是真要我们去推行这些想法的时候，可能就会遇到些问题。可能实践起来我们个人就会有所选择。

第五章 中学物理教研组教师团队教学研究能力发展的行动研究

我对访谈已经有了经验，马上把话题引向论文。她回应说：

那我觉得这目的挺好的，首先第一个吧，从我个人角度来讲，其实……就像那次来讲有个说法挺好……就是有个想法你记下来了，然后过后这个想法就忘了，就很难说把这个事儿写下来，可能这事就过去了，我电脑上就很多这样的 Word 文档，写了一个标题、写了两句话，这个 Word 文档就没再用过。所以很多事就是可能因为你忙这个呀忙那个呀，可能个人觉得其实最大压力还是一线教学。所以可能更多的还是在想教学的方面。所以写东西可能主观上就有忽略，或者叫……放到一个较低的地方，平时就不太去管它。所以这事就像老师对学生一样，有时候就得催一催，对我们也得催一催。

可能我们也真的不太知道要怎么写。我记得 X 老师给我们发了一个他的一些东西。

（我：我正想问您呢。）

我觉得……可能就是模仿嘛，但是我觉得可能一线教师写的东西跟那些科研类的东西又不太一样。

这时候，我还没有明白她心理的状态，就说：

（我：X 老师让我专门关照一下洪老师，硕士毕业写这个东西可能比他们都要入手快一点。）

其实我现在是什么呀……原来吧，就是……怎么说呢，我这个人写东西习惯就不太好。有时候突发奇想，但是有时候一懒就过去了。还有就是在大学里特别喜欢用中国知网的那个东西，特别好用，因为像第一师大，他这种校园的资源它就是可以用的，可是到了现在他这个资源就用不了了。所以我就觉得这些东西你就搜不到。所以那次我写了一篇文章，我看你们给我写的那个，很多东西在别的文献中出现过，哎，我就觉得特别奇怪，因为我就没有搜过这些文献。当时那些问题都是我在学生的那些作业当中，比如说一份试卷，三十几份，出来的最后一个答案，这个比例，根本就没有参考这些东西，确实就有些东西就跟人重了。所以我觉得资源是一方面，然后这个问题现在好像已经解决了。今年 6 月还是 7 月，学校统一发了，说北城区统一采购了中国知网。我登了一下，可能只能登一个（我：基础教育的数据库？）对！就是别的是看不到的。

（我：您有我的联系方式，需要什么文献都可以跟我联系。）

其实我现在挺想写点东西的，但是我现在看了很多一线教师写的东西。我觉得就是可能，你毕业之后就会变了，就更倾向的是这样一种东西。就像我们说的那个叫《物理教师》还有一个叫《中学物理》，我觉得就那两本杂志上面的文章了。就是你所写的文章就慢慢倾向于那种了。

我终于明白了，她对物理教学论文的认识存在误区，认为发在《物理教师》等杂志的那些根本不是论文。殊不知这类期刊是一线物理教师订阅、阅读、投稿的，这类论文也的的确确是学科教学研究的论文，并且投中它们有不下于教育类期刊的难度。我感到她对学术的认识有点好高骛远。可能是她的硕士阶段是在"纯"教育院系就读的原因吧。于是，我就试图纠正她的这一认识：

（我：X老师他是这么个观点，……《物理教师》《中学物理教学参考》那也都是核心期刊啊，水平都是不低的呀！对咱们老师这个定位，也就是这个定位。发在这上面也就很好了。并且是最体现咱们专业性的。）

那可能我们和你们的预期就不是沟通的很通畅。有些可能我们还没有理解到位。我们其实刚开始上课觉得很好。就是希望能够提升自己的教学的能力，或者自己对这个物理知识的认识。

我感到，她又在表达自己新的抵触，于是，我想建立起她对我与X教授工作的信心。就向她介绍了X教授的研究能力与研究背景，并建议她阅读X教授的文章。她回应说：

我还是觉得，自己想写，但是有时候就忘了怎么写了，以前是读书的时候整天老师教你怎么写，然后有人手把手帮你去改，一遍两遍的改，就习惯了，然后等到教学后一忙，就是这种改的东西很少了。

我感到了她的虚荣，因为我没有查到她的论文，虽然她说自己是"忘了"怎么写了。她特殊的学历很有可能成为了一种包袱。我说："咱们下一阶段就解决这个问题。最后每个老师最后都发表一篇文章。"我没有忘记给他一些压力，向他介绍了栗腾飞、付阳老师论文的进展。她回答说：

这个挺好的。可能想写，但是到那就遇到一个障碍，就过不去了，就可能需要跟人聊一聊，选就像你说的，就事论事的，可能我们写的都会比较好。但是就事论事的就会让您觉得没有深度。所以就事论理，这个理怎么论……

（我：这个没有关系呀。X老师就说有什么写什么，就写成就事论事的就行。）

我觉得还是可以有一定的指导的，比如说就事论理，这个事，要论到什么样的理。

我感到她有一些眼高手低，因为我知道，纵然是就事论理也并不是那么容易的。索性就对她进行了解释，让她明确，写成"就事论事"的就好，当然"就事论理"也欢迎。她表示明白了。我继续说：

（我：还有一个，您有没有一些关于教研系统论文评奖啊什么？）

没有。这个老教师可能多一点。我第一轮就教高一高二，我这是第三轮的高三。因为很多事我都还没想明白，所以有时候写起来就觉得……我就觉得这事我就想不明白，从各个方面想就觉得这个事特别乱。可能这个思路还没有理顺。所以写东西就比较少。可能像老教师他们写的就有很多成稿，他已经一轮两轮三轮下来，比较成熟了。对我们而言，可能我们还没有到写东西的地步，我觉得对我个人而言还是一个积累的过程。

她对论文与教学的基本态度还是比较成熟的，也印证了X教授之前说过的话，"没写好就是没想好"。之后，她向我吐露了"4+2"研究生学习方面的一些情况。

第五章 中学物理教研组教师团队教学研究能力发展的行动研究

我们说我们大学学了四年，研究生又学过那么多，咱说实话真的你学了什么东西？我现在真想问你，您觉得您学了什么东西？现在真要你站在讲台上，你能把这节课上的很好吗？能保证所有的学生都受欢迎吗？

（我：这我还真不能保证。）

我当时念书的时候，就觉得那些东西太空了，没有用，所以说很多课上的就不是很认真，这是事实。但是真的走上一线，我觉得我现在教了两轮下来，我就越来的发现那些东西很重要，我现在想去反过来再学一下的时候可能就更好，所以有时候就会把原来很多书都找出来。

（我：您是指的哪些方面的？）

比如说我们的教学论，比如说我们的课程论，比如说我们的教育学，之前学过的心理学。我觉得这些东西，甚至包括普物，我现在觉得普物很多东西我自己就弄不懂，就这些东西你自己再翻出来看看的时候你就觉得收获特别大。所以我觉得自己貌似就是一个学习的过程。可能自己就还没有成长起来。反正我感觉我当时毕业时候就是一个"零"，真的就是个"零"，很多是在一线的时候才慢慢……

（我：您上的是"4+2"，WBL先生的学生？）

对呀，我们当时有一个合同的，也就是我们这种四加二的必须走基层教学的，也就是必须站在一线当一线老师的，是这样的一个方向。所以我们整个的研究性的课程并不是很多，我们两年每年都有半年的时间是在实习的，也就是我们真的要站在讲台上去讲课的，所以我们实际做论文的时间很短，所以跟你们来比较可能学术性就差了一点。当时可能学的也不太认真，所以现在非常想有这种东西的一个反哺……不能叫反哺，怎么叫呢？叫……就是现在我缺失的东西的一个补充。所以我现在觉得教育硕士真的会很好。

我也是物理学出身，在复习考研时候与上研究生期间，曾相对深入地学习过两类不同的教育教学理论，深知二者的不同，也能够回答那种"纯"教育理论对物理教学"无用"的纠结感。因此，我试图引导她区分二者，并能转向物理教学理论的学习。令人欣慰的是，她对X教授前期的培训评价很高，对X教授的意见也坦陈了自己的理由：

因为我没有听过X老师的课嘛，我是在未名中学听X老师的课，我觉得他讲得很好。他的许多观点，我觉得特别特别好，是我头一次听过的，就以前从来没听过的。包括他上回说的那个小环①的那个，用那个环去讲电磁感应，我真的试了一次，但是我讲完后觉得不行，后来我又倒回来了，您明白吗？就是像这种有时候我又不好意思，但是就特别希望X老师能来听一听。哪怕你把我批得狗血喷头，我可能就知道这个事理顺了，这很多东西我就吸收了，现在我觉得很好，真的去尝试了，发现这个班第二节课的时候就没法推进了，我倒过来又重新讲了一遍。所以我是觉得

---

① 详见X教授的《高中物理高端备课》。

他的一些东西很好，我是很想按照他的一些东西去改变一些东西的，但是推行起来就发现了很多障碍，就发现下不去了怎么办。

我看她评价如此积极，就乘兴问她："X老师关于"电势差"那节课的意见课您为什么不是很接受？"她回答说：

第一个啊，这个电势差的课当时是这样的。因为这是我第二轮再讲电势差了，反正我就觉得这个电势差的概念它是比较抽象的，然后X老师的意见是一定要做很完整的类比，但是我觉得在这节课剩下的东西就不能做，我觉得现在学生是做不了的。可能就做一部分。所以我只接受了一部分。

像他说的那个思路我一直在用，就是这节课上课你一定要让学生们知道你这节课要干什么，所以我现在在每节课上都要说：我们这节课要干什么。然后下课就会说我们这节课干了什么。就是从他之后我就养成了这个习惯。原来就想我干嘛告诉你呀，你又不懂？我告诉你你也不知道，但是后来我觉得起码让他知道这节课有什么东西，然后下课又说我们干了什么。让学生来了有个准备，然后回家有个复习，所以我觉得特别好。

洪岩老师的诸多特点都使她在本组体现出特殊性。如果她能走出昔日的"情结"而找到正确的方向，她应该能走上良性发展的道路。毕竟，她当初考上了第一师范大学。然而，我也感受到了她所经历的培养模式的问题。

（三） 一点希望

于晶老师上次交来的论文是一篇标准的教学设计，四平八稳，我已见怪不怪。她没有什么情绪，貌似是一个没什么个性的老师。访谈开始我才知道，她正在第一师范大学读学科教学（物理）的在职教育硕士。她对我说："要说写论文这件事，说实话我还是挺迫切的。为什么，因为我现在在第一师大做在职的研究生，就到了写论文的阶段了。GYY是我导师。"

她有这一需要，我就松了口气。于是马上谈到论文。她说：

X老师给的论文我还真是看了，我觉得还真是从他的论文中我有很多启发，因为我可能，像我们最大的问题是说就是有些东西脑子里想过，但是不能系统的成文章，我觉得这个对于我们是一个最大的困难。就是不能表述出来，不能以论文的形式给它展示出来。

（我：咱们下一步就想解决解决这个问题。）

我觉得问题最大的可能就是在这儿，就是同样一节课，我也有一些想法，可能几点，但是这几点称不能成一篇文章？X老师给我们上"物理高端备课"的时候，说格式的问题，我觉得格式确实是重要，有的那个格式……往里面填肉吧……可能还是没有研究生那么大的训练。因为像我听研究生班课的时候，也讲如何写论文，那会也讲那个，那节课，教育科研方法嘛，但是也是讲的很快。而且翻那个书吧，当时也讲一些这个方法那个方法，但是怎么去操作，实际怎么去做的时候好像就没

第五章 中学物理教研组教师团队教学研究能力发展的行动研究

有那么一个阶段，一个时间让你慢慢去训练出来。

我感到她的心里没有底，可能是因为缺少学习，没有读文章，不会判断，对学术的理解也比较浅。我向她谈起下一步的计划是，希望每个老师至少发一篇文章。她表示：

肯定我们是特别愿意的。尤其像我，还是属于我们组里比较年轻的吧？而且还是挺希望在这方面有所突破。因为你要单单从教学上，教学经验什么来讲，年轻人未必有那么高的优势。但是这方面，年轻人还是应该更喜欢学习、接受新的事物，是吧？或者说在这方面愿意去做尝试和研究。但是具体落实到做上，可能的确还需要您这儿或 X 老师多帮忙、多给指导。可是发表的这篇文章，我不知道多大的这种？

我明白了，她的确之前没有看到过物理教学研究的论文，压根不知道这类论文是怎么回事。这是之前几位老师的通病，就向她解释。其实栗腾飞老师说，这些杂志学校图书馆都有，可能是因为这些杂志总在教研组长手里，她感到这些杂志高不可攀？我就向他介绍了物理教学的"六大期刊"，她听后说：

这种刊物就是登出来篇幅不是很大啊？但是会解决一个具体问题。哦，明白了。

（我：就瞄准这种，您看可以吗？）

挺好！挺好，我觉得真的挺好的。你们真是等于做了不少工作。费心了。那我就再看一看，平时这方面的刊物看的的确不是很多。包括现在写论文看，也都是在网上搜期刊看。也没怎么拿实际的这些刊物看。

终于将这件事说通了。在访谈中既获取了信息，也产生积极的干预，我感到很有成就感。之后，她向我讲了她考取教育硕士的原因与历程。

（我：您这个发展状态挺好的，在第一师大读这个在职的教育硕士。）

这个……其实我是属于规划有点晚了。如果可以早点去读，可能现在可以像您这样写个论文什么……就可能对我来说不是很困难的问题。（笑）

（我：那是一个什么契机，那个时候促成您做这个决定去那边读教育硕士？）

想法是早就有的。决定，确实是因为遇到了化学组的一位老师，因为她现在已经不在我们学校了。

（我：是 Z 老师吗？）

对对对！您知道？

Z 老师后来读了第一师范大学化学课程与教学论的硕士和博士，毕业后在西海区教师进修学校工作，现任某中心主任，可谓一个教师专业发展的良好例子。我读过她写的文章，所以有所了解。于老师继续说：

因为 Z 老师那时候……因为我刚来未名不久，那时候没跟她搭上班儿。后来搭上班之后，从她的言谈中促成我下定决心。真的是她在科研上还是很有想法，她说的一些话还是……确实打动了我。而且，我记得当时她说："你赶紧读！而且读完研究生马上要读博士。"哈哈哈，这么跟我说的。确实是这样，她不是三言两语啊，

211

肯定是她平时也给我一些启发。而且她的一些话，他对科研的一些……想法和态度上真的是让我感觉……反正跟她谈了之后……嗯……就是决定立马要做了，这件事，不能再拖了。就这种感觉。确实是她给我一个很大的促动。想法其实我早就有了。那个时候不是说毕业3年后就可以读吗？当然可能也是在拖拖拉拉，因为个人的……因为女老师嘛，各种事情，就拖拉到后面。当时也是很努力地学了一阵子，因为第一师大那块也不太好考。因为主要是扔了好多年，尤其是英语，专业课上还好。

总体而言，于老师的态度是开放的，没有过多的情绪和成见，并且能够受到榜样的促动，这就是希望所在。

六、影子组长

为什么我觉得和梅老师有"影子组长"的意思？虽然她个人极力想摆脱这一印象，作为物理组的一员，她教学主任的身份还是让她在大家心目中的位置不一般。我第一次来访谈的时候，原本与安老师联系妥当，但是安老师见我后没有多说话，就客气地带我来教务处见和梅老师。和老师听罢，在欢迎我的同时，对安老师非常认真并有些期许似地说：这是好事，但是还是得由您来安排，她自己仅是物理组的成员。之后，我才在安老师的联系下开展访谈活动。

访谈期间，她由于比较忙，是我最后一个访谈的对象，她给我的感觉的确非常优秀。

（一）成长历程

由于她是团队里面比较特殊的一位老师，既是物理教师，也兼任教学主任，她是如何走上这个工作岗位的？我问到："您能不能聊一聊您专业成长的一个心路历程？"她答道：

你要这么说，我觉得还真有三个关键点。我刚毕业呀，因为我长得也比较小，也瘦，一开始，说句实话，校长都不愿意要我。当时第一年是教着课兼着实验室，当时觉得挺那什么……后来感觉那一段实验室生活还是让我挺有收获的。第二年，全校的大会上，校长就说，全校进步最大的，就提到了我。所以那时候就觉得，哎呦……有点信心。然后过了一年就让我上高中了。上高中的时候没有师傅，按说第一年刚刚毕业不都应该有师傅吗？没师傅，但是当时我们就有一个特级教师，我就跟特级教师拿了一本他的教案，我是整个这一年看着这本特级教师高一的教案、听着高二的课过来的。那一年我觉得收获是最大的。这是我的一个转折。

然后，就高二那年……我原来是河北的，有一个河北省的评优课大赛，他会一级一级的，学校推到区，区里推到市，市里再推到省。当时在学校里跟我同时毕业的年龄差不多的大概有几个，听课同学要选，把我选拔出来，到区里，区里又选出来，又参加市里，就真脱层皮的感觉。我觉得这是课上成长的最快的阶段。一开始是教案师傅。因为在学校选的是学校最好的老师给你磨课，到区里是全区的教研员给你磨课，到市里是市里的教研员给你磨课，有人家专业的人给你磨课，还是挺那什么的……

另外就是，我来未名中学是跟安老师一块儿调来的。调来以后呢，安老师这个学案，包括我跟现在的老师们也说，安老师的学案不是题集，我是真的通过安老师出的这些学案，去体会安老师的思想。我觉得你要真把它当成一份题，就糟蹋了安老师学案的设计了。所以如果我这块有点优势，是我有学习的优势。

我每次看完安老师的学案后跟安老师聊，我们俩基本上能保持一致。就是跟安老师同头的时候用安老师的学案我觉得比别人得心应手。如果说历程，这两个是我觉得在物理有提升的一块。

磨课赛课、交流合作，这都是很好的经验。她还谈到自己的一些教学经验和体会。在她这里，我感受到了物理教学工作真正的专业性和魅力。她说：哪怕是同一种设计，不同人能讲出不同的味道，其原因是是否领会了其中的奥妙。这与 X 教授还有我自己的观点是一致的，物理教学要讲逻辑，既不仅要明白做什么、如何做，还要明白为什么要这样做。如果真如她自己所说，那么她在教学上首先是过关的，并且应该是不落后的。

（二）论文困难

虽然她个人如此优秀，但是她对论文的事还是表示出难以克服的困难。

我现在带着高三呢。所以我理解，我特别理解老师们，的确是中学的事务性工作特别多。弄得现在老师们的工作强度都很大，特别大。

现在中学工作量还是挺大的，班主任工作是一方面，几年还有那个谁？莫小英，她现在就当着班主任，所以你让她拿出时间……说实话这孩子也挺爱学的，你让她拿出时间来，她估计真没时间。

上次反馈的论文，她说还没有看到，也没有人通知她，说随后再看看。这种情况在物理组其他老师身上也出现过，是沟通不畅吗？我不知道，于是我就与她商议下一步的打算。

（我：下一步工作，让老师们至少一人发一篇论文，您看合理吗？）

行，这个没问题。我觉得这个合理。

（我：老师们就瞄准就事论事的，这个定位怎么样？）

应该是可以，因为说句实在话，她就不是特别爱写的人，但是我前两天逼了她一次，她的那个设计实验，然后还有这块。因为她的确特别有想法，特别是实验这方面，所以这些东西，心里有东西就好写，最多是文笔上不好。

虽然她如此表态，但是还是没有对自己的论文做出安排。并且上次她交的论文就是一道题的解答，有些太应付了，我就问她：

（我：下一步您有什么期待或者什么打算？您是否也有发表论文的计划？）

我说句实话，我曾经有一段就特别想写，但是我就属于那种不会写的。

（我：我就直话直说了啊，您上次交的那个论文是一个题的……）

对，我就没有……后来让他们从我电脑里搜了一个就交了。实际上我最近就没写过。我知道那根本就不是论文……那是当时安老师出了一道题，那就是一个小随笔。当时就是特别急的不行了，就交了。

（我：不知道您现在有没有什么选题的打算？或者有什么资源？）

我主要是现在，教学这块的事务性的事特别多，物理教学这块就好像少一点，但是我如果……哎哟……我再想想吧，我再想想，现在就是这方面用的精力特别少。

（我：我也得帮您切切实实的解决问题，您知道吗？）

她说："回去再翻一翻，这几年也没写什么"。然而最后还是没有交来论文。其实她访谈中对交论文的态度与实施都没有真正深入。很容易看出，她还是没想交论文。或许她真的是太忙，或许她还是感到自己不是物理组的普通一员吧。

（三）"可能你现在最了解物理组"

和梅老师是我访谈的最后一位物理组成员，她对物理组发展与建设中的诸多问题的洞悉在当时都多少令我钦佩，她说：

我觉得就你这个做法，真的特别好。一个是落地，咱们这个项目要落地，可能更多的要靠你，起码让老师们可能会更了解咱们这个项目是什么，或者说他该怎么做。而且我觉得，你实际上……老师们原来会觉得这是一堵墙，你一下把它变成台阶了。（笑）我真是觉得真的挺好的。

（我：反正这个做成了我也可以顺利毕业了。）

你这可不是毕业论文的事，如果说真的……我们物理组的进步还真的挺依靠你的。（笑）因为毕竟……自己这方面也比较薄弱，自己就特别想那什么的时候，我如果想怎样，我当时就会……

她有点语无伦次，想说点什么却说不出来。我访谈了那么多老师，多少也能体会到她的意思，就试探说：

（我：是不是老师们之间沟通也不是那么容易？是不是这意思？）

其实也是，就说实话，因为现在办公室在同级，这个组不在一块，老师这样的交流不多！真的不多！所以又加上……有你这个……可能你现在是最了解物理组的一个……（笑），也不是说最了解，就是说你可能熟悉大家的情况。

说我"最了解物理组"当然不敢当。我继续谈道：

（我：您看我是不是找个时间把情况跟您或跟安老师汇报汇报？）

别……对！跟安老师……我觉得这事啊……我为什么这次先说好，我参加这次活动纯粹是一个物理老师参加的，就不是一个教学主任，因为要这样的话……我为什么要这样？因为一个物理组的建设应该是在安老师这儿。那安老师啊？这个人特别好，而且安老师属于那种我自己要做好，他是希望通过自己的做带着别人做，他不爱要求，你发现了吗？他不爱要求别的老师。

（我：之前对每个老师可能有一个平面的了解，通过访谈之后，我觉得能对咱们团体有一个相对立体的认识了。您说的这些我都很能理解。）

我这样说是想让她解除顾虑，表示我与她有同感，而事实上也的确如此。她听后说：

安老师他就觉得……我觉得他应该是这个团队的这个……但是我觉得：我让别人干这事是不是为难别人。我觉得有点这种想法，我肯定我跟王校（指王飞副校长，也是物理出身。）我们俩肯定是在最后支持着，但是安老师呢，所以说这一块呢……让他了解了解老师们有这个意愿，他一直觉得……怕……我这样是否会给老师们添什么。而在我这块，我肯定会要求年轻老师。

（我：那我要汇报我就跟安老师汇报？您刚才的意思我很懂，我跟您也很有共鸣。）

是吧，因为这个团队，我还有别的组……我觉得还是得把安老师推出来。安老师有的时候觉得我和王校都是物理的，所以他就想着往后，所以有时候安老师……其实他在我们组里面威望非常高。但是他就是不爱让别人去干些什么。但是他人特别好。我自己的成长也是在安老师这个基础上。

和梅老师给我了很多宝贵的信息，从与她的交流中，我既看到了无奈，也看到了希望。可以说，和梅主任的言谈中蕴含的信息很多，而这些我直到最后论文即将完成时才有机会深入理解。

七、小结与反思：关系模式

在本章，我试图首先描绘一幅未名中学物理组教师的"群像"，并力图理解这个组的关系模式。其中给我最关键信息的是组长安诚老师与"影子组长"和梅。

（一）领导力的来源

事实上，一开始我的态度是倾向于和梅主任的，即认为安老师有些缺乏领导力。然而后来我才认识到，这也不能全怪安老师，而和主任的观点也并非没有局限。和梅主任有行政身份，因而思路也是行政式的，即期望安老师作为教研组长能够去"要求"组里的成员。但是安老师虽然是教研组长，却没有任何行政权力，对老师们任何稍显强硬的要求都是"名不正而言不顺"的。即使有教学主任和副校长在背后的"力挺"，而他一旦借助这种支持，则难免会被组内成员"鄙视"，对他"买账"更不可能。这在教师群体中则是更加容易理解的。

回忆起来，之前的几次活动中我都曾见到过和梅老师在公开场合下或明或暗地对安老师"力挺"。当时还感到她是开明且高风亮节的。然而站在安老师的角度去想，这反倒使安老师更加想去"避嫌"，即不想让组员将自己看作学校行政人员的同道。

现在，我才对"教研组长"的职位有了准确的认识。原来，其权力与地位都是如此有限，在学校行政化的现实下，这种地位甚至显得尴尬，其作用发挥的空间几乎微小，在这样的物理组中，其需要处理的关系也极尽微妙。因此，安诚老师对教研组的行动方式也就容易理解了。

（二）教研组长的行动逻辑

明确了教研组中领导力的真正来源，我才理解了教研组长这一角色的实际影响力。看起来，教研组长没有任何的实际行政权力，安老师曾对我抱怨说"学校重视年级组，不重视学科组"，实际上是说，没有"娘家"的学科组被有行政"撑腰"的年级组架空了。

在教研活动中，安诚老师给老师们建议时，在最后往往会强调"没有别的意思"，甚至成了口头语。有了以上思考，我才感到这是安老师在把握自己的分寸。他对行政不感兴趣，并且，由于副校长与教学主任都是物理出身，他想尽量"避嫌"。其实，这种做法也在"做人"的情理之中。

安老师不愿意"要求"别人，而只希望自己带动别人做，而这恰恰是教研组长只能做到的事，某种程度上也是最恰当的作为方式。虽然没有行政身份，但是在行政化的校园里，他稍不留意就能与行政发生联系，一不小心就有可能造成"狐假虎威"的印象。因此，他只能靠专业身份来影响别人。而事实上，安诚老师以他的行动逻辑对物理组贡献了很多，并且作为组长，不愿意说"要求"的话。在一定程度上，他对老师们也做到"仁至义尽"了。

据说，一般而言，普通教师群体对学校行政人员或兼任行政人员的教师是多少有些看不惯的，认为他们是"不干实事"的，并且能够借助行政权力在分班、考评等活动中占尽先机，且有能力"挤兑"别人。在文化层面，大多数教师普遍对"仕途"不感兴趣，那么，参与行政的教师也就自然地被他们排除出了共同体文化圈与心理认同圈。虽然在物理组我未发现有这样的情况，然而或许正是在这种学校文化的大背景下，安老师才会更加"坚定"地在各项事务中"后退"吧。

教研组长安老师其领导力发挥的不足诚然与特殊的组织模式以及个人的性格特质有关，然而其专业水平不得不说也是一个重要因素。正如 X 教授所说，如果安老师能够在物理教学专业期刊上每年发表两三篇文章，会没有不同吗？也就是说，安老师虽然是引进的特级教师，但是却没有比组员在专业上"高出一截"的水平。

与安老师的两次访谈，都约定在他一间的"安诚特级教师工作室"，内含电脑、会议桌等设施。这是学校为他专门配备的，据了解，每年还拨有数万元的经费。学校引进这一特级教师的目的，显然是想让他带动一片的，而安老师也不吝惜付出，但是这种作用的发挥却显出如此的无奈。

（三）专业地位的确立与竞争

即使在专业上，仅有的特级教师安诚也并非绝对的权威。栗腾飞等物理组"干将"在专业上也具有相当的话语权。如栗腾飞老师所说,经历一次契机之后,他在物理组的"教学地位"得以确立,并且他在与安老师的合作中也有不少胜过安老师之处。在研究最后的一次教研活动中,仲国平老师"磁感应强度"一节课刚刚获得了北京市赛课的一等奖,其学案被印发大家讨论学习。看得出,他的"专业地位"也正在确立。如果关注到细节,则可发现教师们在每次教研活动中的座次对其在组内专业地位的关系也是有所反映的。

事实上,物理组教师对同事们专业水平的排序以及自己"专业地位"的定位是非常清楚的。常言道,"人人心中有杆秤"。然而他们大部分却都在公开与私下的场合讳谈专业问题,而他们越是讳谈越是因为他们自己心中清楚异常的。只是他们的这种衡量只涉及同事之间的竞争和排序,而不是专业视角下的教学研究。

（四）同行心理与同行文化

在专业层面,虽然值得肯定的是,学校教研组这一源自"民主集中制"的组织为同行的专业交流与提高构建了可贵的平台,并延续了可贵的协作传统与协作文化。然而"同行是冤家"的旧思想却依然存在,并且在当前价值观"多元"化、教育产业化的不良趋势下,教师"同行"也并非一团和谐。如前所述的教师间专业地位的竞争则是造成特定同行心理与文化的直接原因。

对安老师开发的"学案"系统,访谈中发现,有的老师非常认可。然而安老师却向我抱怨说,有的老师并不使用,而用自己选择的、质量在他看来非常差的资料。在访谈中,安老师也曾多次向我表达对物理组一些教师教学基本功等问题的责备,给我留下了很深的印象。看得出来,他有很多话想说,我给了他倾吐的机会,而这些应该是他平时压抑很久的。此外,在访谈中得到反映的是,即使是师徒这种私人化的关系,也不见得会建立良好的专业共享,并且也并不是每个教师入职时都有师傅的。

既然教师同行之间的关系如此微妙,那么这种同行团队如何领导？如何给他们施加专业影响？研究中的一段时间,我感到自己似乎找到了"为什么外行能领导内行"的答案。我发现,虽然老师们对 X 教授的能力都十分认可,但是仍然以各种方式"不买账"。其原因或许在于,优秀者的优秀同时也反衬了其他同行的不优秀,而一个"外行"由于其专业领域的不同质性,也就去除了比较的可能。作为"外行"的领导或干预者相对每个人都是外行,因此,无论大家对"外行领导"如何鄙视或不满,却对"我的同事（行）不能领导我"感到心理平衡。

为什么课程改革等历次涉及课堂教学的改革中,诸多"外行人"与"外行话"能够大行其道？或许同这种"同行文化"有关。并且,要对如此同行文化与同行心理下的教师群体进行有力的领导,行政也似乎是仅有的方式。可以说,学校情境下的教研组与行政的关系是矛盾而又纠葛的,他们既受制于行政,又不得不借助行政确立自己包括专业上的地位。

第七节 问 题

在深入了解物理组成员的过程中，我发现了一些普遍具有或普遍关注的问题。

一、没时间的原因

谈到为什么推进缓慢的时候，老师们众口一词的是"没时间"。安诚老师谈道：

中学老师普遍比大学老师压力大。……你就拿班主任来讲。他从早到晚，从早晨就得跟学生耗到晚上。所以说这一天他下来以后，他就没有时间。所以说中学从目标来看、从任务来看、从时间来看，对老师们搞科研的时间比较紧张。所以说能够抽出时间来不容易。这是一个很困难的问题。

栗腾飞老师的描述则更加具体：

因为这么多年我老当班主任，经常带高三，事情比较多。尤其是半道接班，接一些不太好的班吧。的确花费的工作量比较大，我各方面比其他老师还强点，老有人找我干活，就特别的忙。

没有太多的时间去看一些这方面的东西。……看看人家怎么写的，也确实感觉自己在某些方面做得不太够。但是没有多少时间去做那些东西。尤其是我们现在当班主任学校里每天都有很多很多的事等着你处理，你比如说我们这个科技班，周五下午选修，本来是有中国科学院的专家来讲，我就特别想听，我就想什么都不干了，就想在这踏踏实实听一下看人家现在的前沿科技都是什么啊。但是听的时候就一会被人叫出来一次，一会儿被人叫出来一次：你看看你们班照片有没有错的，名字对不对，一会儿说你得上传、一会儿说你再确认一下……一会儿又告诉你得让学生把这些东西下载下来带回去、周一要交、周二要报到学校……就不能有一个整块的时间来踏踏实实地看这些东西。反正总有一些事情缠身。孩子也小，也需要我管。其实自己特别想静下心来做一些工作，但是这个时间上老是赶不上。

假期的时候，年级呀学校，也老给我布置很多活儿。我这人干活特别快，但是这么快还是觉得有点应付不过来。

现在我这摊儿太忙了，我现在高一是首席嘛。高一整个的事，物理的我都得管。班主任那块我也是首席，我也得管。我还得带着她（莫小英），有好多事我都得给她说着点。昨天和梅主任又告诉我，你给我交五个科技论文，明天就交给我。就是科技示范校那个教案。我就得赶紧弄，说不定每天都有不同的事找过来。现在学校的理念是很先进。但是事也多，你上面有好几十个"婆婆"，随便给你安排点事，你这一周就忙不过来。

综合起来，总体上是班主任工作与学校的各项事务让老师们感觉没有时间。

有一些教师坦陈了自身的惰性，并主动要求"严格要求"。焦海洋老师说：

你比如说，一开始写文章，给我们框架没有关系。因为现在还不会那种写文章的模式。比如你刚才告诉我的，我下面就知道要干嘛去，我有点方向。有时候有点懒，今天我的课就巨多，明天还有主题班会。一直弄到今天晚上很晚，活特别多。放假还好，因为平常的事比较多。一放假人也容易犯懒。

我觉得前面的工作都挺好的。我们还是希望特别具体吧，比如这个文章老师回去要让我们看什么文献，哪怕是特别具体的哪些东西你下去看，哪怕看完之后我们写一个小的感受都没有关系。因为，真的，X老师来的时候都是我们平时工作时间，所以就特别容易犯懒。我们党办主任特别多，活儿就堆在一起。我就觉得更具体可能就更好操作。人就不容易偷懒。我觉得老师靠压，你要是压就挤出来了，你要是不压就真是偷懒了。

这种声音并非孤案，很多老师身上都反映了相似的观念。

二、教学与教研的两难

仲国平老师十分直截地谈到了学校环境下教学与科研的两难。

各学校老师发表论文，如果不是为了评级，这都是非常被动的，就是"被论文"，现在很多报道也说这个事，很多科技活动啊，都是"被"。老师主要是教学，他对写论文本身思想就抵触：写那个有什么用啊？写完了能教课吗？这本身的普遍的思想。这是第一个，就是没动力。占用大量的课余时间，关键是还得教学，干什么得说什么，搞了半天你搞论文？教学就干不下去了，应该各司其职。一个人干俩活不可能！所以就抵触，写出来就对付。每年弄的论文90%以上的，你看去，都是对付的。

安诚老师则解释的更为具体：

那么咱们这个呢，教学科研呢，教学是一个硬指标。对于一个老师来讲，如果他教学成绩搞得一团糟，那么呢，他在学生之间就树立不起威信来。

在学生之间就树立不起威信之后，在老师们之前，本来说实在的，文人就相轻，是吧？你要是比我强的话了，我羡慕你也好、嫉妒你也好，是吧？最起码呢，他有羡慕的成分。所以说要是不如别人的话，在老师们中间站不住脚，在学生们中间也站不住脚。在学校里面就更站不住脚。以后排课啦干什么的，尤其是像咱们北京这些学校，竞争都很厉害。北城尤其来说还比较人性化一点，人文环境还比较宽容。你在西海区待那么长时间，你对西海区的学校比较了解一些，我也了解一些。

应该了解一些。西海那些学校他给老师排名。你比如说就咱们两个教课，也得排出一和二来。他没有说咱们两个协调一下你帮我我帮你，他表面上是互相帮助，实际上西海的学校里面谁也不帮谁，都是单打独斗。他们集体作用就很少，你不如说，你把这个课题搞在西海去做，这个呢，就不太好。老师们习惯于你干你的，我干我的，表面上看都不错，实际上呢，他这块呢，从学校体制上来讲，他喜欢把老师们分成三六九等。这分三六九等还好办一点，他有淘汰制。那么他那些学校，想保住他的地位的话，就想办法，最基本的硬指标得过关。老师呢，教课得过关。所以那样的学校呢，老师流动比较厉害，老师们危机感就强。

所以他的首要任务，必须把这个课教好。必须占住一头，只有站住脚以后，我再想想如何提高，是吧？我想把我这个水平再往高了提一提，那怎么办？那有机心计的老师，他就想呢，搞点科研工作。搞课题啦，研究什么的了。

安诚老师的这番话似乎令人无法辩驳，诚然有自身的原因，但是深究起来，还有更深层次的问题。

三、学校体制的问题

安诚老师坦言了学校体制对老师做教学研究的影响：

还有这个搞科研这块，科研出了什么成果之后，他怎么样呢？学校嘴头上它支持老师们搞科研，但是呢有一个潜在的条件，就是说呢，你不能影响正常教学工作。说你搞科研把教学工作影响了。他是很不欣赏这个的……

（我：潜规则一样？）

就是这样的。所以不影响教学的情况下，搞科研他很支持。但是你因为这个影响工作了，他是不支持的。再比如说，一般来讲，像这个前面的学校、比较好的学校，它重视科研。越往后的学校，因为生源比较差，他科研这块呢，他就不太重视。

还有学校，他们说可以出去什么的，其实都是一句口头话，其实根本都是落实不了的。比如你出去到哪个单位去？都是个大问题。你上国外去是个很不现实的问题，是吧？经费谁出啊？校长也说，你们上那个国家考察去，咱们学校出经费。那个就是泛泛的一个口号。"我们一定要重视教育"，但是到出真招出具体对策的时候，他肯定不做。就我们学校搞的一些活动，很多都泡汤了。它不可操作，有些操作性不强。你像我们学校一开始搞了一个什么……挺好，说要经费给经费。但是你申请经费的话，学校琢磨，这个钱哪来呢？所以学校很发愁这些事情。只要你不让它出钱，不让它出力，你干什么都可以。你让它出钱出力了，它干什么都犯怵。学校的经费也很紧张。因为这个钱不是你想花就花的问题，它得上面批。

实际上从学校来讲，还是学校重视不太够。如果学校重视的话，实际上如果写一篇文章，有什么表示？是吧？这方面有表示，但是也不太多。你比如说，写一篇文章，给你200块钱。实际上（版面费）还不止200块钱呢，忒少，力度忒小。

付阳老师则坦露，学校中的竞争，事实上也对教学工作产生了负面影响。

不过现在说句实在话，真的是压力挺大的。并且竞争……你看今年进来多少人？进来四十多人。对呀。一下进这么多新老师，但是你扩充没有扩充这么多呀。

（我：是编制？）

对呀！现在编制不都搁"人才（交流中心）"了吗？实际现在肯定是超额的呀。这不相当于人多粥少嘛。那肯定是会引起恶性竞争的，对吧？哈哈，恶性竞争的结果就是什么？就是违背教学规律，肯定的，绝对的！你想想啊，要是竞争太激烈了，我肯定是要无所不用其极的。你觉得是不是？

（我：这个道理我可以理解，但是您能不能说得具体一点？）

当然现在还没有这么明显啊，以前曾经有过，因为我曾在外地待过……你想那个拖堂，最明显了，拖堂、压作业，这作业 kua、kua、kua……这一科的作业可能让你做三个小时。那这样，一些比较强势的科目可能就会比较靠前，对不对？但是你别的科目呢？其实总体水平呢，并没有提高。所以我们学校也老提一句话，也经常提一句话："咱们不要在堡垒中的战斗，要是一个战斗的堡垒。"但是这个如果人多的话，就会形成这样（堡垒中的战斗），不是说你想不想的问题。明显地，要多一个人，那肯定要比较啊，让谁下去呀？说很容易说，"我要控制你的作业量"什么的，但其实好多时候这是很难的。

他的信息与安诚老师的话形成了印证。

四、"高原现象"的成因

教师专业发展的"高原现象"是指在入职 7 年左右，出现的一个发展瓶颈。当然，有教师不认为一定有这种现象。带着这个问题，我向老师们展开了咨询。老师们主要谈到了如下几个因素：

（一）女老师的家庭角色

出乎我意料的是男老师与女老师都将生活、家庭方面的因素作为了高原现象的主要因素。

焦海洋老师说：

你比如说我，周六带孩子要上外教，周六下午有个美术班。周日 1 点半开始上钢琴，后面之后有个芭蕾。平常是忙学校的孩子，回家了忙自己的孩子。有时候也想去，但是不能让别人帮你接送孩子吧？

我当时是这样想，在一个单位待久了，这个单位的很多事都适应了，而且摸透那个套路了。所以自己就变懒了。但是后面就有小孩，就开始照顾孩子，这个阶段就没有过过去。

对于男老师根本就没有这个高原期，真的。因为一个家里真的有小孩，你承担的义务也是不一样的。妈妈特别不容易，我觉得，相对于女老师，男老师成功的概率高不止一倍的问题。他精力很容易集中。因为我爱人是做科研的。他是地球物理研究所的。他经常告诉我你写作之前必须要看文献，他每年出的文章很多。但是我晚上除了要看这些东西还要陪孩子练琴。要陪他看小人书，讲故事。这个都是妈妈来做。爸爸就这样。社会分工就是这样。

仲国平老师是男老师，也认同这一看法，并且有更加深刻的观点：

这个社会就是由一个个家庭一个个细胞组成的，家庭这个细胞里面，妇女无论是作为妻子，还是作为妈妈，绝对在家里是举足轻重，我们都有这个感觉。这个家里别人病了都没事，妈妈病了……孩子病了，最慌神的就是当妈的，本来这是一个社会现象。不只是这个行业。为什么有的单位招人不招女的呀？结完婚生完孩子，她不得不拿出大部分精力照顾家庭照顾孩子，她跟咱们都不一样。男的照顾家庭，他就是照顾家庭一些琐事，可能是很理性的处理。而女性主要是感性的一种思维。

（二）对教师职业的"融合度"

仲国平老师为高原现象的解释提供了一个颇有见地的看法：

我觉得一部分老师就是有高原现象，因为他感觉这个题他就是到这儿了。这部分老师，我个人认为啊，对这个学科不是那么喜好。

我们经常说啊，一件事出现了，你搞政治的从政治角度看它，你搞军事的从军事角度看它，你搞经济的从经济角度看它。从我们来说，教物理的，很自然的是看到它的物理现象，教文学的一看就是一种情韵，对不对？他可能会吟出一首诗来。他看的角度不一样。如果这个老师六年了，就是这个，你教的这个没有变成你的生活。所谓的瓶颈，就很难了。实际上涉及哪了？他对这个职业的融合度！我认为是一种融合度。

不管是老师，任何职业都是这样的，真得喜好这一行，不喜好这一行可能是就题讲题吧，就完了。他也琢磨题，但是他就是做哪道题的时候琢磨哪道题，没有变成他的生活。实际上6年之后，题都会做了，实际上已经完成了就事论事了，但是如何变成就事论理，进而就理论理？这实际上是一个深入的思想。我怎么看待这个东西呢，哎！我可以这么看！？他乐于此，不需要一个推动。

所以一些老教师，他走过来了，他张嘴就是，全是融合在一起的东西。他从课本他讲着讲着就讲到课外了，因为课外他始终有这个眼光。但是并不是全是物理，没别的了，他也有文学思想，但是始终物理思想这根弦没有断过。

（三）上进心

栗腾飞老师承认女教师的特殊困难，但是也归咎于上进心问题：

（高原现象）这种说法是有道理的，因为它存在于绝大多数老师之中，尤其是一些不太有上进心的老师。一开始为了维持在学校的地位，他必须得努力去做，做了两遍之后，该会做的题都做了，该会的方法也都会了，觉得就行了，尤其是女老师，咱说实话，一结婚呀，一有孩子呀，很多的精力要放在家庭上面，这样呢，她就觉得，我也都会做了！我教学生也都能听懂，成绩也还不错。于是她就不愿意上进了。真的是这样。包括一些男老师也是这样。但是有些人他是不是这样的。如果有老师能够有这样一个心态，总是不满足于自己的以往，那么他就没有这个瓶颈的问题。

于晶老师则说：

这件事我觉得不光是老师吧？什么职业……从一开始的激情，到慢慢稳定，都

会产生倦怠。但我从来没觉得，因为我觉得还是跟人本身有关。如果说他有那种不断想学习，想改变自己那种想法，那么他应该不存在。反正对于我来说到没有觉得这是一个很难度过的阶段。

（四）学校工作的压力

许玉老师谈到了学校工作人性化缺失对高原现象的影响：

这个现象是肯定存在的，关键第一个是它的激励机制达不到。再一个教师工作非常疲劳，如果是班主任的话早上7点20分上班，晚上6点也回不了家。一般来说，入职5~7年就要结婚然后生孩子，然后大部分老师都是女职，其实家里对孩子教育啊对家庭负责任的，还是女性居多。所以各种各样的都会造成工作的疲倦期，也是高原期，就是你不想做。凑合着干干这个活就行了。没有那么高的追求，像我们组都没有几个老师说我非要去评特级。没有。这是很正常的问题。

其实各行各业都那样，如果说你劳动收入的性价比很高，可能也是一个激励，其实教师收入性价比，社会宣传完全是偏离的。教师收入很低，你想我们工作这么长时间了（1995~2013），我是1995年工作，工作到现在多少年了，都18年了，我现在当着班主任，教着两个班高三的课，一个月就挣几千块钱。就已经跟社会其他行业相比，收入低多了。

（我：尤其是在北京房价压力下。）

对呀！然后孩子正好是受教育期嘛，小学初中这段时间，家长要投入一些精力。就是觉得负担很重，你看老师现在普遍处于亚健康。身体……尤其是女的嘛，身体都出现各种问题。出现问题的比较多。每年体检都有很多什么乳腺癌呀，子宫癌啊。都有。没办法，太累了。

（我：精神上还是肢体上？）

你精神上的紧张就会造成身体上有问题，他免疫力就降低了。

我大学毕业就开始当老师，然后读了一个在职研究生，有一段时间我不太想当老师，我想跳槽来着。后来我先生不同意，就这么做下来了。中间调了一次工作，在我工作5、6年的时候，我突然觉得老师这个工作特别好，就是特别有成就感，尤其是看见孩子的成绩上去以后，或者说当孩子毕业后回去看你的时候，也是有成就感的。然后工作到现在……反正每到一段时间都有不同的刺激点，这个刺激点，像是你4、5年不当班主任，突然一当班主任又是一个刺激。你就觉得，哎，这也挺有意思的。如果班主任你要干了5、6年你就又烦了。真的！就是极度反感！所以呢，你就需要放松。所以我觉得你们在工作之后，一定要注意调节自己的心态、心境，包括刺激点要发生一些变化，实际上我就是说……咱们这个话说远了哈，其实学校在管理上真的要考虑到什么叫老师的疲惫期，其实像班主任，或老师工作一轮或两轮之后，你应该给他一个充实的过程。像上那个学校，让他读一年，或者读半年，大家轮换读，可能会让他在理论水平和教学水平上都有提高，这是一个。第二个是，

223

因为我们中学的话，我们班主任是一个特别繁重的工作，班主任也是，你让他干了3年5年你让他休息一段时间，有个时间调整，那再让他干的时候，可能他更有激情。对学生、对学校、对老师都是特别好。你要10年下来让他做，那就很疲惫了。爱怎么着怎么着，反正管不管都一样，就会有这样的想法。

许老师身上综合地体现了女教师在高原期面对的各方面压力和问题，也为学校提出了帮助教师走出高原期的路径。

五、师徒制的可贵

物理组中，栗腾飞与范小英老师的师徒关系令人钦羡，然而如老师们所言，也并不是每一个新老师都有师傅的，更不是每个新老师都能碰到好师傅的。访谈中，一些老师将师徒制作为突破高原现象的途径，这不得不令我对这种关系模式印象深刻。

王小磊老师说：

年轻老师没有什么别的捷径，因为就是要多想，再一个多跟人家去学习。就跟医生一样的。我也是从年轻过来的。我跟莫小英不一样，她一来就有师傅，像我们就没有师傅自己琢磨来的。像你们这样就特别幸运，有一师傅可以跟。像你跟了X教授听了那么多节课，我觉得就是捷径，没有别的。我们毕业的时候根本没有听过那么多节课，没有听过专家这个方面的理论上的一个分析，我觉得你们出来绝对是没问题的。

我觉得X老师的确是在脚踏实地地去研究，人的水平还是很高的。不是所有的教授都是干实事的。你出来马上就出师，但是有的大学生不见得就能出师。所以对你们来讲我也没有太多的忠告。比我们幸运多了。

于晶老师的意见也不约而同：

关键是选对一个……尤其是像学校里面啊，都会给配那种师傅，我觉得对人的促进和提高还是很快的。经常听听课，可能就是特别好、特别快捷的一种方式。

再有肯定是他自身，比如说他自己，有什么样的要求，比如说我想达到一个什么样的……嗯……几年要有一个规划。我觉得这个可能更重要。一个是规划，再一个选一个什么样的师傅。当然选一个什么样的师傅不是自己决定的。（笑）可能也就是这两点。规划，可能一开始两年的时候未必能想清楚，我也是觉得自己在工作几年之后才去想。可能我比较晚。

黄小荣老师则相对系统地强调了团队领衔者与师傅二者的作用：

主要是我觉得团队得有一个特别好的领头人。他给你指方向，你就比如说咱们这个写论文，如果安老师和X老师没有这么一种合作的话，那别的学校可能就没有，就是你自己需要一篇论文，那就你自己在那摸索，那你就慢得多，我觉得像咱们这样就特别好。

另外一个我觉得或者一个团队，得有一个人领着你。可能会稍微快一点。就是他对事情的理解可能会快一点。你比如说这个讲课，你刚入职的时候，就看你碰上一个什么样的师傅了。你假如碰上那个师傅就特牛，他听你几节课"啪啪啪啪"给你一指，你"呼呼呼呼"就起来了。你知道问题出哪了。假如说就靠你自己，跟那儿摸索，那比别人要慢得多，再加上可能跟人本身的天赋也有关系吧（笑），我是这么想这个问题。哈哈，纯粹是个人想法。

假如说真是刚入职的，我觉得多听听老教师的课吧。他起码经验在那放着。怎么去抓学生、怎去抓重点、课堂怎么去掌控，我觉得这方面你要真是有心，你去感受，你要是真是说让老教师告诉你怎么抓学生，我觉得不是，我觉得有时候是一些潜移默化的东西在里面。你就一节课下来，感觉听这个老师的课特舒服，就觉得这节课与学生之间的融合沟通啊，特别好。我是觉得人是各有特色的，你跟他那么去学你学不来。有时候是这样子的。但是你最起码学一些这节课的重点难点怎么抓呀，这个他能明确地告诉你，重点到底在哪儿，但是你怎么去突破这个难点，我觉得有的时候是因人而异。第一个就是你认真点，踏实点，跟着老师谦虚点。有你自己的想法，沟通。年轻人的特点在哪里，他可能跟学生更容易沟通，但是我觉得，跟学生关系好，那么你一定就关系好吗？你知识水平在那吗？其实我觉得真的不是这么回事。因为现在尤其你看一些年轻老师，比较活泼跟学生关系好，他可能会促进学生去学，但是不一定你教出来那个班的成绩就会好。因为"点"在那放着。你一节课40分钟，人家一节课40分钟，那学生领悟的东西就不一样。我觉得有时候还是多听听老师的课吧，有好处。

厘清老师们对师徒制的阐释，我感到教师专业发展问题是如此的困难与复杂。这么多年，这么多学者的研究，还是无法代替最原始的师徒制。并且"师徒"这一关系强烈地暗示了一种"匠人"传统，这与我们批判的"教师不能做教书匠"是格格不入的。但是，或许这正反映了教师行业至少具有工匠的一些无法去除的特质。

六、教师的知识缺陷

坦言之，这次研究就发表论文的最终目的而言，推进并不顺利，研究结束时发表的论文篇数远在预期之下。而无论老师们是否能够接受，我的判断是，其知识水平的缺陷是重要原因。这在他们自己口中也得到了反映，例如佟彤老师。再如，付阳老师也说：

其实教学中很多问题都不明白，其实不仅是教学方面的，其实物理知识方面也是。你要真细抠起来有的东西含糊，比如说我，有的知识你要是问我怎么来怎么去，我都行，但是你要是问我为什么这样？细抠起来感觉知识还是不够。

对此，老师们并非不愿意学习，而是觉得学习的机会不多。并且是十分需要这种学习的。许玉老师就系统地表达了这一看法：

尤其是我们希望看到，一些比较不好教的基础性课，像电磁感应这种概念，磁场的概念，电场的概念，这个方面要从哪个方面入手讲，更科学、更有实效、对学生来说理解起来更方便。

有的东西真的挺难讲的,孩子讲到高三的时候,对这些概念也都不太理解。像什么万有引力之类的,虽然都知道万有引力,像是电场磁场之类的,但是入手点,像电场这个,你就是大概说一说,然后就让他在空间中进行想象,然后用我们的教学工具,像是发丝、油浸发丝,来演示电场大概的分布、模拟分布,其实他们根本理解不了。尤其是他的认知水平也想象不出来。所以对后边还是挺困难的。最后就把物理学得特别僵化。

我们现在也有很多教研活动,讲一些教材分析,大家也都不爱听,因为你要连着教几轮之后你会发现教材分析都差不多,听半天亮点很少,就那样。

每个人都需要提高,像其他单位都需要培训。但是培训你一定要落实!而不是虚的,你今天去听一节课吧,那就是培训了?!肯定不是,你必须得有一个连续的时间,踏踏实实地坐下来,回回炉、听听课,因为我们在上课的时候就会发现很多东西我们真的不太清楚。像我们讲相对论的时候大部分老师都不管,我们自己都不明白,最后就告诉学生你们就背会这两条就行了:时空相对论、位置相对论;空间相对论。就这两句话,背完了高考就考这两句,别的没法讲。

物理组的物理教师们经历了大学物理的本科教育,有的还是研究生学历,为什么还是感到知识上存在缺陷?一方面是由物理学本身的特征造成的,物理学的基本概念、基本定律有深刻的内涵,即使是理论物理学家,也要用一生来理解;另一方面,物理师范教育在这一方面存在严重的空白与脱节。并且,这种脱节在当前又有了新的表现。在我与许玉老师谈话时,她说:

即使是在物理学讨论最多的时候,18~19世纪,各种物理学家都有他的意见,那一定是谁对谁错吗?那就需要通过后面的验证。不是说你觉得他对他就对,因为你毕竟不是上帝呀。像是牛顿跟胡克讨论的那个,那么多问题,最后就争论牛顿第二定律到底是谁提出来的。到现在为止,到底是谁提出来的?关键是以牛顿的名字命名了,大家就认为是牛顿了,实际上从物理学史来看,我认为还是胡克先提出来的。只是他发表的被大家接受的程度不一样的问题。

我感到有些不可思议,就说:"这个我有些不同看法,$F=ma$,到底叫胡克定律还是叫牛顿定律,跟$F=ma$本身到底对不对,这是两个问题。"然后,我被她打断:

包括你在定义的时候,就有很多这样的问题,尤其是像物理教学绝对不是唯一的,真的,绝对不是唯一的。

当时,我感到这个问题是一言两语说不清的,于是切换了话题。科学问题与科学社会学问题的混淆使她的科学观出现了偏差。这是当代物理教师知识缺失的一类新问题,也是当前物理教育与科学教育倡导的"科学本质"、"科学素养"的内容,而她显然需要这方面的学习与培训。

七、教师教学基本功的滑坡

在与安诚老师的接触中,他也流露出不少对教学中基本功滑坡的忧心,看得出,大部分都是一些心里话。他说：

> 说实在的，你看有的老师啊，他教课呢问题不大，是吧？但是呢。从语言的规范，从教态各方面来讲……就拿这个语言规范性来讲吧，有的人就很不注意这个问题，你看那个咱们一般老师，有些老师啊，不注意那块呢！那个口语就特别多。不是说像播音员那样一字一句的也没什么意思，是吧？但是你让学生感觉口语特别多，那就不好了。

（我：基本功。）

> 基本功不行啊，是吧？还有这个板书板画了，从肢体语言这个方面来说，我不知道现在大学在教什么？

（我：这个东西在现在反正是削弱得多了。不过 X 老师对我们是很强调这个东西。）

> 我认为这是教师的基本功。
>
> 实际上我一直想做些东西。我做东西不犯怵。有些老师做的东西的话呢，反正让我看我看不上那东西。就拿画物理图来讲吧，不说画得多么完美吧，起码让自己看着像那么回事。有人做那个图就是粗粗拉拉的东西。这个图的尺寸大小都不太合适。……一个是版面设计，一个是画图。我现在画图啊我达到什么程度啊？我敢说比高考题那个图还标准呢。尽管画得慢，但是画的是规范的。这随便瞎说说啊。我觉得自己干的事情呢，还得用心吧。别稀里糊涂的。
>
> 就拿黑板上画图来讲，我用一个手画，基本功特别好的话，可能画得很直，是吧？但是你画得再直，一个手画不如俩手画得快。所以说我想呢，这个东西要规范。我写字不太漂亮，但是我写字匀乎。
>
> 现在给我们的感觉来看，现在不要说字规范不规范，字呢好看不好看，最起码大小得匀乎，你不能一个笔画的字大，一个笔画的字小。你大的大小的小那就不合适了。至于好看不好看那是另一回事，你得匀乎喽，一行一行的。现在做到这一点的，应该说啊……因为现在侧重 PPT 了嘛。还有，就是备课的问题，有的学校讲的比较扎实。不许电脑打印教案，必须得手写的，这就非常好。因为他要求新入职的老师刚开始的时候，不许偷懒。实际上现在网上成型的教案很多很多，但是呢，你可以抄他那个，可以借鉴他那个，但是粘贴那个，那就不是自己的东西。拼凑的，效果并不好。所以说呢，尽管现在媒体很发达，但是我认为一些基本的东西还是不能丢掉的。别看这个板书都是 PPT，教案都是 PPT，这个课呢也没有好好备，咱不是说不好备啊，就是说教案全是网上"down"下来的东西。我觉得这个尤其对刚参加工作的老师……

我能感受到他有情绪，也有所指，索性说：

（我：我想问一下，您说的这些问题，有没有针对性啊？是不是咱们未名的老师这种情况比较多？）

> 有的都成了……没法说了。你比如说咱们物理画一个板图，是吧？拿画个圆圈

来讲吧，我也见过大学老师讲课，大学老师讲课很随意……画个圆圈，说实在的，它比椭圆还椭。各练基本功嘛。那中学里面呢，你必须一节课把这个东西掰扯清楚了，不是一节课容量特别大一点时间没有，不是那种情况。那么现在有些人画那个图，应该说很不规范。改已经改不了了，就得这样子了。如果咱们一入职的时候，就找到老师手把手地教，这样的话，对老师是有好处的。

有的老师，没教案就瞎讲课。就是这个教案都是"down"下来的东西，是吧？这个事情只能咱们俩这样说，到学期末一查教案的时候，那学校的打印机都打坏了。那样的话就不太好了不是。还有备课这块上，当然别人编这个东西不是不好。教案自己得用着方便吧？最后呢？就拿一本书。今天第一页，从第一页念，明天第二页，再留几个题。后来看人家成绩也不是太差。但是我想他可能也不会太高。最起码是责任心不强。

听完安老师的话，我感激他的坦诚，但是我也感到他有一些悲观。其实，这的确是一个重要的问题，X教授一直致力于此，并且此间一直担任北京地区大学教师教学技能的培训工作。让未名中学的老师来听课，也有提升他们教学技能的意图。可惜的是他们都没有去过。而令人欣慰的是，这一问题已经被当前的国培计划所洞察。2013年教育部出台的《教育部关于深化中小学教师培训模式改革全面提升培训质量的指导意见》已明确提出："各地要将提高教师教育教学技能作为培训的主要内容"[①] 期待这一问题能够被真正重视并解决。

八、小结与反思

坦言之，对物理组教师关注或涌现的这些问题令我感到非常匮乏，因为与本研究的主题相关性不是那么好。如果我是研究教师专业发展中的问题的话，那么它们会很有价值。然而，我的研究是就教学研究能力这一更为具体的问题展开的，而他们的问题则显得过于基础性了。我感到这些甚至都是一些外围问题，尚未触及到教学研究、教学论文写作的核心部位。如果我在帮助老师们写作教学研究论文之前先要解决这以上问题，那几乎是做不到的。

另一方面，以上问题的聚焦也正反映出了这一教研组教学研究水平的有限性，甚至连学科基本知识、教学基本技能都存在问题，可知其教学水平能如何？因为一个基本的判断是，一定的问题只有在一定的发展水平上才能被发现或遇到。

北京未名中学就物理教研组来看，问题并非不多。因此，其未来的改革与发展方向自然也是我关注的对象，并且，这种预期也无疑会影响老师们对现状的态度。事实上，截至研究结束时的2014年3月，未名中学一直在北京繁华的银行街地段，9月份就要搬迁了。这是我研究前得知的最大的"变革"信息。

---

① 教育部. 教育部关于深化中小学教师培训模式改革全面提升培训质量的指导意见 [EB/OL]. (2013-05-08) http://www.moe.gov.cn/publicfiles/business/htmlfiles/moe/s7034/201305/xxgk_151910.html.

第八节 挑　　战

一、首长访问之后

　　我在未名中学的访谈中，多次接触过"项目班"。如前所述，佟彤、于晶等老师都在带项目班，并且这个班把佟彤老师弄得非常纠结。我与副校长王飞的第一次接触，就是看他在升旗仪式上给项目班的一次科技创新比赛发奖并发表讲话。然而，我对该班有更加明晰的认识，还是缘于付阳老师的介绍，话题是由他带项目班的学生活动说起的：

　　我就是带学生搞活动嘛，现在是跟中国科学院搞什么项目班，带了四个学生。但是没有特别好的，我一直在发愁的是没有什么特别好的活动，做什么？现在是这样，大家都是说，如果带学生活动，必须出去就要拿奖。但是拿奖这个东西其实是很难的。但是现在你搞这些科技活动，你看去，好些不是孩子做的。这地方不知道你知道不知道。你去看去吧，当然有些做得特别特别的棒，但是这些东西大部分靠的是什么？外边有公司，把这个东西买过来，这个东西学生做得太少了。

　　对他所说的"项目班"，之前已经听了很多老师说过，物理组的好几个老师都在带项目班，并且将某些老师弄得有些纠结。在我的追问下，付老师向我做了解释：

　　在初三，甚至初一的时候，就直接签订协议，在这三年中比较优秀的一部分人，直接在初三这一年，他的课要提前，直接就开始学习高中的课程了。虽然他也参加中考，他只要是达到那个线，就可以收他。单独成班的。到真正新高一上来的时候，他们已经学完了高一的第一册了，他同时还上着初三的复习课，因为初三后半年不就复习课了嘛。等到咱们放寒假的时候，他们就把高一的课程学完了。这时候，差半年，他们就出国了。就去国外学习半年。去美国。然后再回来。回来之后，他们就考虑要出国了，因为他有这段经历，他觉得出去是不错的。有的不出去的呢就在学校搞一定的活动。等到高二，这不都齐了嘛，然后再回归学校课程。

　　（我：这部分算是未名中学的精英？压了很大的宝在这儿？）

　　对呀……也不能说压很大的宝，应该算是不错的吧。每年是高中老师到初三那去接，把他初中的课讲完，然后接着就讲高中的课。其实还有两个班就是跟中国科学院合作的，就是创新人才培养班。当年不是＊＊＊（首长）来听课嘛，钱学森之问嘛：为什么培养不出创新人才？得不了诺贝尔奖？就这样跟中国科学院合作搞了一个项目。

　　（我：咱们未名中学高考，是不是对这几个班抱很大希望？）

　　这些班算是不错的吧。现在教了两个班就是中国科学院的班，他们是做项目，就是一部分人跟着中国科学院的人，有导师嘛，相当于。就跟着研究一些问题。最后呢要拿出一些成果来。这样等他到高三，自主招生的时候，他不就可以拿出一部分东西来。

（我：希望他们走自主招生？）

对对对。他们应该是走自主招生的。

（我：那现在您感觉怎么样？走的还算顺吗？）

因为现在时间不是很长。我现在的高二可能是第二批吧，现在才是高三，所以现在具体什么样还……他走自主招生是为了高考的时候能给他降分啊！你如果参加完自主招生，被这个学校认可了，可能在他的录取线下给你下降五十分。这样的话你很容易就可以去了。

（我：是大家都想参加或都参加？）

这个都有学校推荐，也可以自己去。但是你要有一定的实力。

项目班的大部分应该是参加。因为给他们想的是这么一个出路，但他们到底做成什么样，那就不知道了。因为整体来说还是能力有限。大部分孩子我接触的还是一般，没有特别那什么的。这个创新人才很难培养。（笑）这不是一个急功近利的东西，现在大环境所致，没办法。

说实话，我期待项目班能够有好的结果，只可惜无法在本研究结束前将结果记录了。也由衷期待未名中学能够探索出回答钱学森之问的途径。

二、搬迁后将有的变革

对搬迁后的变革，我也是在付老师这里第一次了解到，他说：

反正我们现在做的好多动作我们是有的。但具体实际后面怎么样还不好说。我们现在只能是展望未来吧。因为明年不就搬走了嘛。那边是想进行什么走班制啊……变化比较大。说要走班制，但是具体怎么做都还没定呢。所以可能搬过去之后会有特别大的动作。现在储备这么多人可能也有这个想法。现在这个地方受很大限制的。就等着搬家了再说吧。原来是一拖再拖的，原来是说早就过去的。

和梅主任对搬迁后的变革则有更深远的期待和审视：

当然我们组也比较特殊，其实这个年龄结构不是特别好，四十多岁的人太多了。这属于疲惫期嘛，四十到五十肯定是一个疲惫期，他是有东西了，但是有点冲劲不足，所以你看，这个年龄的人太多了。

（我：我其实刚才隐掉了一个问题，高原现象，是不是就是您的这个意思。）

嗯嗯嗯，对！就是不爱变动。还有就说咱们现在课程改革，只要一变，其实这个，从历史上来看就特别难。老师接受起来就是……我这个课都讲了五六遍了，四十多岁已经讲了五六遍了、已经讲得很熟了，让我换个方式再讲这节课，他懒得动。我觉得这个惰性是一定有的。

我们现在，从教学这边，我们想，一个是走班——将来要行走班制，还有分层教学，就是学生都要"走"，就是这种模式……我告你讲，真的变起来特别难。老师们就是现在太习惯了，抱着我（自己）的学生，我就把我这些学生教好，这种思维。我们将来是想按照学生的爱好或者什么分层着来——我天天学生都不一样我怎么上课呀？这个可能在大学老师面前不是问题，但是在中学里面绝对是个问题。

听到这里，我对和老师所描绘的改革图景非常期待，不禁向她坦言了自己的感慨："那天听付老师说的这个信息，我觉得真有这么个变化的话，我觉得首先，我想的自私一点，我这个论文更有价值了，（和梅笑）可能是在未名中学进行大变革的前夜，我来对未名中学物理教师团队进行一个研究。"

听罢，和主任说：

真是这样。我不知道……我们星期六在推这个，就挺难的，真的挺难。（笑）

对走班制等教学组织形式改革，我个人是非常乐见其成的，或许几年后，这种走班制将成为一种普遍的形式。我期望这种变革能够将中学的事务性工作引向正确的方向，至少能够避免人浮于事的现象。

三、副校长的思路

我见到王飞副校长的时候，肩负的一个 X 教授的任务就是通过他向老师们"施压"。我来前，X 教授已经把我与我的同门在同期发表的论文目录发给了王副校长，并同时打了电话。于是，第一个问题我就相对委婉地提了这件事，校长也十分清楚，回应说：

就这个问题，我确实想了想，我一直主张的，就是得靠一种机制让他来意识到这种问题，你光用这种行政上下命令这种东西呢，在老师这个群体中，最好慎用。行政命令这个招啊，咱们搁在最后，你知道吗？还是得让他意识到，这是一个他自己要做的事儿。当然还是这句话，你比如说我给你举个例子啊。现在我们在推动的一个工作叫"慕课"，你们应该听说过？说的就是再小一点，就是叫"翻转课堂"。

他回答我的话之后，马上换了话题。然而我对这个话题也很感兴趣，就接过来说：

（我：哦，就是"可汗学院"。）

对，可汗学院、翻转课堂，老师们一开始就觉得："什么叫翻转课堂？"也不是太了解，所以现在一个是做宣传，再一个用骨干老师先进来、先去做，做公开课、做展示课，其他老师来看，然后这些老师先走出去，先去别的学校。原先全国有一个"慕课C20联盟"到那些联盟学校去学习、去看，这种情况就给其他的老师有触动，同时他也知道，这个课并不神秘，并不恐惧它。现在很多老师呢，觉得我都教了十来年的书了，甚至二十多年的书了，我教得挺舒服的，对吧？你给我弄这些事，把我以前的都给推翻了，那我还得从头来备课，太累了，不愿意做。

由此，我第一次感受到副校长对信息技术的热衷。我似乎感到他有一些激进。随后，他又谈到了一些更前卫的观点：

从教师自己的专业看，从学校教育对老师的需求来看，我们希望老师是一种综合性的老师。所以有时候我们说的专业提升，会让人产生一种误解、窄化。比如说物理老师，你是不是就从物理这个领域深挖就够了？其实当老师跟科学家、研究员还不一样。就是你一定要让你的学科走到这个学科的边界上去。然后要出去。你比如说物理学到教育学这个领域，从物理到化学、到生物，甚至到社会科学领域，这些都是物理老师施展才华的地方。现在很多东西是需要综合的一种……所以现在我们提的就是老师的一个综合素养，而慢慢不再提专业的……所以现在这个中学他还是分科太明显了，边界太……这不利于老师的发展。我们倒是希望老师们做文章能够到交叉学科去做，多往边缘的领域去发展，这是老师发展的一个方向，要真是想成为名师的话，这是将来的一个发展方向。我就守着物理来研究，那就窄了。

关于高原期，副校长的理解也与大部分老师不同：

老师的负担不用质疑，这个确实比较重，主要来自于现在课程的设置啊，教育教学评价的一个体系，这个事现在在发生着变化，尤其是现在改革一些招生考试的制度之后，可能会对老师负担会有一个比较明显的作用，这是第一个。

第二个，就是老师的发展确实会有一种高原期，每个人他的年龄不一样，有的人早一点，有的可能会晚一点，但是这个时候的负担呢……如果你要是想突破你这个高原期，你这时候的负担肯定就要比别人高，所以说这种发展呢，就可能是一层窗户纸的问题。你捅破了，你改变了你的教学方式了、你改变了你的学生观了、改变你的教学的质量关了，你可能就解脱了，这是我的体会，我们学校不是没有这样的老师，痛苦了两三年啊！我跟你说啊，要不然就是不知道该怎么做，要不然就是很纠结、很累，你知道吗？为什么？他事多呀？他又得看书、又得去学习、又得去参加这样的班儿、又得去念这样的一个培训，还得改革我的课堂教学，还得做课，累呀、难呀，有的就没坚持下来。你看两三年之后，他已经知道这个怎么回事了，而他确实也能到了一个新的高度了，不累了。我跟你说，真的，这个我觉得是老师……咱们是学物理的，这能量是守恒的，不可能让你不付出任何代价，你就长本事了？不可能的。

对搬迁后以及未来的变革，他谈道："还是希望能够给学生提供更多的选择性。"

（我：听说咱们学校要实行走班制是吗？）

对，走班制、导师制还有学生的学长制，就是让学生在学校里能够自主地发展，还有一个是有选择地去做。所以这个走班呢是肯定要去做的。跟老师比较现实相关的吧。现在像英语学科啊，一些选修课啊，已经在走班了。而且将来大量的走班不是按照学生的程度去走，而更多的是按照学生的发展需求。因为以后要从考试层面讲，高考可能在2017年、2018年之后可能就考两科，就剩一个语文，一个数学了。其他科目是学生学业水平测试。可能他不想学这个专业，那么他物理可能就用不了那么难，是吧？所以可能更多是按照学生的需求来走班的。

那你如果说学生不爱选你的课，两个老师都开这样的课，学生说这个老师讲得不好，我不听他的了，我听那个老师的去。

比如老师给学生留的作业，布置的课前学习的东西，很多都是通过无线的网络给学生推动，学生很快就可以看，看了他就可以做题，这题做完之后……实际上课前把这东西布置给他之后呢，学生们都做了，做完之后我课堂上老师已经知道学生们做得怎么样了，没必要再讲这点知识了。大量的"微视频"全都给孩子，你有、我也有，看胡老师的也行、看王老师的也行，一遍不行看两遍，课堂上就是老师走到学生当中去，把孩子提出的问题给解决。所以课堂上这个形式就可能变得非常的丰富，当然有的课老师们要讲，很正式的要给学生讲这个概念是怎么回事，有的课就翻转的非常厉害。所以我们最终的目的是建立一个开放的、基于网络的这种在线的一种课程，就是让学生的学习不局限在教室里头，你教室里可能更多的是一种同伴，这个可能别的地方没有，主要是展开这种争论，更多的回家，自己在课下利用一些网络的平台，来进行学习。

听罢王校长的话，我在兴奋之余有一些心虚，他思路非常开放，开放地似乎有些激进，这是不是领导的共同特质？我不知道。我同样凭物理学人的直觉判断，王校长谈到的那样的教学方式可能很难推行。总体而言，虽然他对我们的合作课题全力支持，但是出发点与意图是不同的，用未名中学物理组老师们的话说：不在一个"兴奋点"上。

四、小结与反思

（一）改革应先给教师"减负"

教育教学改革一直都在强调给学生"减负"，然而我却发觉，在不给教师减负的前提下，给学生减负永远无法落实。一线教学工作如果"折腾"得太厉害，老师就自然没有时间和精力深入钻研本学科的教学，而奔忙于各种行政事务、面子工程、政绩工程、科技班、项目班、选修课、翻转课堂……目不暇给、眼花缭乱。

学校领导总倾向于认为："学校教师的基本功还是很扎实的"，缺的是锦上添花的事情。但是殊不知，当前出的恰恰是基本功的问题。正是这一基本判断的偏误，使得中学各项发展都失去了合理的出发点。因此，是该给一线教师先减负了，是该强调一线教学的"不折腾"了，是该强调一线教学的务本务实、固本培元了。

（二）教育技术哲学的必要

对教育技术这一"教育变革中最活跃的要素"，一线教师与领导显现出了不同的态度。一线教师主要从教学经验与教学心理的层面来评价。如安诚老师就不满"PPT课堂"，许玉老师则认为实验中大量使用传感器将原本是定性理解的实验变成了定量，其实是偏离了学生的认知水平和教学任务。她说："现在中学物理到了高中阶段把很多定性实验都换成定量实验，我觉得也不适合学生的认知，包括大量的使用传感器，数据一得出来，嘻——其实完全就脱离了物理的内涵，因为对于高中学生来说，传统实验对他更有意义，对他的思路，因为可能到了高端之后借助一些计算机分析手段，对孩子的认知可能更有帮助。因为咱们的智力、学生的智力水平，绝对没有比牛顿高多少。但是你这个实验完全脱离生活实际，'哗'那个数据就出来了。线出来了学生还在怀疑，这是真的吗？这是不是计算机模拟的？"

我诚然不能妄加评判不同的观点孰对孰错，然而我对这些思考的深度都是不满意的。我认为，我们需要教育技术哲学的深刻思考。事实上，像社会其他领域一样，技术、教育技术正在异化我们的教育。技术不是中立的。由于教育技术具有实体化的特征，使其有可能成为获取政绩、装点门面，甚至腐败的手段。而殊不知教育技术也是技术，对人的异化作用不容忽视。然而奈何，我们的技术哲学尚且薄弱，唯有希望哲学家与教育工作者尽快发展出理性的"教育技术哲学"思考。

（三）不同的"兴奋点"

未名中学的未来将会如何？物理组的普通教师、教学主任、副校长都以自己的视角做出了评判与展望。虽然他们都对物理组教师做教学研究、发表论文持积极的态度，然而对其内涵的阐释、意义的理解、预期的发展却各不相同。如前所述，他们不在一个"兴奋点"上，但是这又似乎并不构成问题，一年多的研究历程让我发现，物理组每个成员其实各有各的"兴奋点"，各自都将以自己的态度与方式去面对未来的挑战。或许改革与发展正是在不同兴奋点与利益点之间择宜、博弈的结果。

第九节 论 文

如果说，访谈过程是听物理组教师的"一面之词"，那么对他们论文的分析则能构成对他们教学研究真实水平的洞察。

一、物理组老师交来论文的分析

我与 G 师姐去未名中学报告后两个月，X 教授便收到了安诚老师发来的物理组教师的"论文"共 12 篇。然而，教授对这些论文的质量是不满意的，随即将它们交给了我，让我给每篇论文都提些建议，也即对论文提出评语与修改建议。虽然文章质量差，X 教授还是对我表达了他乐观的期望，他说："这是一个良好的开始，线总算是穿入针鼻儿了！只要他们不畏首畏尾就好。"

随后，我着手完成了两项工作。首先经过我与 X 教授的精心斟酌，给每个老师写了评语与建议，经邮件发给了安诚老师；其次是与 X 教授筛选了他百余篇论文中三十余篇，分类装订成集，到 4 月 25 日再一次参加活动的时候将论文集发给了物理组每个教师。

二、对第一次交来论文的分析

2013年3月18日,未名中学物理组交来的11位老师的12篇文章除了付阳老师的一篇之外,其余都被X教授判为"不合格"。分析起来,主要分为以下几类:

(一)教案类

这类文章最多,共五篇,涉及高中物理磁感应强度、光电效应等章节。其主要特点包括:①师生问答;②习题罗列;③逻辑缺乏。我感到,他们中不少人有应付差事的意思,有的甚至还是表格的样式,没有改成文字叙述的形式。其中仅呈现了教学流程,远没有达到论文的标准。

(二)泛泛而谈类

这类文章包括两篇,分别名为"挖掘现代教学技术、走专业化发展之路"、"试论在物理实验教学中如何培养学生的实验能力"。其中没有任何数学符号或物理公式,内容也貌似与物理教学有关,它是流于泛泛而论。我揣测,可能是教研系统的"命题作文"或评奖论文。这类论文经过修改,或许不经过修改就能发表于个别质量较低的期刊,但是内容却无法逃脱"鸡肋"的宿命。

(三)抄袭类

这类论文也有两篇,分别涉嫌抄袭,不合格。

(四)情感宣泄类

如前所述,只有焦海洋老师的一篇论文,当然也不到发表的标准。

整体而言,第一次交来的论文,从形式、内容及其反映出的态度上,都是令人失望的。

三、对付阳老师交来论文的分析与修改

付阳老师先后交来两篇论文,都是实验的创新与改进。由于其内容较为充实新颖,因此X教授决定帮他修改。第一次修改:①明晰了论文的结构,将论文分为三个部分,明确各部分的标题;②去除了冗余的"习题"部分;③在格式上给出了修改建议。下一次,在语言上给以捋顺。随后的几次修改以及后来一篇文章的修改都由我将X教授批注的文字稿拍照传给付阳老师,他将修改后的电子稿发过来,再进行下一轮的修改。如图5-2所示。

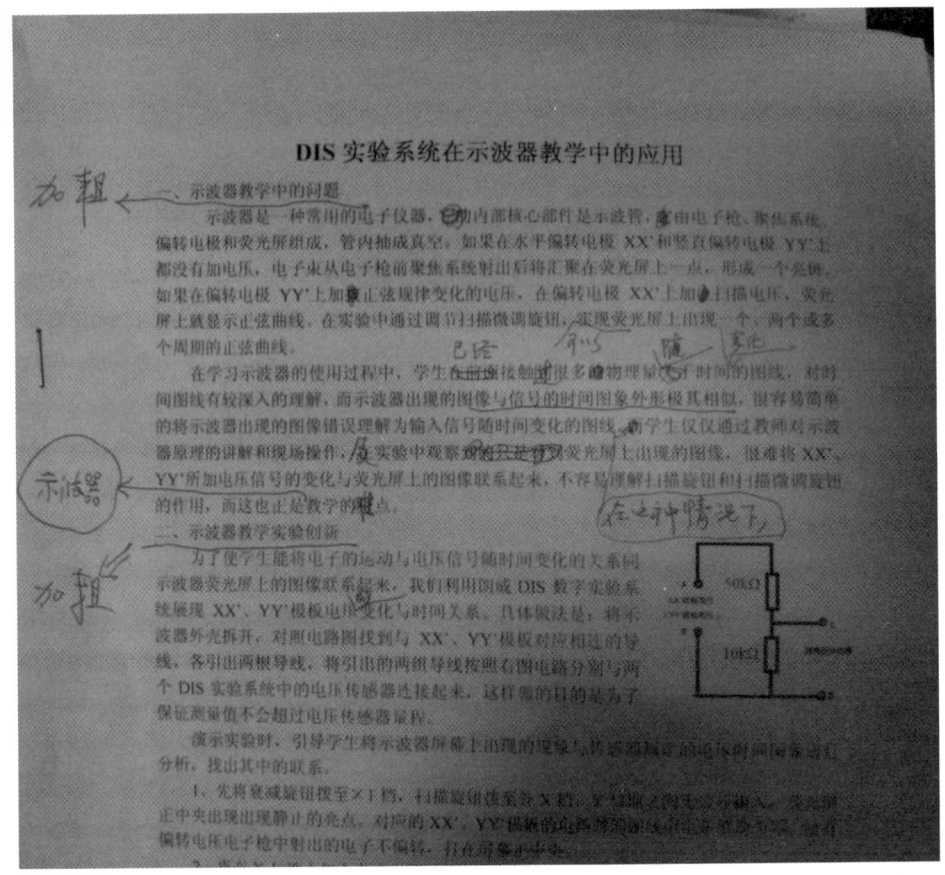

图 5-2 对付阳老师的论文的修改图

两篇文章均修改 3 稿以后,开始投稿。付老师的文章以实验为主题,并且他热衷于此,且有真的实践创新,题材较多,是他的优势。

四、对栗腾飞老师交来论文的分析与修改

栗老师交来了他所有发表过与没有发表过的文章共 24 篇。其中可分为如下几类:

（一）教学设计类

这类文章共 3 篇,与其他老师教学设计不同的是,他的教学设计中更多地在谈论自己的教学经验,其中不乏真知灼见。对教学开始有了周密的考虑。

（二）解题类

这类论文有 4 篇,涉及教材教辅上错题、难题的解答,其中还记述了他解答这些问题的过程,例如:

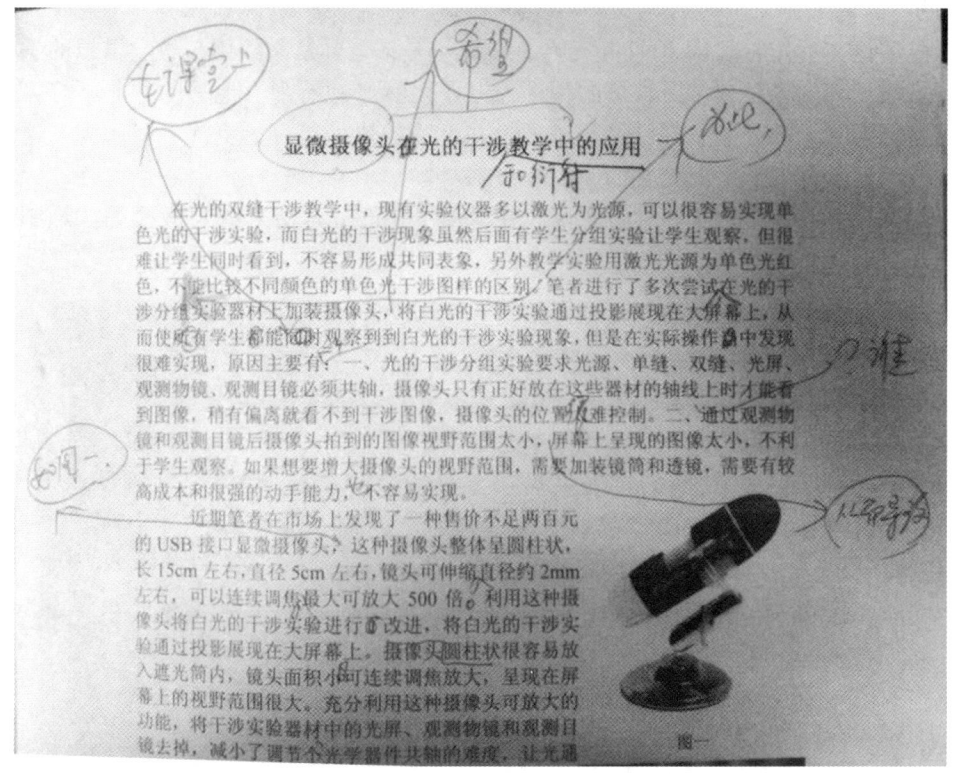

图 5-3 对付阳老师另一篇论文的修改

为了找到答案,我查阅了大量资料,并最终征询了西山区教研员 THJ 老师意见,取得了证实和认同。

我查阅了大学《电磁学》课本,发现其中的图像也是如此。我在参加北城教研活动时向北城区教研员 GZL 老师提出了该问题,参加活动的老师们一起探讨各抒己见,最后也没研究出一个定论。最后我按照郭老师的指点向专家进行了咨询后才明白。

可以说,解释其中的诸多问题是不容易的,但是单个题的解答也很难发表高质量的文章。我帮他把一些问题进行了归类整理并加以进一步提炼。

(三) 专题研究

这部分论文共 9 篇,就物理教学中的一些如超重失重、碰撞等问题以及信息技术的使用进行了讨论。

(四) 教学法专论

这部分论文共 6 篇,涉及物理教学中的引入、有效教学、德育、新课改等比较"大"的话题。其中不乏教育情怀和宝贵经验,但是如果整合,怕只能发表一些

"鸡肋"式的文章。

这些论文写作时间从 2002 年至今，可以说是栗老师从教经历与教学思想的一个见证。虽然其内容对教学有直接的帮助，但是仍然好地有限。他写的并非不好，而是这些问题绝大部分别人都已经写过了，并且写的比他更好、更深。我认为，这还是他没有经常读教学研究论文的原因。

后来，莫小英帮他把一篇文章修改并增加了一部分，交来请 X 教授如法炮制地进行了修改（如图 5-4 所示），最后投稿。

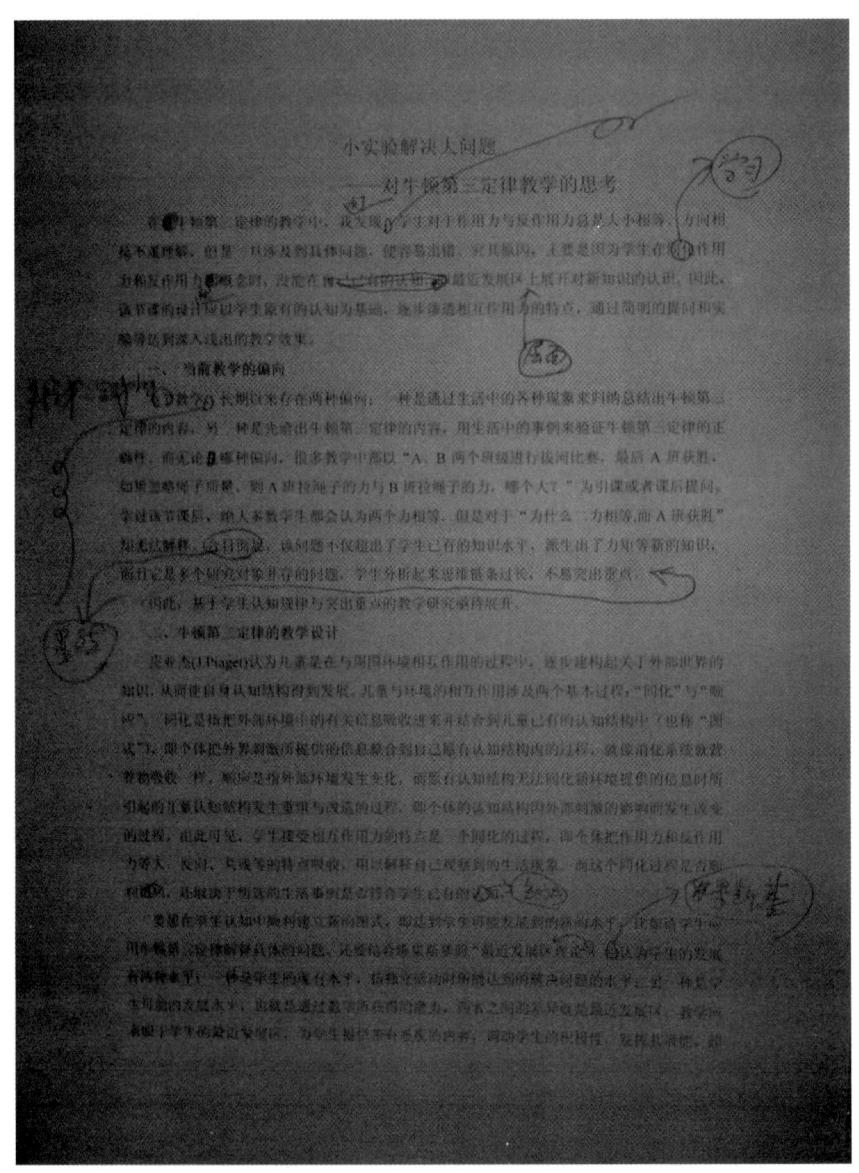

图 5-4　对栗腾飞老师的论文的修改

与优秀的物理教学研究论文相比,他的选题不够宽广、眼光显得也不够敏锐,深度也表现出了一种瓶颈。我想,这并不是他有意为之,而是缘于他还没有跃上教学研究的轨道。

五、最终发表论文与分析

截至研究结束时,如表 5-13 所示,北京未名中学物理组教师共发表论文 26 篇。

表 5-13 未名中学物理组教师发表论文情况

序号	作者	题目	期刊	刊期
1	和 梅	"测定电池的电动势和内阻"的实验设计	《中国现代教育装备》	2012(4)
2	安 诚	楞次定律演示实验中的一个奇怪现象及其解释	《中国现代教育装备》	2012(8)
3	安 诚	回旋加速器教学中应该注意的几个问题	《物理之友》	2012(4)
4	安诚(第二作者)	楞次定律教学的高端备课	《中学物理教学参考》	2013(4)
5	安诚(第二作者)	以科学方法的逻辑展开"磁感应强度"概念教学的高端备课	《湖南中学物理》	2013(4)
6	安诚(第二作者)	一节新授课的高端备课——力的分解	《物理教师》	2013(6)
7	安诚(第二作者)	"电势差"教学的高端备课	《物理教师》	2013(7)
8	付阳(第一作者)	DIS实验系统在示波器教学中的应用	《湖南中学物理》	2014(2)
9	付阳(第一作者)	光的干涉和衍射教学中显微摄像头的应用	《湖南中学物理》	2014(7)
10	栗腾飞,莫小英	小实验解决大问题——对牛顿第三定律教学的思考	《湖南中学物理》	2014(2)
11	于 晶	论高三学生思维能力培养	《中国现代教育装备》	2014(5)
12	黄小荣	利用现代教育技术促进物理教学发展	《中国现代教育装备》	2014(5)
13	余春兰	"波的形成和传播"教学设计探讨	《中国现代教育装备》	2014(5)
14	佟 彤	论物理实验能力的内涵与培养	《中国现代教育装备》	2014(5)
15	栗腾飞	Excel在物理教学中的应用	《中国现代教育装备》	2014(5)
16	栗腾飞,胡扬洋,莫小英	论物理新授课教学的"导入"环节	《物理教学探讨》	2014(7)
17	栗腾飞,莫小英	物理教材分析的内涵与价值例谈	《课程教学研究》(人大报刊复印资料全文转载)	2014(7)

续表

序号	作者	题目	期刊	刊期
18	栗腾飞，莫小英	混联电路中电流电压功率的变化	《湖南中学物理》	2014（6）
19	栗腾飞，莫小英	物理图像法的变化与妙用	《物理之友》	2014（4）
20	栗腾飞，莫小英	关于物理有效教学问题的探讨——课改涉入"深水区"背景下	《教育研究与评论（中学教育教学）》	2014（3）
21	栗腾飞，莫小英	初中物理课程难点的路径突破	《中国西部》	2014（21）
22	栗腾飞，莫小英	高中物理"机械波"一章的学科教学知识（PCK）探讨	《中学物理》	2015（2）
23	栗腾飞，莫小英	如何用"右手定则"判断安培力	《中学物理》	2015（3）
24	莫小英，栗腾飞	北京市初中物理实验实施现状调查及影响因素分析	《首都师范大学学报（自然科学版）》	2015（4）
25	莫小英，栗腾飞	中学物理实验自制教具开发过程的案例研究——以全国教师优秀自制教具大赛一等奖作品为例	《湖南中学物理》	2014（11）
26	莫小英，栗腾飞	国内外初中物理实验教学与自制教具研究与实施概况综述	《物理之友》	2014（11）

对以上所发表的论文：

首先，从量的角度而言，数量达到物理组平均每位教师1篇。

其次，从覆盖面角度，涉及物理组约一半的教师。

再次，从质的角度来看，所有第一作者的论文所发期刊属于省级一般期刊，虽然也被CNKI收录，但是不是核心期刊（北京大学图书馆2011版核心期刊要目），仅有3篇文章在中学物理教学界的"六大期刊"之列。

最后，个别教师发表论文数量与质量表现突出。

后来，在我们的指导下，为名中学教研组以安诚老师为主持人，申获北京市教育科学"十二五"规划2014年度课题一项——"中学物理教师教学研究能力发展：基于校本研修的团队探索"（BBA14025），在整个北城区是仅有的4个中学之一。

第十节　研究结论与综合讨论

一、研究结论

综合研究历程与结果，共得出如下三点结论：
（1）经过一年多的研究干预，物理组教师教学研究能力取得了初步发展；
（2）以物理教学论文写作训练为途径可以实现物理教学研究能力的发展；
（3）对中学物理教师教学研究能力发展的干预与促进存在相当大的困难。

二、对研究问题的回答

（一）中学一线生态中的物理教师教学研究能力发展遇到的困难

总体而论，这些困难来自学校环境、家庭环境、个人特质三个方面。学校除了没有良好地为教师创造教学研究的激励机制之外，更重要的是没有教学研究的文化氛围。这不仅是一个历史问题，也是一个小局域的社会文化问题。在家庭层面，抚养后代、中年人的家庭角色等问题构成了对教学研究的牵制。在个人特质层面，知识的匮乏、学习意识的缺失，以及封闭的个性倾向阻碍了教学研究能力的发生与发展。

（二）中学一线生态中物理教师的教学研究能力能够形成的原因与机制

中学物理教师教学研究能力形成的原因包括个人积极的动机与外界的科学指导。这在栗腾飞、付阳老师身上得到了很好的体现。其机制则是一线教师与真正有能力有意愿的指导者能够建立稳定的、长期的指导关系并且这种指导能够良好地发生。

（三）中学物理教研组织的内外关系结构与发展模式与特点

中学物理教研组的内部关系在工作上呈现出一种松散的关系，年级组与学科组的矛盾造成的离心趋势是重要原因，其专业原因在很大程度上与领导者作用的发挥有关。其与外部的关系在专业上呈现出一种封闭的状态。教学研究缺少外部的干预与沟通，教学研究的内容也鲜有借鉴教学研究的成果与任何专业期刊。

三、研究结论的效度与推广度

（一）研究的效度

质性研究的效度主要指的是获取信息的真实性与可靠性。在访谈中，访谈对象诚然存在掩饰与误导的可能，但是由于访谈对象的数量较多，且通过 X 教授的交流并获取实物资料（如论文、授课光盘）等多种信息来源，使得研究者有条件在多样的信息中进行权衡并作出判断。此外，由于本研究的焦点落实于论文的写作与发表，相对于"教师专业发展""教学研究能力"等研究概念，这一目的的直接性与实践性，使其容易在访谈中避免不必要的误解以达成最大共识。这都是研究效度的保证。

此外，在研究中，我与X教授细致的工作曾成功地查明了如抄袭论文等现象，使我们对获取信息的可靠性以及分辨信息的能力积累了经验与自信。

有可能影响效度的因素是重要信息源的缺失。研究中没有纳入的重要信息源是对教师真实课堂教学的经历与记录，这就使对教师的教学能力缺少足够直接的认识。

（二）研究的推广度

研究的推广度指的是样本对整体的代表性程度。由于本研究质性研究的出发点与根本特征，使其在推广度上有着天然的弱势。笔者认为，未名中学物理组物理教师团队在该地区具有典型性。这是由于虽然有首长访问、与外校合作、改革等其他学校没有的"大动作"，但也正是在各种鲜有的"动作"与干预中才能够暴露其典型特征与平常不能发现的问题。

另一方面，X教授的学术水平，及其对物理教师教学研究能力发展持续的研究经历也令这次研究体现了鲜有的特殊性。

综上所述，由诸多特殊性造成的"典型性"使本次研究对总体的推广性也体现为一种特殊的形态。

四、对研究结论的讨论

虽然未名中学物理教研组教师教学研究能力获得了初步的发展，然而作为这一研究的亲历者之一，我切身体验到了该发展过程之难！也对他们的继续发展抱有更加困难的预期。诚如X教授有感而发的一句话："教师专业发展是一件非常困难的事，需要做大量非常扎实的工作。"对以上研究结论的深层原因，我做出如下反思。

（一）对教学研究能力与教学能力关系理解的误区

研究中得知，不少教师都以"分数第一""教学第一"为由，以"不得已"或"不愿意"为由，将教学研究的地位摆在很低的位置，即使口头上承认二者有积极的促进关系。有教师甚至认为教学研究的论文不是什么难事，"也同八股文一样"，"老师们肚子里有东西，就是缺乏整理"，类似理解，都存在误区。

第一个误区是，他们没有理解到教学研究促使教学水平实现质变。他们往往有意无意地认为，教师对教学研究和教学水平即使有促进，也是一种"量"的提升，而殊不知，不进行教学研究，教学水平的提升会遇到难以突破的"天花板"。也就是说，不进行教学研究，教学水平再好，也是有限的。这类误区即使在栗腾飞、安诚老师身上也有明显体现，突出表现为他们的很多文章都是前人写过并且写得更加的深入。在访谈中还发现的一个共性问题是,未形成教学研究能力的教师在谈话中思维不易聚焦、容易跑题,导致他们对很多问题提的思考无法深入和具体。

第二个误区是不理解教学研究能力与教学水平的相对独立性。大部分教师普遍认为,教学研究就是将自己教学经验与具体做法用论文的形式加以表达,最多再"加上一些理论"。似乎认为教学研究是在他们教学能力之上衍生的一种技能,而不理解教学研究能力的发展在很大程度上与教学是相对独立的,需要新的、专门的知识基础和能力培养。这里存在的是一个比较难以越过的"门槛"。并且,物理教学研究领域毕竟不是像物理学那样的"科学",其具有教育学科的特征,需要积累阅读相对系统的、新的文献。某种程度上,需要实现从理科思维到人文思维的扩充与发展,这对于物理学科出身的教师来说,这一"门槛"的超越更为不易。

(二)教师群体的"思而不学"

教师为什么会形成诸多错误认识与误区?为什么教学水平会遇到"天花板"?为什么教学研究水平难以起步?归结诸多教师的共性,我认为他们都犯了"思而不学"的毛病。

孔子有云:"学而不思则罔,思而不学则殆。"《中庸》论述了为学的顺序:"博学之、审问之、慎思之、明辨之、笃行之。"其意义都强调学后有思、学思结合。对于任何研究工作来讲,要达到某领域的前沿,必须首先掌握该领域现有的成果、基本概念、基本定律。尤其是物理组教师执教的物理学科,其基础学习阶段的时间长度、困难程度是众所周知的。即使是具体到一项具体的研究,也需要从文献综述开始写起,并且文献综述也远不等于研究的创新。

跟随 X 教授做教学研究中,我们也开展教学设计(X 教授的物理高端备课系列),但是这从来都是在阅读文献的基础上进行的。每一个教学设计都力图占有历史上的所有文献。如"楞次定律""力的分解"等教学设计,我们阅读的文献不下 50 篇,"整体法-隔离法"的研究中文献的阅读则不下 100 篇。

然而,作为物理教师,他们对物理教学的研究却没能秉承物理学等科学研究的要求。他们没有意识到,物理教学也是一门专业,有这一专业中的特殊问题、独有概念、独有规律以及理论体系。因此,他们自然不会去看前人的研究文献,而仅凭自己的经验和有限的教材等资料去妄想与揣测。眼中只有身旁的同行而没有前人。这种不学而"思"的习惯,自然容易滋生虚妄,更无法达到理论思维的深度。

事实上,在"学"缺失的前提下,"思"的异化也相当严重,甚至会懒于思考。其中关键的因果链条是思想的懒惰导致思想的糊涂。外显地表现为只希望别人告诉自己"如何做",而不愿去思考"为什么要这样做"以及"为什么这样做是有效的"。遑论形成逻辑一致、深刻严密的认识体系。实践的效果也自然无法突破瓶颈。

(三)教研系统的封闭性

"思而不学"自然造成了教师个人系统的封闭,他们甚至没有常用的邮箱,即使是对网络的交流也并不热衷。其信息交流的闭塞性令人惊讶与无奈。教研系统的封闭性，及其造成的教研氛围的封闭性则是阻碍教师教学研究能力发展的另一重要原因。在参与物理组教研会以及对教研系统评奖论文的了解中，我无时无刻不在发现教研系统的这种封闭。他们不与教学研究的学术共同体对接、没有外界的干预，只能造成"闭门造车"倾向。

该倾向的集中体现是教师教学论文的发表问题。在学术共同体中的公开期刊发表与在教研系统内部评价或内部刊物发表绝对是不同的概念。学科教学研究领域早已不是一个经验性的领域，而是一个专业领域、学术领域。被广大教师公认的物理教学研究"六大期刊"，就代表了一个物理教学研究学术共同体的专业标准与学术标准，能在这类期刊发表论文，才能代表其研究达到了一定的质量与标准。不去追求与学术标准的对接而封闭运行，是当前教研系统的最大痼疾，由此造成的教研氛围不浓、教研水平不高则是自然的事了。某种程度上，教研组织为教师的专业发展建筑了一种"温室"，如果说在教师发展的初级阶段，这种温室能够起到必要的作用，而其作用发挥的局限也是显而易见的。

这种封闭间接地影响了教研组织关系与氛围的和谐与协作。由于个人的封闭，使得个人无法持续地获取新知，并无法确认自己拥有获取新知的能力，自然也就对与别人分享自己的知识产生排斥，进而造成更加封闭的恶性循环。而只有确认自己拥有不断获取新知能力的教师，才会不吝惜与别人分享，进而保持开放、健康的心态，形成良性循环。

（四）学校对教师"用人不育人"

或许是身不由己，或许是大环境所致，笔者发现，学校对教师有一种"用人不育人"的不良倾向。除去事务性的工作、行政性的工作大量地占据教师的时间之外，学校对教师专业发展缺少科学合理的规划与切实的"落地"。

与江浙地区一些学校对教师发表论文作大幅度的奖励、带教师赴名校与高水平研究者拜师结对长期培养相比，该地区虽然不断从外地引进高级、特级教师，但是却没有对教师的培养创造更好的氛围与条件。突出表现为非人性化的教师竞争、去研究化的教学氛围、过度行政化的日常工作，以及对教师在职教育的缺失。究其原因，还是对教学工作的专业性，以及教育工作的基本规律把握不够。

第十一节　建议与反思

在为期一年多的研究中，我与未名中学物理教研组的十余名教师结下了宝贵的情谊，他们的坦诚与真诚使我对学校一线物理教研组教师的生存发展现状有了较为深刻的理解和体会。为保证访谈的有效性，我曾深入学习了有关访谈技巧与策略的论述，然而当我运用这些策略开始访谈时，却发现物理组教师都十分爽快，倒是显得自己不够直爽了。每次访谈的最后一个问题，我都会向老师们请教对我们准教师的建议与告诫，大家无一不直言相告、推心置腹、传送真经。然而，作为肩负研究任务与使命的我，却必须如实地记录发现的问题与我的所思所感，并秉笔做出研究结论与判断。在研究的最后，我依然直言我的建议与反思。

一、教师转变的可能

事实上，教师并非不愿意转变，至少在态度上总体都是积极的，教书育人的本职使他们无法否定个人的成长与发展。教师的备课也并非不下工夫、不参考任何资料，而是囿于环境与习惯，不了解有"物理教学研究"这一领域的存在及其对自身专业发展的价值。甚至对这一领域存在偏见与膜拜心理。一些人会认为，这类期刊是特高级教师才有水平看的，自己去看或许会自不量力、惹人嘲笑。这种心理都应加以改变，而笔者相信，这些问题也都是通过引导可以改变的。如果教师手头上都能有一份专业期刊，那么与专业标准经常性的对比就能产生，目标就会清晰起来，妄自菲薄与妄自尊大的可能也会被逐渐消弭。为实现这些转变，笔者认为应从使教师意识到建立自己的资料库以及培养阅读方法的重要性做起。

二、教师增强职业发展意识的必要

以往，学界对教师专业发展的研究颇多，对教师与学校管理者也产生了相应的影响。然而，研究中给笔者最大的体会是，教师对自身职业发展的规划意识与相关知识的缺失已极大影响并制约了其专业发展乃至生活的质量。某种程度上，这反映了教师发展研究社会学视角的缺失。

受我国传统教育与教师文化影响，教师身上背负了沉重的道德负担与专业要求。然而无法回避的是，教师也的确是一门职业，教师在整个生涯中，入职、升值、加薪、流动，以及专业声望的确立、经济收入的变化、所处阶层的变动，都是实实在在存在的问题，并且是每个教师发展最直接且绕不开的问题。然而受固有观念影响，当前在学校实践与研究领域都讳谈这些。事实上，笔者认为，这些问题都亟待光明正大地摆上台面。

研究中，能够正确意识到这些问题并正确处理的教师都能获得职业与专业的双丰收。例如栗腾飞老师能相对清晰地认识到，自己在组内"教学地位"的确立缘于一次校长听课的"关键事件"。也能认识到教师能力的展现与影响力的扩大需要一个平台与契机。因此，他积极地让徒弟和我修改、投稿论文。事实上，应该意识到，通过与学术标准的对接也意味着对全国物理教学研究共同体的介入，以及新平台的获取，并能够让他们的声望影响超越一时一地一校的局限，从而实现自主地、能动地谋划自己的职业生涯。

综上所述，唯其如此，教师才不会局限于学校范围的诸多"纠结"，而能卸下思想与实务的包袱,积极主动地思考职业发展中的诸多问题,并形成独立的、自我同一的人格。

三、中学体制改革的必要

中学体制改革的第一点要义在于学校行政方式的改革。多年来,对大学"去行政化"的改革建议与呼吁从未间断,并且已经有了诸多实践尝试,然而人们鲜有意识到的是:中小学去行政化的改革同样、甚至更加必要。在一些学校,领导意志对教学工作的干预甚至可以直达教师具体的教学行为。访谈中发现,中学的民主建设与教师群体的民主意识竟然是如此之差!哪怕对课改理念表达一些商榷也认为"会被拍死"。然而在教师交来的论文中,大多极尽对课改理念的赞美之词。由此足见,中学体制的过分行政化使原本宣扬民主的理念异化为了不民主。而按照教育规律办学、不折腾,则是笔者对中学行政体制改革的由衷期待。

2014年1月15日,教育部长在2014年全国教育工作会议上以题为《深化教育领域综合改革加快推进教育治理体系和治理能力现代化》的讲话中坦言:"当前,教育工作还存在不少问题,学生创新精神、实践能力还不足,办学活力还不够,教育与经济社会发展的联系还不紧,国际竞争能力还不强等。这些问题,原因有很多,究其根本,不在学生、不在教师,也不在书记校长,而在教育管理部门,在于我们的管理理念落后、管理体制落后,以及由此带来的管理方式落后、管理能力落后:政府、学校、社会之间的关系没有理顺,政府缺位、越位、错位的现象时有发生,制约了学校办学的积极性、社会参与的积极性;不同层级政府之间教育权责交叉,上级部门管得过多过细过于简单,制约了基层因地制宜创造性开展工作;管理方式单一,习惯于用分数管学生、用升学率管教师,制约了学生的创造性、教师的创造性,等等。这些问题如果不能有针对性破解,教育管理体制机制不能实现很好转变,我们的工作就难免事倍功半,甚至可能事与愿违。"① 笔者认为,以上概括是准确的,唯愿改革能够尽快地推行。

中学体制改革的第二点要义在于对教师管理的人性化。其实,包括本次课程改革在内的任何一次教育改革都在强调对学生的人性化,甚至"以学生为中心",然而却鲜见对教师管理人性化的强调,甚至连教师的基本权益也都受到威胁。教师工作的高强度、高负荷、长期性、疲劳性、繁重性虽然被公认,但是却鲜见给教师人性化的、实在的关爱。相反,学校教育在有意无意间造成了教师间的过度竞争等非人性化后果,我们很难想象非人性化的教师能够培养出具有良好人性的学生。尤其是对于人到中年、拖家带子、专业发展又到"高原"的教师,理当受到特殊的关照。用一个或许欠妥的比方来说:学校管理应该要像关爱弱势群体、下岗职工的态

---

① 袁贵仁. 深化教育领域综合改革加快推进教育治理体系和治理能力现代化——在2014年全国教育工作会议上的讲话[EB/OL]. [2014-01-05]. http://www.gov.cn/gzdt/2014-02/16/content_2605760.htm.

度关爱他们。

也诚如研究中不少教师呼吁的那样，他们的疲惫期、教学周期等因素需要学校给以考虑，他们需要在特殊的阶段有一段相对较长的充电学习、状态调整。他们也并非拒绝学习，而是往往被非人性化的管理挫伤。

四、教师教育的困难性与改革的方向

笔者的研究以一校物理教研组教师团队为样本"解剖麻雀"，其中折射出了教师教育改革的诸多困难。相当重要的是，教师教育的困难性还需被正确的估计。以给教师修改论文为途径，其实是找到了一种平台，以实现对教师思维与观念细致入微的指导，这是破费精力也颇见功力的。这并非简单的泛泛而谈、宣讲讨论就能代替。

近十余年来，课程改革对抽象教育理念片面与不切实际的强调忽视甚至错置了学科教学及其研究在中学教学工作中的重要地位。如前所述，不仅教师教学技能出现了严重的滑坡，而且在学科知识上也存在了新旧兼有的盲点与缺失。此外，还包括教师学科知识、学科教学知识的缺失、教育基本素养的缺失。而这些情况的解决都是学科教学研究的基本内容。事实上，X教授学科教学研究成果的培训是被老师们一致肯定的，诚如访谈中付阳老师所说："我觉得他（X教授）对课的评析的确是很好的。我觉得挺受启发的。特别印象深刻的就是楞次定律。还是觉得太少，就是觉得不够。觉得不过瘾，太不过瘾了。高中的还是太少啊。比那些单纯将教育理论……那些的确太空了，没意思。"（我："咱们物理教学论跟纯教学论不一样。"）"不一样，特别不一样。那些课听着可没意思了，但是咱们这些课听着好。"

而正是由于近年来教师教育对学科教学研究的忽视，使得教师的职前、职后发展均未能走上正确的轨道。突出地表现为，物理组大部分教师在从教数年后，不了解任何物理教学专业期刊，甚至连物理教学研究论文是什么样都没有看过，遑论系统地学习物理教学研究的成果体系。在教师的话语中也明白地显示：对物理学科教学中很多基本知识、基本概念的教学，自己的理解都是不到位的。在这一现状下，如何能实现高水平的教师发展？因此，教师教育改革的方向就是增强学科教学研究的内容。

五、研究的方法论反思

研究伊始，我就对本研究的方法论进行了思考。我曾期待本研究能够用质的研究方法将研究报告写出"历史感"与"质感"。研究中我有意识地以自己为研究工具，以自己整体的知识结构与实践能力作为干预手段进行研究，而不去刻意凸显任何理论背景。并且，我也试图基于自己的洞察力、敏锐度和历史感去捕捉具有质感和历史感的信息。但是回望起来，才发现这是非常不容易的！可谓对研究者整个研究功力的考验。在质性研究中，为什么要选择这个研究对象？为什么要选择这个研究方法？一系列的事件与现象如何解释？都不啻为对研究者思想深度，乃至人生厚度的整体考察。某种程度上，质性研究的报告就如同一面镜子，足以构成对研究者整体素质的投射与反映。

本研究中，笔者交往的人物多达十余名，对应地，需要认识与协调的关系种类则不下十余对。可以说，一年多的研究历程，是一次全身心、全状态、整个人的投入。然而，虽然自己已投入了极大的热情与精力，但也时常感到力不从心。如果自己真的可以作为"研究工具"的话，那么我唯有期望自己的整体能力能够不断提高，生命厚度能够不断积累。

六、研究的不足与需要进一步研究的问题

虽然本研究持续一年多，然而仍有诸多问题需要进一步的研究。归结起来，本研究的主要不足包括：

（1）研究时间仍然有些短，研究对象教学研究能力的长期发展未能显现。
（2）干预力度与频度仍显较低。
（3）协议等外部约束部分消解了研究对象的积极性与心态。
（4）对物理教研组内外部关系模式的研究没有十分清晰。

需要进一步研究的问题包括：

（1）物理教师教学研究能力形成过程中的心理学因素与机制问题。
（2）中学物理教研组与大学等机构如何建立长期稳定合作的平台与机制。
（3）中学物理教师职业发展与专业发展的关系。
（4）学校教研组团队建设的途径与策略。
（5）不同学科教师学科教学研究能力发展的差异比较。